珍藏版

贞观政要

全鉴

〔唐〕 吴兢◎编撰　　东篱子◎解译

中国纺织出版社有限公司　｜　国家一级出版社 全国百佳图书出版单位

内 容 提 要

《贞观政要》是唐代史学家吴兢撰写的一部政论性史书。该书共十卷，四十篇，主要讲述了为君之道、任贤纳谏、君臣鉴戒、教戒太子、道德伦理、正身修德、崇尚儒术、固本宽刑、征伐安边、善始慎终等内容。全书既有历史记录，又有政论色彩，蕴含着丰富的治国安民的政治观点和成功的施政经验。

本书对原文加以注释、翻译，是喜欢国学经典的朋友们值得一读的佳作。

图书在版编目（CIP）数据

贞观政要全鉴 : 珍藏版 / （唐）吴兢编撰 ; 东篱子解译 . —北京 : 中国纺织出版社有限公司，2019.7（2024.12重印）
ISBN 978-7-5180-6404-5

Ⅰ. ①贞… Ⅱ. ①吴… ②东… Ⅲ. ①典章制度—中国—唐代②《贞观政要》—注释③《贞观政要》—译文 Ⅳ. ① D691.5

中国版本图书馆 CIP 数据核字（2019）第 150597 号

策划编辑：张淑媛　　　责任校对：江思飞　　　责任印制：储志伟

中国纺织出版社有限公司出版发行
地址：北京市朝阳区百子湾东里A407号楼　邮政编码：100124
销售电话：010-67004422　传真：010-87155801
http://www.c-textilep.com
E-mail:faxing@c-textilep.com
中国纺织出版社天猫旗舰店
官方微博 http://weibo.com/2119887771
北京华联印刷有限公司印刷　各地新华书店经销
2019年7月第1版　2024年12月第2次印刷
开本：710×1000　1/16　印张：20
字数：232千字　定价：68.00元

凡购本书，如有缺页、倒页、脱页，由本社图书营销中心调换唐太宗李世民在位二十三年，年号"贞观"，是中国古代历史上一位有才能、有作为的皇帝。他少年即起兵征战四方，即位后又能虚心纳谏、志于守业，一生勤于政治、奋发图强，是中国古代杰出的政治家。因此，他的政绩被历代史家称颂为"贞观之治"。

《贞观政要》是唐代史学家吴兢撰写的一部政论性史书，写作于开元、天宝之际。这部著作既是唐太宗贞观之治的历史记录，又蕴含着丰富的治国安民的政治观点和成功的施政经验。当时的社会呈现着繁荣景象，但社会危机已露端倪。吴兢敏锐地感受到大唐有衰颓的趋势，为了保证唐王朝的兴旺发达和长治久安，他总结唐太宗治国的成功经验，编撰成书，为当时的帝王施政树立楷模。

全书共十卷，四十篇，分类编辑唐太宗在位的二十三年中，唐太宗李世民与魏征、房玄龄、杜如晦等大臣的对话、大臣的谏议和奏疏以及政治上的重大措施等。书中内容繁杂，包括"君依于国，国依于民"的重民思想；务实求治、与民休息、重视农业、发展生产的施政方针；"爱之如一"的民族政策；用人唯贤、广开言路的开明措施；尊儒重教的文化政策；仁德先行、省刑慎罚的统治策略；俭约慎行、善始慎终的人格要求等。由此可见，这是一部中国封建统治的战略和策略、理论和实践的集大成之作。

可以说，《贞观政要》是一部中国古代统治者治国安邦的政治教材，它不仅为后世的人们提供了十分丰富的历史知识，更重要的是留下了十分宝贵的历史经验教训，阅读和研究这部书，定能从中得到很多有益的启示。

中华文化源远流长，国学经典经久不衰，《贞观政要》就是镶嵌在传统文化上的一颗璀璨的智慧明珠。这部古典文献的经典价值和魅力在千年的流光岁影里永不褪色，其智慧光芒照耀一代一代的人。

一个不阅读民族经典的人，很难拥有大智慧；一个没有大智慧的人，很难获得大成功。《贞观政要》反映的不仅是一个帝王、一个朝代治理国家的智慧，更是中华民族智慧的集合和浓缩，从中撷取一点点，足以让我们受益终身。

本书平装本自出版以来，广受读者欢迎和喜爱。为满足大家的收藏、馈赠需要，现特以精装形式推出，敬请品鉴。

解译者
2019 年 2 月

目录

卷一

◎ 君道第一
　　——为君之道 / 2
◎ 政体第二
　　——肯定魏征的作用 / 11

卷二

◎ 任贤第三
　　——介绍"八贤" / 26
◎ 求谏第四
　　——鼓励臣下谏言 / 41
◎ 纳谏第五
　　——懂得纳谏 / 50

卷三

◎ 君臣鉴戒第六
　　——提请臣子以史为鉴 / 62
◎ 择官第七
　　——寻才用人 / 74
◎ 封建第八
　　——叙述分封政策 / 86

卷四

◎ 太子诸王定分第九
　　——确定皇室继承人 / 96

◎ 尊敬师傅第十
　　——要求太子等尊敬师傅 / 100

◎ 教诫太子诸王第十一
　　——严管皇家子弟 / 108

◎ 规谏太子第十二
　　——择贤辅佐太子 / 114

卷五

◎ 仁义第十三
　　——仁义治国 / 128

◎ 忠义第十四
　　——忠义为人 / 130

◎ 孝友第十五
　　——赞扬"孝"臣 / 140

◎ 公平第十六
　　——处事公正 / 143

◎ 诚信第十七
　　——待人以诚 / 163

卷六

◎ 俭约第十八
　　——不可铺张浪费 / 172

◎ 谦让第十九
　　——为人谦逊礼让 / 178

◎ 仁恻第二十
　　——常怀恻隐之心 / 180

◎ 慎所好第二十一
　　——不可玩物丧志 / 183

◎ 慎言语第二十二
　　——说话不随意 / 186

◎ 杜谗邪第二十三
　　——不能轻信谗言 / 189

◎ 悔过第二十四
　　——懂得反思 / 194

◎ 奢纵第二十五
　　——不能霸道骄纵 / 197

◎ 贪鄙第二十六
　　——贪欲是罪恶的源泉 / 202

卷七

◎ 崇儒学第二十七
　　——推崇儒家思想 / 208

◎ 文史第二十八
　　——治国以史为鉴 / 212

◎ 礼乐第二十九
　　——做人的纲常伦理 / 216

卷八

◎ 务农第三十
　　——以农为本 / 230

◎ 刑法第三十一
　　——刑罚的意义 / 233

◎ 赦令第三十二
　　——赦免颁布不能随意 / 245

◎ 贡赋第三十三
　　——不贪求贡赋 / 249

◎ 辩兴亡第三十四
　　——前朝覆亡的原因 / 253

卷九

◎ 征伐第三十五
　　——对外发动战争 / 258

◎ 安边第三十六
　　——安边之策 / 273

卷十

◎ 行幸第三十七
　　——减少巡游之举 / 282

◎ 畋猎第三十八
　　——太宗野猎 / 285

◎ 灾祥第三十九
　　——上天示吉兆 / 290

◎ 慎终第四十
　　——凡事应做到善始善终 / 296

卷一

君道第一
——为君之道

【原典】

贞观①初，太宗谓侍臣曰："为君之道，必须先存百姓。若损百姓以奉其身，犹割股②以啖③腹，腹饱而身毙。若安天下，必须先正其身，未有身正而影曲，上治而下乱者。朕每思伤其身者不在外物，皆由嗜欲以成其祸。若耽嗜滋味，玩悦声色，所欲既多，所损亦大，既妨政事，又扰生民。且复出一非理之言，万姓为之解体，怨讟④既作，离叛亦兴。朕每思此，不敢纵逸。"谏议大夫魏征对曰："古者圣哲之主，皆亦近取诸身，故能远体诸物。昔楚聘詹何，问其治国之要，詹何⑤对以修身之术。楚王又问治国何如，詹何曰：'未闻身治而国乱者。'陛下所明，实同古义。"

【注释】

①贞观：唐太宗李世民年号。②股：大腿。③啖：吃或给人吃。④讟：诽谤，怨言。⑤詹何：亦称詹子、瞻子。战国时楚国隐者、哲学家，善术数。

【译文】

贞观初年，唐太宗对侍从的大臣们说："作为一个君主的法则，首先必须是让百姓存活。如果以损害百姓的利益来奉养自身，那就好比是把自己大腿上的肉割下来填饱肚子，虽然肚子是填饱了，人自然也就死了。假如想安定天下，必须要端正自身，绝对不能出现端正了身子而影子弯曲了，治理好了上面而下面却发生动乱的事情。我时常在想，能够伤到自身的并不是身外的东西，而是由于自己追求贪欲才造成的灾祸。假如总是贪恋美味，沉溺于女色音乐，欲望越多，害处就会越大，既耽误政事又扰害百姓。假如再说出一些不合乎情理的话来，就会使人心变得更加涣散，怨言四起，众叛亲离。每当我想到这些，就不敢贪图取乐放纵安逸。"谏议大夫魏征对答："古代贤明的君主，都是先就近从自身入手，所以能远而推及一切事物。以前楚庄王聘用詹何，问他把国家治理好的要领，詹何对答要加强自身的修养。于是楚庄王再问他该怎么治理国家，詹何说：'从未听说将自身治理好，而国家会发生动乱的。'陛下所知道的，实在符合古人的道理。"

【原典】

贞观二年，太宗问魏征曰："何谓为明君暗君？"

征曰："君之所以明者，兼听也；其所以暗者，偏信也。《诗》云：'先人有言，询于刍荛①。'昔唐、虞之理，辟四门，明四目，达四聪②。是以圣无不照，故共、鲧之徒，不能塞也；靖言庸回③，不能惑也。秦二世则隐藏其身，捐隔疏贱而偏信赵高，及天下溃叛，不得闻也。梁武帝偏信朱异，而侯景举兵向阙，竟不得知也。隋炀帝偏信虞世基，而诸贼攻城剽邑，亦不得知也。是故人君兼听纳下，则贵臣不得壅蔽，而下情必得上通也。"太宗甚善其言。

【注释】

①刍荛：割草打柴的人，泛指草野鄙陋之人。②辟四门，明四目，达四聪：意为招贤纳俊，广四方之视听，以防止耳目闭塞。③靖言庸回：当面说得好听，背后又在捣鬼。

【译文】

贞观二年，太宗皇帝问魏征："贤明的君主、昏暗的君主分别是什么？"

魏征回答道："贤明的君主，能够兼听各方面的意见；偏听偏信的君主，就会昏暗。《诗经》中说："古代的人曾经说过这样的话，即使是砍柴割草的人也应该向他们征求意见。"过去唐尧、虞舜治理天下，广开四方门路，招才纳贤广开视听，听取各方面的意见，了解各方面的情况。因此贤明的君主才能够知道所有的事情，所以像共工、鲧这样的坏人才不能蒙蔽他，他们的花言巧语也不能够将他迷惑。秦二世却深居宫中，隔绝贤能的臣子，疏远百姓，但是偏信赵高，直到天下大乱、百姓叛离，他还一无所知。梁武帝偏信朱异，直到侯景兴兵作乱带兵攻打城池，他竟然不知道。隋炀帝偏信虞世基，到反隋各路兵马攻掠城邑时，他还不知道。由此可见，君主只有听取和采纳臣下各方面的意见和建议，才能让显贵大臣不能蒙上蔽下，这样的话，下面的情况就一定能够上达。"魏征这番话太宗很是赞赏。

【原典】

贞观十年，太宗谓侍臣曰："帝王之业，草创与守成孰难？"尚书左仆射①房玄龄对曰："天地草昧②，群雄竞起，攻破乃降，战胜乃克。由此言之，草创为难。"魏征对曰："帝王之起，必承衰乱，覆彼昏狡，百姓乐推，四海归命，天授人与，乃不为难。然既得之后，志趣骄逸，百姓欲静而徭役不休，百姓凋残而侈务不息，国之衰弊，恒由此起。以斯而言，守成则难。"太宗曰："玄龄昔从我定天下，备尝艰苦，出万死而遇一生，所以见草创之难也。魏征与我安天下，虑生骄逸之端，必践危亡之地，所以见守成之难也。今草创之难，既已往矣，守成之难者，当思与公等慎③之。"

【注释】

①尚书左仆射：唐制长官，为宰相官职。②草昧：草，杂乱。昧，蒙昧。③慎：慎重。

【译文】

贞观十年，太宗皇帝问侍从的大臣："在帝王的事业中，创业与守业二者中哪个比较艰难？"尚书左仆射房玄龄对答说："国家开始创业的时候，各方英雄豪杰竞起，你将他攻破他才会投降，你战胜他他才肯屈服，这样看来，还是创业比较艰难。"魏征对答说："帝王一定是在前朝衰乱的时候兴起，在这时推翻昏乱的旧主，就会得到老百姓的拥戴，四海之内的民众就会先后归顺，这就是天授人与，如此看来创业并不艰难。然而得到天下之后，骄傲放纵，老百姓需要休养生息的时候而徭役不断，百姓凋敝困苦的时候而奢侈的事务还是没有停止，国家常常就是这样开始衰败的。如此看来，守业更为艰难。"太宗说："当初玄龄跟随我平定天下的时候，历尽了困苦艰难，多次都是死里逃生，因此知道创业是多么艰难。魏征替我安定天下，担心出现骄奢淫逸的苗头，陷入危亡的

泥坑，因此知道守业是多么艰难。现在创业的艰难已经过去了，但是守业的艰难就得依靠你们一起谨慎对待。"

【原典】

贞观十一年，特进①魏征上疏曰：

臣观自古受图膺运，继体守文，控御英雄，南面临下，皆欲配厚德于天地，齐高明于日月，本支百世，传祚②无穷。然而克终者鲜，败亡相继，其故何哉？所以求之，失其道也。殷鉴不远③，可得而言。

昔在有隋，统一寰宇，甲兵强锐，三十余年，风行万里，威动殊俗。一旦举而弃之，尽为他人之有。彼炀帝岂恶天下之治安，不欲社稷之长久，故行桀虐，以就灭亡哉？恃其富强，不虞后患。驱天下以从欲，罄万物而自奉，采域中之子女，求远方之奇异。宫苑是饰，台榭是崇，徭役无时，干戈不戢④。外示严重，内多险忌，谗邪者必受其福，忠正者莫保其生。上下相蒙，君臣道隔，民不堪命，率土分崩。遂以四海之尊，殒于匹夫之手，子孙殄绝，为天下笑，可不痛哉！

圣哲乘机，拯其危溺，八柱倾而复正，四维⑤弛而更张。远肃迩安，不逾于期月；胜残去杀，无待于百年。今宫观台榭，尽居之矣；奇珍异物，尽收之矣；姬姜淑媛，尽侍于侧矣；四海九州，尽为臣妾矣。若能鉴彼之所以失，念我之所得，日慎一日，虽休勿休，焚鹿台之宝衣，毁阿房之广殿，惧危亡于峻宇，思安处于卑宫，则神化潜通，无为而治，德之上也。若成功不毁，即仍其旧，除其不急，损之又损，杂茅茨于桂栋，参玉砌以土阶。悦以使人，不竭其力，常念居之者逸，作之者劳，亿兆悦以子来，群生仰而遂性，德之次也。若惟圣罔念，不慎厥终，忘缔构之艰难，谓天命之可恃，忽采椽之恭俭，追雕墙之靡丽，因其基以广之，增其旧而饰之，触类而长，不知止足，人不见德，而劳役是闻，斯为下矣。譬之负薪救火，扬汤止沸，以暴易乱，与乱同道，莫可测也，后嗣⑥何观！夫事无可观则人怨，人怨则神怒，神怒则灾害必生，灾害既生，则祸乱必作，祸乱既作，而能以身名全者鲜矣。顺天革命之后，将隆七百之祚，贻厥子孙，传之万叶，难得易失，可不念哉！

【注释】

①特进：官名，功高德重者赐位特进。②祚：皇位，国统。③殷鉴不远：指夏的灭亡可为殷作鉴戒，后泛指前人的教训就在眼前。④戢：收敛，

止息。⑤四维：古人称"礼义廉耻"为"四维"。⑥后嗣：子孙后代。

【译文】

贞观十一年，特进魏征上奏疏说：

"据我观察发现每个朝代的兴衰更替变化，自古以来各个君主都是承受天命创下基业的，都是用谋略与武功使英雄豪杰归顺的，然后再用文治来教化百姓。每个帝王都希望自己能够创立一番惊天动地的伟业，流芳百世、名垂青史。但是能够千秋万代传承下去并且最后获得好结局的却寥寥无几。各个朝代最后都相继灭亡，这到底是什么原因呢？其根本就是做君主的失去了作为君主的原则。前面有许多事可以为鉴，自然印证这种说法。

在过去隋朝一统天下的时候，兵力强大，三十多年以来，尽显大国的威仪。但是谁能够想到最后却毁于一旦，叛乱一起，国家的政权就落于他人之手。难道是隋炀帝不想让国家安定，不希望社稷长治久安，因此就采取残暴统治，自取灭亡吗？隋炀帝是仗着国家的强大富足，从而为所欲为，不考虑自己的不当行为造成无法挽回的后果。他奴役天下的百姓从而满足他自私的欲望，收集天下所有奇珍异宝供他尽情挥霍，挑选天下美女供他一个人淫乐，寻找异域奇珍供他一个人消遣。他居住的宫殿奢侈华丽，修建的台榭瑰丽雄奇。这就必然造成沉重的徭役，从而战争不断。再加上朝廷之外，各国虎视眈眈；朝廷之内，奸臣当道。这样谄媚奸诈的小人必然青云得志，正直忠诚的人必然性命难保。朝廷上下，君臣之间互相欺骗蒙蔽，心怀二志，百姓处于水深火热之中，国家四分五裂。如此一来，至高无上的隋炀帝竟被叛贼所杀，他的后代也被赶尽杀绝，死于非命，到最后落得被天下人耻笑的下场，这难道不叫人惋惜吗！

但是一个贤明的君主可以抓住机会，挽救危难，让濒临灭亡的国家重新恢复秩序，让废弛的礼法重新发扬光大。但是仅仅只是依靠国家边境暂时的安定去维持统治，这绝对不是长远的打算；停止战争，只是保持现有的状况，同样也很难统治百年。现在陛下您居住在华丽的宫殿，收藏有天下的奇珍异宝，身边有美女侍奉，九州四海的臣民听您的吩咐差遣。假如能够从以前历代亡国的事例中吸取教训，能够总结夺取天下的经验，每天勤于政事，烧掉商纣王的鹿台、宝衣，拆毁秦始皇宽广的阿房宫宫殿，居住在宏伟的宫殿里心里就会有存亡的危机感，居住在简陋的房屋里反而心里感到踏实，这样，冥冥之中能和天地神灵心意相通，从而达到无为而治的境界，这是德行的最高境界。如果顾及现成的东西不忍被毁坏，就让它们保留现成的样子，但要免除那些不必要的开销，并将其减少到最小。即使是豪华的屋舍间也夹杂一些茅屋，玉石做的台阶和泥土做的台阶一起使用也无妨。要让百姓甘心为你服务，又不要用尽百姓的力量，要常想居住的人享受着安逸，但劳动的人多么辛劳，这样，百姓就会追随你，会非常尊重君王而自己也称心如意，这是次一级的道德标准。假如作为君主不认真思考，不为他自己的所作所为考虑后果，将最初创业的艰难抛之脑后，夜郎自大、一切依赖于天命，忽略古圣王恭谨俭朴的美德，大兴土木，一味追求靡丽的雕梁画栋，宫殿也在原有的基础上不断扩建、修饰，乐此不疲，永远不知满足。因此，他的德行人们当然看不到，只见劳役，这是为君之道的下等。这样的行为就像拿着干柴救火，用热汤止住已经沸腾的水，用暴政代替混乱，实际上和混乱是一样的，后果不堪设想，后世子孙将如何看待你的事迹！假如帝王在位时没有什么政绩，那么就会招来百姓的埋怨，百姓心生埋怨就会触犯神灵，神灵发怒就必然会发生灾害，灾害一旦发生祸乱就会随之而来，祸乱一旦产生，收拾起来就会非常困难，在这种情况下能够保全性命和美好名声的人非常少。如果帝王能够顺应天命，在创业之后，就会有七百年兴盛的时期，再将自己建立的基业一代代传下去，传至万世。江山得到非常困难但是失去却十分容易，作为君主难道不应该有所警惕吗！

【原典】

是月，征又上疏曰：

臣闻求木之长者，必固其根本；欲流之远者，必浚其泉源；思国之安者，必积其德义。源不深而望流之远，根不固而求木之长，德不厚而思国之理，臣虽下愚，知其不可，而况于明哲乎！人君当神器①之重，居域中之大②，将崇极天之峻，永保无疆之休。不念居安思危，戒奢以俭，德不处其厚，情不胜其欲，斯亦伐根以求木茂，塞源而欲流长者也。

凡百元首，承天景命，莫不殷忧③而道著，功成而德衰。有善始者实繁，能克终者盖寡，岂取之易而守之难乎？昔取之而有余，今守之而不足，何也？夫在殷忧，必竭诚以待下；既得志，则纵情以傲物。竭诚则胡越④为一体，傲物则骨肉为行路。虽董之以严刑，震之以威怒，终苟免而不怀仁，貌恭而不心服。怨不在大，可畏惟人，载舟覆舟，所宜深慎，奔车朽索，其可忽乎！

君人者，诚能见可欲则思知足以自戒，将有作则思知止以安人，念高危则思谦冲而自牧，惧满溢则思江海下百川，乐盘游⑤则思三驱⑥以为度，忧懈怠则思慎始而敬终，虑壅蔽则思虚心以纳下，想谗邪则思正身以黜恶，恩所加则思无因喜以谬赏，罚所及则思无因怒而滥刑。总此十思，弘兹九德，简能而任之，择善而从之。则智者尽其谋，勇者竭其力，仁者播其惠，信者效其忠。文武争驰，君臣无事，可以尽豫游之乐，可以养松、乔之寿，鸣琴垂拱，不言而化。何必劳神苦思，代下司职，役聪明之耳目，亏无为之大道哉！

【注释】

①神器：帝位。②域中之大：道大、天大、地大、王亦大。③殷忧：深忧。④胡越：胡在北方，越在南方，比喻相距遥远。⑤盘游：打猎。⑥三驱：意谓狩猎应有节制。

【译文】

同月，魏征又呈上一篇奏疏：

臣听闻想要树木长得好，必须要稳固它的根部；想要水流得长远，必须疏通它的源头；想要国家安定，就必须以德治国。河流的源头不畅通却想让水流得长远，树的根基不稳固却想要树木生长，道德不深厚却想使国家安定，虽然我十分愚蠢，但是也知道那是不可能的事情，更何况圣明的君主呢！皇上贵为九五之尊，其高贵可以与天地同辉，假如只是极力推崇天命，让自己长命百岁，全然不考虑居安思危的道理，全力戒除骄奢，崇尚节俭，推崇好的德行，只是放任自己的私欲蔓延而不加以克制，这就和砍掉树根来让枝叶繁茂，将河流的源头堵塞而想让河水流得很远的道理是相同的。

一般说来，君主顺应天命之后，没有一个不是小心谨慎且君道显著的，可是成就功业之后自己的品德和行为却随之堕落。大多数君主在开始的时候做得很好，但是将这些好的做法坚持到底的却很少，难道这就是创业容易守业难吗？过去在夺取天下的时候拥有无穷无尽的力量，现如今要守住基业却是力不从心，这到底是什么原因呢？一个人有忧患意识的时候，对待下属必然会诚心诚意；自己的目的一旦达到了，就很容易放纵自己的欲望，傲视他人。坦诚相待，即使是敌人都可以结为朋友；不可一世，即使是兄弟也会反目成仇，形同陌路。对待下属使用严酷的刑罚威严的气势使他们屈服，他们也只不过为了保全自己的性命而心怀二志，表面上很谦恭却心存怨恨。怨气虽不在大小，但是最让人担心的却是人心的背离，这之中所蕴涵的道理就好比水可以载船，也可以翻船的道理一样，这难道还不足以让人深思和警醒吗？如果用腐朽的绳子来驾驭奔腾的马车，你还指望它能够跑得长远吗？

一个好的君主，好的国君，在遇到想要的东西时，就要思考知足常乐的道理，进行自我约束。在行动之前能够考虑适可而止，这件事情可不可以不去做，会不会惊扰百姓。常常有危机意识，才能够使自己的思想谦虚平和。害怕骄傲自满，就应该常常思考海纳百川的道理。假如喜欢狩猎，就应该有所限度；担心自己懈怠，就要知道什么事情如何做才能够善始善终；害怕自己受到蒙蔽，就要想想如何虚怀若谷才能采纳属下的意见或者建议；担心听信谗言，就应该思考如何使自己的行为端正，以便达到惩恶扬善的目的。实行赏赐，不要因为自己的喜好而随意改变标准。执行惩罚，也不因自己一时的冲动而肆意滥用。做到了"十思"，发扬了"九德"，那么一个国家就能够人尽其才，智者能够充分发挥他的智慧和谋略，勇者能够竭尽他的全部力量，仁者能够广泛传播他的贤德，信者能够奉献他的忠义，文臣武将都能够相继为朝廷效力，这样的话，国家就会安宁，君与臣之间就能够和睦相处，相安无事。君主可以安心巡游，弹琴作赋，颐养天年，天下自然无为而治。又何必去劳心费力，事必躬亲，违背无为治国的道理呢！

【原典】

太宗手诏答曰：

省频抗表，诚极忠款，言穷切至。披览忘倦，每达宵分①。非公体国情深，启沃义重，岂能示以良图，匡其不及！朕闻晋武帝自平吴已后，务在骄奢，不复留心治政。何曾②退朝谓其子劭曰："吾每见主上不论经国远图，但说平生常语，此非贻厥子孙者，尔身犹可以免。"指诸孙曰："此等必遇乱死。"及孙绥，果为淫刑所戮。前史美之，以为明于先见。朕意不然，谓曾之不忠，其罪大矣。夫为人臣，当进思尽忠，退思补过，将顺其美，匡救其恶，所以共为治也。曾位极台司③，名器崇重，当直辞正谏，论道佐时。今乃退有后言，进无廷诤④，以为明智，不亦谬乎！危而不持，焉用彼相？公之所陈，朕闻过矣。当置之几案，事等弦、韦⑤。必望收彼桑榆，期之岁暮，不使康哉良哉，独美于往日，若鱼若水，遂爽于当今。迟复嘉谋，犯而无隐。朕将虚襟静志，敬伫德音。

【注释】

①宵分：半夜。②何曾：原名瑞谏又名谏，西晋大臣。③台司：指三公的高位。④廷诤：在朝廷上直言规劝。⑤弦、韦：弦，弓弦。韦，柔皮。

【译文】

太宗皇帝亲手诏书答复说：

朕看了爱卿写的奏疏，语言恳切，爱卿的一片忠肝义胆由此可见一斑。批阅你的奏疏，常常让我忘记疲倦，而且你的言辞深深地感动了我。倘使爱卿对国情了解并不深入，怎么能够提出这么中肯的建议，并且还能够及时纠正我的不足之处呢？我听闻晋武帝灭掉吴国之后，一心只知道骄奢淫逸，将国家大事抛之脑后。太傅何曾退朝回家后，对他的儿子何劲说："每天皇上与我都不谈论关于治理国家的长远打算，反而说一些日常生活的俚俗之语，这和治理国家的道理相差太远了，这不像是能把江山传给子孙的国君，在你这一代国家还不至于混乱，因此暂时可以保全你的性命。"他又指着他的孙子们痛惜地说："可是当你们长大的时候，必定会遇上朝廷发生变故而性命不保。"后来他的孙子何绥遇上为争夺王位而发生的内部叛乱，最后在叛乱中死于酷刑。以前的史书称赞何曾有先见之明。但是我的看法与之截然不同，我觉得何曾是一个不忠之臣，罪大恶极。作为臣子，上朝的时候应该考虑怎样才能够指陈时政、尽忠直言，退朝的时候应废寝忘食从而来弥补皇上的失误，只有这样才能够使君主的美德得到发扬，错误不断得到纠正，就是常说的君臣同治的道理。何曾位高权重，理应直言进谏，谈论治国大道，匡扶时政。但他却是在退朝以后才说起朝纲的言论，朝堂上却没有直言规劝，把这样的言行看成是明智的，难道不是很荒谬吗？如果在国家危亡的时刻都不知道辅佐扶持，这样的官吏有什么用？你所说的建议，我都已经认真仔细地阅读过了。这些金玉良言，应时时放在我的案头上，就像古代用来警示自己矫偏纠过的信物一样。这样，在今后肯定会有所收获，等到过些年月，国家就会更加繁荣昌盛，不只出现在虞舜时代；君臣之间就好比鱼儿有了水一样，所有的事情都得心应手、称心如意。你无所隐瞒而敢于直言的奏疏，我拖延到今日才作回复。从此以后，我仍将虚怀若谷，谦卑恭敬地听取你在治国方面的宝贵意见或建议。

【原典】

贞观十五年，太宗谓侍臣曰："守天下难易？"侍中①魏征对曰："甚难。"太宗曰："任贤能，受谏净，即可。何谓为难？"征曰："观自古帝王，在于忧危之间，则任贤受谏。及至安乐，必怀宽怠^②，言事者惟令兢惧，日陵月替^③，以至危亡。圣人所以居安思危，正为此也。安而能惧，岂不为难？"

【注释】

①侍中：官名。②宽怠：松懈，怠惰。③日陵月替：一天天地衰颓下去。

【译文】

贞观十五年，太宗皇帝问身边的侍臣："守住江山是困难还是容易？"魏征回答："非常难。"太宗皇帝说："只要能任用贤能的大臣，接受建议就可以了，为什么还说很难？"魏征说："根据我的观察，自古以来的帝王，在国家危难的时候选用贤才，接受忠告；到了天下安定的时候反而懈怠政务，慢慢地疏远直言规劝的人，使其战战兢兢，不敢进言。这样日复一日，年复一年，国家就会衰亡。正是因为这样，古代圣明的人才要居安思危。你想想，天下太平却要君主心怀忧惧，这难道不难吗？"

政体第二
——肯定魏征的作用

【原典】

贞观初，太宗谓萧瑀^①曰："朕少好弓矢，自谓能尽其妙。近得良弓十数，以示弓工。乃曰：'皆非良材也。'朕问其故。工曰：'木心不正，则脉理皆邪，弓虽刚劲而遣箭不直，非良弓也。'朕始悟焉。朕以弧矢定四方，用弓多矣，而犹不得其理。况朕有天下之日浅，得为理之意，固未及于弓，弓犹失之，而况于理乎？"自是诏京官^②五品以上，更宿中书内省^③，每召见，皆赐坐与语，询访外事，务知百姓利害、政教得失焉。

【注释】

①萧瑀：萧皇后的弟弟。②京官：京都的官。③中书内省：中书省，官署名。

【译文】

贞观初年，太宗皇帝对大臣萧瑀说："朕从少年的时候就喜爱弓箭，自认为懂得怎样识别弓箭的好坏。近来收集了十几把好的弓箭，将它们拿给弓箭师傅看，弓箭师傅说：'都不好。'于是询问其中的缘由，弓箭师傅说：'制弓的木料中心不端正，那么它的脉理就是歪斜的。这样的弓虽然刚劲有力，但箭射出去不会直，因此算不上良弓。'我从这件事中领悟到很多的道理。我是通过战争夺取天下的，虽用过许多弓箭，但是还不知道识别弓箭的方法。更何况夺得天下的时间还非常短，对于治理国家的道理，肯定要比掌握弓箭的知识还要少。然而，我对弓箭的了解尚有失偏颇，更何况是治理国家的道理呢？"从此以后，太宗皇帝每隔一段时间都会召见五品以上的京官和中书内省的官员，每次召见，太宗皇帝都会赐座并且和他们悉心交谈，向他们仔细询问宫廷外面的事情，以便全面详细地了解老百姓的疾苦和政教得失。

【原典】

贞观元年，太宗谓黄门侍郎①王珪曰："中书②所出诏敕，颇有意见不同，或兼错失而相正以否。元置中书、门下，本拟相防过误。人之意见，每或不同，有所是非，本为公事。或有护己之短，忌闻其失，有是有非，衔以为怨。或有苟避私隙，相惜颜面，知非政事，遂即施行。难违一官之小情，顿为万人之大弊。此实亡国之政，卿辈特须在意防也。隋日内外庶官，政以依违，而致祸乱，人多不能深思此理。当时皆谓祸不及身，面从背言，不以为患。后至大乱一起，家国俱丧，虽有脱身之人，纵不遭刑戮，皆辛苦仅免，甚为时论所贬黜。卿等特须灭私徇公，坚守直道，庶事相启沃，勿上下雷同③也。"

【注释】

①黄门侍郎：门下省副长官。②中书：官署名。中书、门下、尚书三省同为中央行政总汇。③雷同：雷一发声，万物同时响应。今泛指事物与人相同。

【译文】

贞观元年，太宗皇帝对黄门侍郎王珪说："中书省所草拟颁发出的文告命令，门下省与其意见颇有不同，有时两省各有一些错误失当之处，有没有指出纠正？当初设置中书省、门下省，就是为了防止错误的发生，人们的意见常常不一致，有正确的也有错误的，追其根源都是为了办好公事。但是也有人为自己护短，不愿意听到别人指出自己的错误，人家有所是非，于是就暗自怨恨；也有人为了避免和别人产生私人恩怨，相互顾惜面子，但又明知道这不属于政事的范围，仍然去做。这种迁就一个官员的私情，可以立刻成为万民的大害，实在是亡国之政，这点是你们要特别防范的。隋朝时大大小小的官员做事情没有主见，最终酿成大祸，人们大多数都不会认真思考其中的道理。当时那些人万万没有想到灾祸发生在自己身上，当面说好话，而在背后搬弄是非，不觉得那样做会造成危害；到后来天下大乱，国破家亡，即使有脱身的人，虽然没有遭受到刑戮，但最终也是吃尽苦头仅免一死，还要受到天下人的谴责。身为大臣的你们必须灭除私情，秉公办事，坚守正道，遇到什么事情都应该相互帮助启发，不要上下一个腔调。"

【原典】

贞观二年，太宗问黄门侍郎王珪曰："近代君臣治国，多劣于前古，何也？"对曰："古之帝王为政，皆志尚清净，以百姓之心为心。近代则唯损百姓以适其欲，所任用大臣，复非经术之士①。汉家宰相，无不精通一经，朝廷若有疑事，皆引经决定，由是人识礼教，治致太平。近代重武轻儒，或参以法律，儒行既亏，淳风大坏。"太宗深然其言。自此百官中有学业优长，兼识政体者，多进其阶品，累加迁擢②焉。

【注释】

①经术之士：通晓经典的有学问的人。②迁擢：晋升，提拔。

【译文】

贞观二年，太宗皇帝问黄门侍郎王珪："近代帝王和大臣治理国家，大多数都不如古时候，不知道是什么原因？"王珪回答："古时候的帝王治理国家，大多数都比较崇尚清净无为，以百姓为治理国家的核心。但是近代的君主却以损害百姓的利益来满足自己的欲望，所任用的大臣也不再是饱读诗书的儒雅之士。汉代的宰相没有谁不精通一种经典的，在朝堂之上有什么问题解决不了，都引经据典，参照经书上所写的来作出决定，这样，每个人都懂得礼教，国家安定太平。而近代对武功却非常重视，轻视儒术，国家的治理依靠施用刑律，因此儒术遭到破坏，古时候淳朴的民风也受到严重破坏。"太宗听过之后感同身受。从此以后，为官的人员中凡是精通儒学，又懂得治国家道理的，大多数都得到提拔、重用。

【原典】

贞观三年，太宗谓侍臣曰："中书、门下，机要之司，擢才而居，委任实重。诏敕如有不稳便，皆须执论。比来惟觉阿旨顺情，唯唯^①苟过，遂无一言谏诤者，岂是道理？若惟署诏敕^②、行文书而已，人谁不堪？何烦简择，以相委付？自今诏敕疑有不稳便，必须执言，无得妄有畏惧，知而寝默^③。"

【注释】

①唯唯：谦卑顺从，奉命唯谨。②诏敕：帝王的命令。③寝默：沉默无言。

【译文】

贞观三年，太宗对身边的侍臣说："朝廷设置中书、门下这样的国家机要部门，专门选拔人才担任官职，他们起着至关重要的作用。如果君主下达的命令或者诏书不正确，他们必须大胆地提出来。然而近来发现他们只会唯命是从，顺水推舟，没有人敢直言相谏，朝廷的官员岂能够有这样唯唯诺诺的作风呢？一个官吏只知道抄抄写写，发布诏书，那又何必千辛万苦地挑选官员，委以重任呢？从此以后，上传下达的诏书有不妥之处，官员必须指出来，不要因为害怕触犯了我的威严，而假装糊涂、沉默不言。"

【原典】

贞观四年，太宗问萧瑀曰："隋文帝^①何如主也？"对曰："克己复礼^②，勤劳思政，每一坐朝，或至日昃^③，五品已上，引坐论事，宿卫之士，传飧而食，虽性非仁明，亦是励精之主。"太宗曰："公知其一，未知其二。此人性至察而心不明。夫心暗则照有不通，至察则多疑于物。又欺孤儿寡妇以得天下，恒恐群臣内怀不服，不肯信任百司，每事皆自决断，虽则劳神苦形，未能尽合于理。朝臣既知其意，亦不敢直言，宰相以下，惟承顺而已。朕意则不然，以天下之广，四海之众，千端万绪，须合变通，皆委百司商量，宰相筹画，于事稳便，方可奏行。岂得以一日万机，独断一人之虑也。且日断十事，五条不中，中者信善，其如不中者何？以日继月，乃至累年，乖谬^④既多，不亡何待？岂如广任贤良，高居深视，法令严肃，谁敢为非？"因令诸司，若诏敕颁下有未稳便者，必须执奏，不得顺旨便即施行，务尽臣下之意。

【注释】

①隋文帝：杨坚，隋朝开国皇帝。②克己复礼：儒家的修养方法，意思是约束自己的视听言行，以符合"礼"的要求。③昃：日西斜。④乖谬：背离常理的事情。

【译文】

贞观四年，太宗皇帝问大臣萧瑀："君主隋文帝是个什么样的人？"萧瑀回答说："他是一个能够约束自己视听言行，勤于政务，尊崇礼仪的帝王。每次上朝议事，直到太阳西斜还不下朝，他规定五品以上的官吏都要和他一起坐谈国事，宿卫之士，废寝忘食，虽然他算不上是开明仁义，但却是一个励精图治的君主。"太宗说："但你只知其一，不知其二。虽然隋文帝的性格谨慎周密，但他的内心并不能够做到明察秋毫。不明整理就容易犯错误，非常谨慎则容易疑心重重。他本来是靠欺骗前朝皇帝的遗孤寡妇才夺取江山登上皇位的，因此总是担心大臣内心不服，所以他不会相信身边的任何人，每件事情都亲力亲为，劳神费力，尽管日理万机，但是最后都事与违，而且也不是什么事情都能够处理得当。朝中的大臣心里都明白，但是没有人敢指出来。丞相以下的官员都只是敷衍处理政务。我不会像隋文帝那样治理国家，人民是那么的多，事情是那么的千头万绪，必须通变处理。只有将政务交由百官商议，由宰相筹划，事情才会稳当，才能够上奏皇上下令天下执行。自己一个人亲力亲为是不行的。假如一天处理十件政事，有五件不合理，这已经算比较好的了，更何况还有更差的呢？然而长此以往，错误就会越来越多，国家怎么能不走向灭亡呢？为什么不广泛地任用贤良的人才，皇帝在朝廷密切关注政事，严肃法纪，谁还敢胡作非为呢？"太宗皇帝于是下令，诏策凡是有失误的地方，官吏必须上奏指出，不可以只依照圣旨上的意思处理，作为一个臣子必须尽职尽责。

【原典】

贞观五年，太宗谓侍臣曰："治国与养病无异也。病人觉愈，弥①须将护，若有触犯，必至殒命②。治国亦然，天下稍安，尤须兢慎③，若便骄逸，必至丧败。今天下安危，系之于朕，故日慎一日，虽休勿休。然耳目股肱，寄于卿辈。既义均一体，宜协力同心，事有不安，可极言无隐。傥④君臣相疑，不能备尽肝膈，实为国之大害也。"

【注释】

①弥：更加。②殒命：死亡，丧命。③兢慎：兢兢业业，小心谨慎。④傥：同"倘"。

【译文】

贞观五年，太宗皇帝对侍从的大臣们说："治国和养病没有什么不一样的地方。当病人觉得病情好起来了，就需要休息调理，假如触犯禁忌，就有可能导致死亡。治理国家也是相同的道理，国家暂时安定的时候，尤其需要兢兢业业、谨慎小心，如果就这样骄奢放纵，最终必然会衰亡。现在国家的兴衰落到我的身上，因此我要比以往更加小心谨慎，即便做好了也不自傲。至于起耳目手足作用的，这就要依靠你们了，既然君臣一体，理应同心协力，一旦发现有什么处理不妥的事情就要立刻指出来，不应该有什么保留。如果君臣之间有所猜疑，不能坦诚相待，这就是治国的大祸害啊！"

【原典】

贞观六年，太宗谓侍臣曰："看古之帝王，有兴有衰，犹朝之有暮，皆为蔽其耳目，不知时政得失，忠正者不言，邪谄者日进，既不见过，所以至于灭亡。朕既在九重①，不能尽见天下事，故布之卿等，以为朕之耳目。莫以天下无事，四海安宁，便不存意。可爱非君，可畏非民。天子者，有道则人推而为主，无道则人弃而不用，诚可畏也。"魏征对曰："自古失国之主，皆为居安忘危，处治忘乱，所以不能长久。今陛下富有四海，内外清晏②，能留心治道，常临深履薄③，国家历数，自然灵长。臣又闻古语云：'君，舟也；人，水也。水能载舟，亦能覆舟。'陛下以为可畏，诚如圣旨。"

【注释】

①九重：君门九重，意思是深宫之内。②清晏：清和平静。③临深履薄：意思是非常可怕、危险。

【译文】

贞观六年，太宗皇帝对侍从的大臣们说："纵观古代的帝王，有兴盛的也有衰亡的，就好像有早上就有夜晚一样。这是因为他们的耳目受到蒙蔽，对当时政治的得失没有一定的了解，正直忠诚的人不敢直言相谏，奸诈谄媚的人却一天比一天得志，自己的过失君王看不到，最后导致国破家亡。既然我身居高位，对天下的事情不可能都看得到，所以在此委托众卿，作为我的耳目助我了解情况。万万不能觉得天下没有什么事情、四海安宁，就不在意。民可爱的是君，君可畏的是民。作为国君，如果有原则，民众就会推崇他做自己的主人；如果没有原则，民众就会将他废弃。这真的太可怕了啊！"魏征回禀道："自古以来失去天下的君主，多数都是在国家安定的时候就忘记了危亡，在清平的时候忘记了动乱，因此国家不能够长治久安。现在陛下拥有天下，内外安定，多加留心治理国家的方法，常常保持如履薄冰、如临深渊的谨慎态度，这样国家自会长久。我又听说古人说过："君主是船，百姓是水，水能载舟，同样也能够将船掀翻。"陛下认为百姓的力量可畏，实际情况确实是如您讲的那样。"

【原典】

贞观六年，太宗谓侍臣曰："古人云：'危而不持，颠而不扶，焉用彼相？'君臣之义，得不尽忠匡救乎？朕尝读书，见桀杀关龙逄①，汉诛晁错②，未尝不废书叹息。公等但能正词直谏，裨益政教，终不以犯颜忤旨③，妄有诛责④。朕比来临朝断决，亦有乖⑤于律令者。公等以为小事，遂不执言。凡大事皆起于小事，小事不论，大事又将不可救，社稷倾危，莫不由此。隋主残暴，身死匹夫之手，率土苍生，罕闻嗟痛。公等为朕思隋氏灭亡之事，朕为公等思龙逄、晁错之诛，君臣保全，岂不美哉！"

【注释】

①关龙逄：夏代末年大臣。夏桀暴虐荒淫，他多次直谏，被桀囚禁杀死。②晁错：西汉文帝时的智囊人物。③犯颜忤旨：冒犯君上的尊颜，违逆朝廷的圣旨。④诛责：惩罚责备。⑤乖：违背。

【译文】

贞观六年，太宗皇帝对侍从的大臣们说："古代人说过，'国家在危急的时候不去扶持，社稷颠覆的时候也不去扶助，怎么能够让这样的大臣做宰相呢？'从君臣大义方面来说，臣下怎么能不竭尽全力去匡正补救呢？我以前读书时，每当我读到夏桀杀死关龙逄、汉景帝诛杀晁错时，都会放下书卷为他们叹息。你们只要能够义正词严地直言相谏，有益于政治教化，我绝不会冒犯国君、违背旨意而滥施刑杀和责罚你们。我近日来亲临朝堂处理政事，也有违背法令的地方，但你们却觉得这是小事情，不去争辩。凡是大事都起源于小事，如果小事不加追究，发展成大事后就会不可挽救，国家的衰亡都是由小事引起的。隋炀帝残暴，死于匹夫之手，天下百姓听到为他痛惜的人很少。你们替我想想隋朝灭亡的教训，我为你们想想关龙逢、晁错被杀的教训，君臣之间相互保全，这样不是很好吗！"

【原典】

贞观七年，太宗与秘书监^①魏征从容论自古理政得失。因曰："当今大乱之后，造次^②不可致治。"征曰："不然，凡人在危困，则忧死亡；忧死亡，则思治；思治，则易教。然则乱后易教，犹饥人易食也。"太宗曰："善人为邦百年，然后胜残去杀。大乱之后，将求致治，宁可造次而望乎？"征曰："此据常人，不在圣哲。若圣哲施化，上下同心，人应如响，不疾而速，期月而可，信不为难，三年成功，犹谓其晚。"太宗以为然。封德彝^③等对曰："三代以后，人渐浇讹^④，故秦任法律，汉杂霸道^⑤，皆欲治而不能，岂能治而不欲？若信魏征所说，恐败乱国家。"征曰："五帝、三王，不易人而治。行帝道则帝，行王道则王，在于当时所理，化之而已。考之载籍，可得而知。昔黄帝与蚩尤七十余战，其乱甚矣，既胜之后，便致太平。九黎乱德，颛顼征之，既克之后，不失其治。桀为乱虐，而汤放之，在汤之代，即致太平。纣为无道，武王伐之，成王之代，亦致太平。若言人渐浇讹，不及纯朴，至今应悉为鬼魅，宁可复得而教化耶？"德彝等无以难之，然咸以为不可。太宗每力行不倦，数年间，海内康宁，突厥破灭，因谓群臣曰："贞观初，人皆异论，云当今必不可行帝道、王道，惟魏征劝我。既从其言，不过数载，遂得华夏安宁，远戎宾服。突厥自古以来常为中国勍敌^⑥，今酋长并带刀宿卫，部落皆袭衣冠。使我遂至于此，皆魏征之力也。"顾谓征曰："玉虽有美质，在于石间，不值良工琢磨，与瓦砾不别。若遇良工，即为万代之宝。朕虽无美质，为公所切磋，劳公约朕以仁义，弘朕以道德，使朕功业至此，公亦足为良工尔。"

【注释】

①秘书监：官名。唐时秘书省置监一人，掌管国家经籍图书之事。②造次：急遽，急速。③封德彝：名伦，观州人。④浇讹：风气浮薄。⑤秦任法律，汉杂霸道：秦朝的统治专用刑法律令，汉朝的统治以王道、霸道兼施。⑥勍敌：强劲的敌人。

【译文】

贞观七年，太宗皇帝和秘书监魏征两人在一起谈论从古至今治理国家的得失时说："现在动乱之后，不能急忙实行大治。"魏征说："不对。人但凡在困苦危难的时候就会担忧死亡，担忧死亡就希望天下太平；希望天下太平就会进行教化。动乱之后容易实行教化，就好比饥饿的人对食物很容易满足一样。"太宗说："一个贤能的人将国家治理好需要上百年，才能够消灭残虐，废除杀戮。大乱之后，想要进行大的整治，在短时间内怎么可能做到呢？"魏征说："这句话不能用在圣明的人身上，这是对于一般人说的，假如贤能的人实施教化，上下同心，人们就会像回声那样迅速响应，事情不求快也会很快推行下去，一年之后就会有效果，看来这并非难事，三年才成功，应该说是太晚了。"太宗认为魏征说的有道理。封德彝等人对太宗说："夏、商、周三代以后，百姓日渐浮薄奸诈，因此在秦朝专门用法律来治理国家，汉朝兼用霸道来治理国家，但是却都没有成功，怎么会是可以教化却不去做呢？如果相信了魏征的话，恐怕国家要败乱了。"魏征说："五帝、三王治国并没有更换国人就能把他们教化好，施行帝道就成其为帝，施行王道就成其为王，最重要的就是治理者当时施行的教化而已。关于这点翻看古书记载就能知道。以前黄帝与蚩尤作战七十多次，天下已经非常乱了，而黄帝战胜蚩尤之后，天下很快就安定了。九黎作乱，颛顼出兵征讨，平定以后，仍不失其为治世平安。夏桀昏乱淫虐，商汤把他赶走，在汤统治时期就实现了太平。商纣王统治时期专门做一些违背天道的事情，周武王就起兵征讨，到他儿子周成王的时代，也实现了太平。假如百姓日渐浮薄奸诈，那么民风就再也不会淳朴，那现如今都应该变得和鬼魅一样，这样施行教化还有作用吗？"封德彝等人最后也没有辩驳，依旧认为魏征的话不可行。太宗皇帝坚持推行教化，毫不懈怠，几年之后，天下安定太平，突厥被打败臣服，因而太宗对群臣说："贞观初年，人们颇有异议，认为当今必不能搞帝道、王道，那时只得到魏征的支持，我听从了他的意见，现如今只有几年的时间，就做到中原安宁，边远的外族臣服。突厥一直以来都是中原的劲敌，如今突厥的首领却佩刀值宿禁卫，部落也跟着穿戴中原人的衣冠。我取得这样的成绩，都是魏征的功劳。"接着又对魏征说："虽然玉有着美好的本质，但是埋藏在石头之中，没有能工巧匠去雕琢研磨，那就与碎石瓦块没有什么区别。如果遇上好的工匠，这块玉就会成为珍宝流传万代。虽然我没有良好的本质被你雕琢研磨，但是你以仁义来约束我，用道德来光大我，现如今有这样的功绩，你确实是一个好的工匠啊。"

【原典】

贞观八年，太宗谓侍臣曰："隋时百姓纵有财物，岂得保此？自朕有天下已来，存心抚养，无有所科差^①，人人皆得营生，守其资财，即朕所赐。向使朕科唤不已，虽数资赏赐，亦不如不得。"魏征对曰："尧、舜在上，百姓亦云'耕田而食，凿井而饮'，含哺鼓腹，而云'帝何力'于其间矣。今陛下如此含养，百姓可谓日用而不知。"又奏称："晋文公^②出田，逐兽于砀^③，入大泽，迷不知所出。其中有渔者，文公谓曰：'我，若君也，道将安出？我且厚赐若。'渔者曰：'臣愿有献。'文公曰：'出泽而受之。'于是送出泽。文公曰：'今子之所欲教寡人者，何也？愿受之。'渔者曰：'鸿鹄保河海，厌而徙之小泽，则有矰^④丸之忧。鼋鼍保深渊，厌而出之浅渚，必有钓射之忧。今君出兽砀，入至此，何行之太远也？'文公曰：'善哉！'谓从者记渔者名。渔者曰：'君何以名？君尊天事地，敬社稷，保四国，慈爱万民，薄赋敛，轻租税，臣亦与焉。君不尊天，不事地，不敬社稷，不固四海，外失礼于诸侯，内逆民心，一国流亡，渔者虽有厚赐，不得保也。'遂辞不受。"太宗曰："卿言是也。"

【注释】

①科差：名称起于唐，到元代成为赋税项目。②晋文公：晋国国君，姓姬，名重耳。③砀：古县名。秦置县后，治所在今河南永城县东北。④矰：一种用于猎取飞鸟的短箭。

【译文】

贞观八年，太宗李世民对侍臣们说："隋朝的时候，即使百姓拥有财物，但怎能保得住呢？我自从平定天下以来，一心一意体恤百姓，没有什么苛捐杂税、劳役征派，每个人都能够维持基本的生活，保住自己的财产，这些都是我赐予他们的。如果我不断地征收各种税赋，即便常常资助赏赐他们，他们也和没有得到赏赐一样。"魏征听了，回答说："尧、舜在位的时候，老百姓就会对尧或舜说'我依靠庄稼来获取食物，依靠凿井来得到水源'，百姓丰衣足食之时，还说'这种做帝王的与我有何关系'"。如今陛下这样关心百姓，他们可能认为这只是生活中的需要而什么都不知道。"魏征认为说的这些话还不清楚、透彻，还不能够让太宗皇帝理解其中的道理，便又向太宗上奏道："晋文公外出狩猎，在砀山追赶野兽，进入了河水交错的地方，迷了路，不知道应该从哪里走出去。过了一段时间，看见一个打鱼人，文公对打鱼人说：'我是你们的君主，如果你告诉我这条路应该从哪里走出去，我会重重地赏赐你'"。打鱼的人说：'我愿意带路。'文公说：'等走出去再领赏赐吧。'于是打鱼的人将文公送了出去。文公问："今天你要教给寡人的是什么呢？我愿听听。"打鱼的人回答：'如果鸿鹄生活在汹涌澎湃的海洋之上，或许就能够保全性命；假如在小河滩上，就会遭到猎人弓箭的袭击。只要龟鳖生活在很深的水里就能保全性命；如果跑到浅水滩，必然会受到打鱼人的威胁。如今你在砀山追捕狩猎，一直追赶到这里，会不会走得太远了呢？'文公听过这番话之后赞叹：'真是好极了！'于是就命人将这个打鱼人的姓名记下了。打鱼的人说：'凭什么你叫作国君呢？为君者应该尊崇天地，以社稷为重，爱护百姓，保卫边疆，减轻各种税赋，这样我同样得到了好处，如果国君不尊天事地，不以社稷为重、对外不结交诸侯，对内失去民心，国家一旦灭亡，我这个打鱼人即便有了你的赏赐，也保全不住啊。'打鱼人坚决不接受文公的赏赐。"太宗皇帝听了魏征的话，称赞道："你说的对。"

【原典】

贞观九年，太宗谓侍臣曰："往昔初平京师①，宫中美女珍玩无院不满。炀帝意犹不足，征求无已，兼东西征讨，穷兵黩武，百姓不堪，遂致亡灭。此皆朕所目见，故夙夜孜孜②，惟欲清净，使天下无事。遂得徭役不兴，年谷丰稔，百姓安乐。夫治国犹如栽树，本根不摇，则枝叶茂荣。君能清净，百姓何得不安乐乎？"

【注释】

①京师：周朝建都镐京，后世把天子建都之地叫做京师。这里指隋都长安。②夙夜孜孜：夙夜，早晚、朝夕。孜孜，努力不息。

【译文】

贞观九年，太宗皇帝对侍从的大臣们说："当年隋朝刚刚平定京师，没有一个宫院中的美女、奇珍玩物不是满满的。但是隋炀帝还是没有满足，横征暴敛搜求不止，再加上长年的东征西讨，穷兵黩武，民不聊生，最后百姓实在是不堪忍受，于是便导致了隋朝灭亡。这所有的一切都是我亲眼见到的。因此我每天从早到晚不断努力、孜孜不倦，是想要清净无为，让天下不再发生祸端，从而做到不兴徭役，五谷丰收，百姓安居乐业。治理国家就好比种树，只要树根稳固了，就可以枝繁叶茂。君主自然就能够实现清净无为，百姓怎能不安居乐业呢？"

【原典】

贞观十六年，太宗谓侍臣曰："或君乱于上，臣治于下；或臣乱于下，君治于上。二者苟逢，何者为甚？"特进魏征对曰："君心治，则照见下非。诛一劝百，谁敢不畏威尽力？若昏暴于上，忠谏不从，虽百里奚①、伍子胥②之在虞、吴，不救其祸，败亡亦继。"太宗曰："必如此，齐文宣③昏暴，杨遵彦以正道扶之得治，何也？"征曰："遵彦弥缝暴主，救治苍生，才得免乱，亦甚危苦。与人主严明，臣下畏法，直言正谏，皆见信用，不可同年而语也。"

【注释】

①百里奚：春秋时人，原为虞国的大夫。②伍子胥：春秋时吴国大夫，名员，字子胥。③齐文宣：姓高，名洋。高欢次子，高澄之弟。东魏时封齐王。

【译文】

贞观十六年，太宗皇帝问侍臣："君主昏庸，不理政务，大臣们却在下面兢兢业业地处理国事，相对于臣子犯上作乱，而君主清明，这之中哪一个的危害比较大呢？"魏征答说："一个圣明的君主，能做到明察秋毫，对于大臣间的是非曲直能够了如指掌，所有百官谁敢不服从，谁又敢不尽心尽力为朝廷效力呢？但是假如君主昏庸，不听从劝告，即使有百里奚、伍子胥这样的忠臣，祸患依然无法避免，国家的衰败也将随之而来。"太宗皇帝说："或许是这样，我看到北齐文宣帝残暴昏庸，杨遵彦依然能够匡扶朝纲，使北齐得以维持统治，这又怎样解释呢？"魏征说："杨遵彦所侍奉的是一个残暴的君主，他能为苍生做好事，才能够使得国家免于灾难，确实显得十分艰难。这怎么能够与君主的威严圣明，臣子敬畏礼法，敢于直言相谏，君臣间相互信任相提并论啊。"

【原典】

贞观十九年，太宗谓侍臣曰："朕观古来帝王，骄矜①而取败者，不可胜数。不能远述古昔，至如晋武平吴②、隋文伐陈③已后，心逾骄奢，自矜诸己，臣下不复敢言，政道因兹弛紊④。朕自平定突厥、破高丽已后，兼并铁勒，席卷沙漠，以为州县，夷狄远服，声教益广，朕恐怀骄矜，恒自抑折⑤，日旰而食⑥，坐以待晨。每思臣下有谠言直谏⑦，可以施于政教者，当拭目以师友待之。如此，庶几于时康道泰尔。"

【注释】

①骄矜：自恃地位崇高而骄纵自傲。②晋武平吴：晋武帝司马炎 279 年下令伐吴，次年三月，迫使吴主孙皓归降，重新统一全国。③隋文伐陈：289 年，隋文帝攻占建康，俘获陈后主，灭陈。④弛紊：松弛，混乱。⑤恒自抑折：恒，经常。抑折，控制约束。恒自抑折即经常克制自己的意思。⑥日旰而食：因心忧事繁而延迟到晚上才吃饭。⑦谠言直谏：谠，正直。即以正直的言论陈奏于皇上。

【译文】

贞观十九年，太宗对身边的侍臣说："我看从古至今，由于那些目中无人、骄傲自大而导致亡国的君王，多的简直数不清。我尚不去说年代久远的事，例如晋武帝灭掉吴国、隋文帝征服陈国之后，生活奢靡腐朽，内心狂妄自大，不可一世。身边的臣子也不敢再去劝谏，于是政事渐渐松乱。自从我平定突厥、打败高丽、兼并铁勒、席卷沙漠以来，慢慢地这些地方成为了我的疆土，边境上的外族也没有不敬畏天威的，从此我们国家的威仪教化遍布四海，因此我担心在心中会助长自满情绪，时常自我告诫：要常常勤于政事，废寝忘食，不敢懈怠。希望每天都有大臣直言相谏，而且还能够将其用于国家的政治教化上面，我应该用对待师长朋友那样的礼节对待忠臣。假如君臣之间能够这样，那么国泰民安的日子就不远了。"

【原典】

太宗自即位之始，霜旱为灾，米谷踊贵^①，突厥侵扰，州县骚然。帝志在忧人，锐精为政，崇尚节俭，大布恩德。是时，自京师及河东、河南、陇右，饥馑尤甚，一匹绢才得一斗米。百姓虽东西逐食，未尝嗟怨^②，莫不自安。至贞观三年，关中丰熟，咸自归乡，竟无一人逃散。其得人心如此。加以从谏如流^③，雅好儒术，孜孜求士，务在择官，改革旧弊，兴复制度，每因一事，触类为善。初，息隐、海陵之党^④，同谋害太宗者数百千人，事宁，复引居左右近侍，心术豁然，不有疑阻。时论以为能断决大事，得帝王之体。深恶官吏贪浊^⑤，有枉法受财者，必无赦免。在京流外有犯赃者，皆遣执奏，随其所犯，置以重法。由是官吏多自清谨^⑥。制驭^⑦王公、妃主之家，大姓豪猾之伍，皆畏威屏迹，无敢侵欺细人。商旅野次，无复盗贼，囹圄常空，马牛布野，外户不闭。又频致丰稔，米斗三四钱，行旅自京师至于岭表^⑧，自山东至于沧海，皆不赍粮，取给于路。入山东村落，行客经过者，必厚加供待，或发时有赠遗。此皆古昔未有也。

【注释】

①踊贵：物价上涨。②嗟怨：叹息，抱怨。③从谏如流：如流，比喻迅速。从谏如流意即君主乐于接受臣下的正确意见。④息隐、海陵之党：息隐，唐高祖的长子。海陵，高祖第四子，名元吉，曾被封为齐王。⑤贪浊：贪酷，浑浊。⑥清谨：清廉，谨慎。⑦制驭：控制，驾驭。⑧岭表：五岭之外。

【译文】

太宗皇帝刚刚即位那几年，国家连续好几年都发生旱灾、霜灾，粮食的价格飞涨，再加上突厥的骚扰进攻，各州各县都得不到安宁。太宗担忧百姓，一心一意治理国事，提倡节俭，大力广布恩德。那时候，从京城到河东、河南、陇右一带地区，饥荒非常严重，甚至要拿一匹上好的丝绸才能够买上一斗米的境地。虽然百姓四处奔波寻找粮食，但是没有一个人有怨言，都安分守己。直到贞观三年，关中一带大丰收，每一个外出的百姓都回到了家乡，也没有一个人逃散。太宗皇帝获得人心竟到了这种程度，太宗善于听取他人意见，喜欢儒家学说，真心寻找贤能的人，选拔任用贤能的人为官，废除旧制度建立了许多好的制度，举一反三，触类旁通，使国家更加有条理。当初，太宗皇帝的弟兄加害于他，参与的人达到一千多，祸乱被平息之后，太宗仍然任用这些人做官，大家都心地坦荡，从不互相猜疑。当时人们对于这件事情议论纷纷，都认为太宗能够正确处理事情，符合帝王的身份。太宗皇帝非常痛恨贪官污吏接受贿赂、徇私舞弊的行为，一旦发现没有一个得以赦免逃脱。在京城以外贪赃枉法的官员，太宗都会派专人调查，依照他犯罪的轻重加以惩罚。所以贞观时期的官员大部分都清正廉洁，小心行事。无论是王公贵族，还是豪富商贾，没有人敢作奸犯科，都慑于皇帝的威严。因此欺凌百姓的事情都不会发生。外出旅游或做买卖的人不会遇到强盗小偷，国家的牢房也都是空的，牛马在野外放牧也不用人看管，傍晚家家户户的门也不必上锁。又加上每年大丰收，每斗米只卖三四文钱。走远路的人不管从京城到岭南岭西，还是从山东到沧海，都不需要储备粮食，在路上就能够得到。因为在泰山周边，路人经过这里，都会受到热情的款待，出发的时候还赠送东西，这些事情都是亘古未有的。

卷 二

任贤第三
——介绍"八贤"

【原典】

房玄龄^①，齐州临淄^②人也。初仕隋，为隰城^③尉。坐事^④，除名徙上郡。太宗徇地渭北，玄龄杖策谒于军门。太宗一见，便如旧识，署渭北道行军记室参军^⑤。玄龄既遇知己，遂罄竭心力。是时，贼寇每平，众人竞求金宝，玄龄独先收人物，致之幕府，及有谋臣猛将，与之潜相申结^⑥，各致死力。累授秦王府记室^⑦，兼陕东道大行台考功郎中。玄龄在秦府十余年，恒典管记。隐太子、巢剌王以玄龄及杜如晦为太宗所亲礼，甚恶之，谮^⑧之高祖，由是与如晦并遭驱斥。及隐太子将有变也，太宗召玄龄、如晦，令衣道士服，潜引入阁谋议。及事平，太宗入春宫，擢拜太子左庶子。贞观元年，迁中书令。三年，拜尚书左仆射，监修国史，封梁国公，实封一千三百户。既总任百司，虔恭夙夜，尽心竭节，不欲一物失所。闻人有善，若己有之。明达吏事，饰以文学，审定法令，意在宽平。不以求备取人，不以己长格物，随能收叙，无隔疏贱。论者称为良相焉。十三年，加太子少师。玄龄自以一居端揆^⑨十有五年，频抗表辞位，优诏不许。十六年，进拜司空，仍总朝政，依旧监修国史。玄龄复以年老请致仕，太宗遣使谓曰："国家久相任使，一朝忽无良相，如失两手。公若筋力不衰，无烦此让。自知衰谢，当更奏闻。"玄龄遂止。太宗又尝追思王业之艰难，佐命之匡弼^⑩，乃作《威凤赋》以自喻，因赐玄龄，其见称类如此。

【注释】

①房玄龄：名乔，字玄龄。与杜如晦、魏征等同为太宗皇帝的重要助手。
②齐州临淄：即今山东淄博市。③隰城：在今山西省西部，吕梁山南段，黄河支流昕水上游。④坐事：因犯律令而获罪。⑤记室参军：官名。唐制，掌军府

表启书疏之职。⑥潜相申结：暗中交结。⑦记室：古代官名。⑧谮：无中生有地说人坏话。⑨端揆：指宰相。因宰相居百官之首，故称端揆。⑩匡弼：辅佐的意思。

【译文】

房玄龄是山东临淄人，在隋朝为官担任隰城县尉一职。由于一件事情被革去官职，被派往上郡为官。一次，太宗皇帝来到山西游历，房玄龄听闻这件事情之后就前往军营门口拜会。太宗对他一见如故，于是就封他为渭北道行军记室参军。房玄龄蒙受知遇之恩，决定竭尽全力为太宗效劳。在当时，每一次打完胜仗之后，所有人都忙着到处搜集财物，只有房玄龄一人将骁勇善战、有谋略的人安置在幕府中，收拢人才，在私底下和他们结为朋友，一起为李世民效力。他多次担任秦王府记室，兼任陕东道大行台考功郎中。在秦王府十几年，房玄龄都担任记室一职。房玄龄和杜如晦深得李世民的重用，当时的太子和巢刺王心怀嫉恨，就在唐高祖面前恶语中伤，于是房玄龄和杜如晦遭到了打击和排斥。再后来太子发动叛乱，李世民密会房玄龄和杜如晦，让二人身着道士的衣服，暗中派人将他们带入内宫商议对策。平定叛乱之后，李世民成为东宫太子，就请房玄龄担任太子左庶子。贞观初年，李世民任命他为中书令。贞观三年，又封他为尚书左仆射。与此同时，封他为梁国公，命他负责撰写国史，食邑一千三百户。房玄龄为官兢兢业业，时常夜以继日地工作，负责百官的任命，责任重大，不想让一件事处理得不妥当。他胸襟宽阔，宽厚待人，从不嫉妒比自己出色的人。他博学多识，撰写的国史文采出众，审定的法令公正宽容。他在德行方面也为人称道，从不以自己的标准去衡量他人，对人从不求全责备，不分亲疏贵贱，同等看待，因此被众人称赞为良相。贞观十三年，他又被尊为太子少师。房玄龄担任了十五年的宰相，在此期间他多次上书辞官，太宗都没有应允。贞观十六年，他又被封为司空，总管朝政，著述国史。时间不长，他又以年老为由辞官，太宗皇帝差人在回复的信中写道："你担任丞相这么多年了，许多重大的事情交由你处理我都十分放心，如果没有你，我就好比失去了左膀右臂势单力薄，如果你的精力允许，就不要解甲归田。如若哪天你真的力不从心了，到那时再告诉我也不迟。"房玄龄看完这封信之后，终于打消了辞官的念头。之后，太宗皇帝回顾艰难创业岁月时，良臣辅佐自己所立下的卓越功勋，不禁感慨万千，亲自写下《威凤赋》赐给房玄龄，由此可见他们君臣之间深厚的情谊。

【原典】

杜如晦①，京兆万年②人也。武德初，为秦王府兵曹参军③，俄迁陕州总管府长史④。时府中多英俊，被外迁者众，太宗患之。记室⑤房玄龄曰："府僚去者虽多，盖不足惜。杜如晦聪明识达，王佐才也。若大王守藩端拱⑥，无所用之；必欲经营四方，非此人莫可。"太宗自此弥加礼重，寄以心腹，遂奏为府属，常参谋帷幄。时军国多事，剖断如流，深为时辈所服。累除天策府从事中郎，兼文学馆学士。隐太子之败，如晦与玄龄功第一，迁拜太子右庶子。俄迁兵部尚书，进封蔡国公，实封一千三百户。贞观二年，以本官检校侍中。三年，拜尚书右仆射，兼知⑦吏部选事。仍与房玄龄共掌朝政。至于台阁规模，典章文物，皆二人所定，甚获当时之誉，时称房、杜焉。

【注释】

①杜如晦：隋末曾任滏阳尉。②万年：古县名，位置在今陕西潼北。③兵曹参军：官名。掌王府武官簿书、考课、仪卫等事情。④长史：官名。⑤记室：官名。旧时也用作秘书的代称。⑥守藩端拱：坐守现有的地盘，不想有大的作为。⑦知：主持。

【译文】

杜如晦的祖籍在陕西万年。武德初年，曾担任秦王府兵曹参军一职，没过多长时间就被升为陕州总管府长史。但是当时的秦王府人才辈出，外迁的人也非常多，对此，李世民感到非常忧虑。记室房玄龄说："王府中的幕僚离开得多，这并不值得惋惜。但是杜如晦有学识而且十分能干，是辅佐帝王的良才。假如您只是让他死守一个地方真的是屈才了；假如您让他统领四海，那么非此人不可胜任。"此后太宗皇帝便对杜如晦以礼相待，视为心腹，经常让他参与军政大事的谋划。当时，要处理的国家大事很多，杜如晦提出很好的建议，为太宗出谋划策，令人非常佩服。之后，他被封为天策府从事中郎，兼任文学馆学士。在平定叛乱时，功劳最大的是杜如晦和房玄龄，杜如晦被提升为太子右庶子。不久之后又被认命为兵部尚书，封为蔡国公，食邑一千三百户。贞观二年，杜如晦担任检校侍中。贞观三年，拜为尚书右仆射，兼任吏部选事。杜如晦与房玄龄一起掌管朝廷的政务，有关修筑宫殿、典章制度等事情，都由他们一起商量决定，他们的政绩深得人们的称道，说起当时的良相，人们就会以"房谋杜断"加以赞许。

【原典】

魏征①，钜鹿人也。近徙家相州之内黄。武德末，为太子洗马②。见太宗与隐太子阴相倾夺，每劝建成早为之谋。太宗既诛隐太子，召征责之曰："汝离间我兄弟，何也？"众皆为之危惧。征慷慨自若，从容对曰："皇太子若从臣言，必无今日之祸。"太宗为之敛容，厚加礼异，擢拜谏议大夫。数引之卧内，访以政术。征雅有经国之才，性又抗直，无所屈挠。太宗每与之言，未尝不悦。征亦喜逢知己之主，竭其力用。又劳之曰："卿所谏前后二百余事，皆称朕意。非卿忠诚奉国，何能若是！"三年，累迁秘书监，参预朝政，深谋远算，多所弘益。太宗尝谓曰："卿罪重于中钩③，我任卿逾于管仲④，近代君臣相得，宁有似我于卿者乎？"六年，太宗幸九成宫，宴近臣，长孙无忌⑤曰："王珪、魏征，往事息隐，臣见之若仇，不谓今者又同此宴。"太宗曰："魏征往者实我所仇，但其尽心所事，有足嘉者。朕能擢而用之，何惭古烈？征每犯颜切谏，不许我为非，我所以重之也。"征再拜曰："陛下导臣使言，臣所以敢言。若陛下不受臣言，臣亦何敢犯龙鳞⑥，触忌讳也！"太宗大悦，各赐钱十五万。七年，代王珪为侍中，累封郑国公。寻以疾乞辞所职，请为散官。太宗曰："朕拔卿于仇虏之中，任卿以枢要之职，见朕之非，未尝不谏。公独不见金之在矿，何足贵哉？良冶锻而为器，便为人所宝。朕方自比于金，以卿为良工。虽有疾，未为衰老。岂得便尔耶？"征乃止。后复固辞，听解侍中，授以特进，仍知门下省事。十二年，太宗以诞皇孙，诏宴公卿。帝极欢，谓侍臣曰："贞观以前，从我平定天下，周旋艰险，玄龄之功无所与让。贞观之后，尽心于我，献纳忠说，安国利人，成我今日功业，为天下所称者，惟魏征而已。古之名臣，何以加也。"于是亲解佩刀以赐二人。庶人承乾在春宫，不修德业；魏王泰宠爱日隆，内外庶寮，咸有疑议。太宗闻而恶之，谓侍臣曰："当今朝臣，忠謇无如魏征，我遣傅皇太子，用绝天下之望。"十七年，遂授太子太师，知门下事如故。征自陈有疾，太宗谓曰："太子宗社之本，须有师傅，故选中正，以为辅弼。知公疹病，可卧护之。"征乃就职。寻遇疾。征宅内先无正堂，太宗时欲营小殿，乃辍其材为造，五日而就。遣中使赐以布被素褥，遂其所尚。后数日，薨⑦。太宗亲临恸哭，赠司空，谥曰文贞。太宗亲为制碑文，复自书于石。特赐其家食实封九百户。太宗后尝谓侍臣曰："夫以铜为镜，可以正衣冠；以古为镜，可以知兴替；以人为镜，可以明得失。朕常保此三镜，以防己过。今魏征殂逝⑧，遂亡一镜矣！"因泣下久之。乃诏曰："昔惟魏征，每显予过。自其逝也，虽过莫彰。朕岂独有非于往时，而皆是于兹日？故亦庶僚苟顺，难触龙鳞者欤！所以虚己外求，披迷内省。言而不用，朕所甘心；用而不言，谁之责也？自斯已后，各悉乃诚。若有是非，直言无隐。"

【注释】

①魏征：唐初政治家。太宗即位擢为谏议大夫。②洗马：官名。即前马或先驱之意。③中钩：射中带钩的意思。④管仲：春秋时齐国名相。⑤长孙无忌：唐初大臣。字辅机，河南洛阳人。太宗长孙皇后之兄。⑥龙鳞：韩非曾把帝王比作龙，龙喉下有逆鳞，触犯了它就会被龙咬死。⑦薨：唐代二品以上官员之死称为薨。⑧殂逝：死亡。

【译文】

魏征，钜鹿人，前不久迁居到相州的内黄。武德末年，担任太子洗马。当他看到太宗同隐太子李建成暗中倾轧争夺，常劝建成早作打算。太宗杀了隐太子后，把魏征叫来责问："为何你要离间我们兄弟？"当时人们都替魏征担心，魏征慷慨自若，从容地回答说："如果皇太子听从了我说的话，今天就不会有杀身之祸了。"太宗皇帝听过这些话之后肃然起敬，之后对魏征非常敬重，任命他为谏议大夫，很多次将他请进室内，向他请教治理国家的办法。魏征性格刚正不阿，拥有治理国家的才能，自己的主张是不会随便放弃的。太宗皇帝每次和他交谈之后，没有一次是不高兴的。魏征很庆幸能够遇到如此赏识自己的国君，竭尽全力为其效劳。太宗皇帝安慰魏征说："之前你直言相谏二百多件事情，都十分合我的心意，如果不是你忠心为国，怎么会这样呢？"贞观三年，经过多次升迁，魏征升任至秘书监，参与管理国家大事，他深谋远虑，对治理国家起了非常重要的作用。太宗曾对他说："说起你的罪过要比管仲射中齐桓公的带钩还要严重，但是我对于你的信任却远远超过了齐桓公对管仲的信任，近代君臣之间和睦相处，难道还有谁能像我和你这样吗？"贞观六年，太宗皇帝在九成宫设宴款待身边亲近的臣子，长孙无忌说："王珪、魏征过去都侍奉过隐太子，我看见他们就好比看见仇人一样，今天没有想到却在一起参加宴会。"太宗说："过去魏征的确是我的仇人，但是他能够尽心尽力侍奉主人，这点非常值得敬佩。我提拔重用他，自比古人应无愧色！魏征时常将情面抛之脑后直言相谏，不允许我做错事情，因此我才如此器重他。"魏征再拜说："陛下想要我提建议，我才敢提出建议。如果我的建议不被接受，我又怎么敢去触犯龙颜呢？"太宗皇帝龙颜大悦，每人赏赐十五万钱。贞观七年，魏征替代王珪任侍中，加封郑国公。没过多长时间就因病请求辞去官职。太宗说："我把你从仇敌中选拔出来，委任你中枢机要的职务，你看到我做得不对的地方，没有不劝谏的。难道你没有看到黄金埋在矿里，有什么可贵的呢？假如遇见好的冶金工匠将其冶炼成器物，人们就会将它当做宝物。所以我将自己比作黄金，将你比作好的冶炼工匠。虽然现在你有病，但是还算不上衰老，怎么现在就想辞官呢？"魏征听完辞官的事情只好作罢。之后又提出辞官，太宗同意了并且免去他侍中的职务，任命为特进，继续管理门下省的事务。贞观十二年，太宗皇帝的孙子诞生，因此下诏宴请公卿大臣，太宗在宴席间十分高兴，对大臣们说："贞观之前，跟随我一起平定天下，辗转于艰难险阻之间，其中房玄龄的功劳没有任何人能够相比。自贞观以来，对我忠心耿耿，直言相谏，国家安定，造福百姓，使我成就今天的功业，被天下人所称颂的，就只有魏征一人。即使古代名臣，也不过如此了。"太宗于是亲自解下佩刀赐予二人。庶人承乾在东宫做太子时，不讲究德行，魏王泰越来越得到宠爱，对承乾是否还能做太子所有百官都有疑议。太宗听闻后很不高兴，对侍从的大臣们说："当今朝堂之上，没有人比魏征更讲忠诚正直，他做皇太子的师傅，因此来断绝其他人的想法。"贞观十七年，太宗任命魏征做太子太师，依旧管理门下省的政务。魏征提出自己身体不适，太宗对他说："太子是宗庙社稷的根本，必须有一个好的师傅加以教导，因此才挑选你这样中正无私之臣来担任，辅助太子，我知道你有病，你可以躺在床上来教导太子。"魏征只好答应。没过多久魏征病重，他原先的宅院没有正厅，太宗本来想给自己建立一座小殿，于是就将材料给魏征造正厅，五天完工之后，又派人将布被和素色的垫褥赐给魏征，以顺从他的喜好。几天之后，魏征病逝，太宗在他的灵柩前痛哭，追封他为司空，赐谥号文贞。太宗亲自给他撰写碑文，并亲笔书写在石碑上。又特赐给他家食实封九百户。后来太宗时常对身边的大臣们说："用铜作镜子，可以端正衣冠；用历史作镜子，可以知道历代兴衰更替；用人作镜子，可以明白自己的得失。我时常用这三面镜子以便防止自己犯过错。如今魏征去世了，我就失去了一面镜子！"为此哭了好长时间。于是下诏说："过去只有魏征经常指出我的过失，自从他去世后，虽然我有过错但是也没有人敢公开指出。我难道只在过去犯错误，而现在就没有错误了吗？这或许还是百官苟且顺从，不敢触犯龙颜吧！因此我虚心地征求你们的建议，以便清醒头脑进行反省，如若你们直言相谏我不采纳，我承担所有责任。我需要听听你们的意见而你们却不进言，谁又来承担这个责任？从今以后，大家都要竭尽忠诚，我如果有什么不对的地方，你们一定要直言规劝，千万不要有所隐瞒。"

【原典】

王珪①，太原祁县②人也。武德中，为隐太子中允③，甚为建成所礼。后以连其阴谋事，流于嶲州。建成诛后，太宗即位，召拜谏议大夫。每推诚尽节，多所献纳。珪尝上封事④切谏，太宗谓曰："卿所论皆中朕之失，自古人君莫不欲社稷永安，然而不得者，只为不闻己过，或闻而不能改故也。今朕有所失，卿能直言，朕复闻过能改，何虑社稷之不安乎？"太宗又尝谓珪曰："卿若常居谏官，朕必永无过失。"顾待益厚。贞观元年，迁黄门侍郎，参预政事，兼太子右庶子。二年，进拜侍中。时房玄龄、魏征、李靖、温彦博⑤、戴胄⑥与珪同知国政，尝因侍宴，太宗谓珪曰："卿识鉴精通，尤善谈论，自玄龄等，咸宜品藻⑦。又可自量孰与诸子贤。"对曰："孜孜奉国，知无不为，臣不如玄龄。每以谏诤为心，耻君不及尧、舜，臣不如魏征。才兼文武，出将入相，臣不如李靖。敷奏详明，出纳惟允，臣不如温彦博。处繁理剧，众务必举，臣不如戴胄。至如激浊扬清，嫉恶好善，臣于数子，亦有一日之长。"太宗深然其言，群公亦各以为尽己所怀，谓之确论。

【注释】

①王珪：字叔玠。太宗时召为谏议大夫，后一直在朝为官，与房玄龄等共同辅政。②祁县：县名。在山西省中部，汾河中游东岸，太原盆地中部。③中允：官名。掌侍从礼仪等事。④封事：古时臣下上书奏事，防有泄露，用袋封缄，称为封事。⑤温彦博：唐初并州祁县（今山西祁县东南）人。⑥戴胄：字玄胤，拜谏议大夫。⑦品藻：这里是品评优缺点的意思。

【译文】

王珪，太原祁县人。高祖武德年间担任太子中允一职，太子李建成对他礼遇有加。由于李建成后来阴谋作乱，王珪受到牵连被流放到云南嶲州，建成被诛杀后，太宗即位，太宗将王珪召回并任命为谏议大夫。作为臣子，王珪忠心耿耿，尽职尽责。他所提出的建议大多数都被太宗采纳。曾经王珪上书批评太宗的过错，太宗说："你所提出的全部有道理，都切中了我的过失。自古以来，没有哪国的君主不想将自己的国家治理好，永享太平安定的。但是他们的愿望最终都没有达成，他们不是没有看见自己的过失，而是由于他们看到了却没有及时改正。如今我犯错误，你能够直言相谏，我也能够及时改正，又为何担忧国家不能长治久安呢？"太宗又对王珪说："如果你一直做谏官，我一定能永远不会犯错。"因此对他更加器重。贞观元年，王珪担任黄门侍郎，参与国家政事，并且兼任太子右庶子。第二年，王珪提升为侍中，与房玄龄、魏征、李靖、温彦博、戴胄等人一同处理国家大事，他们六人与太宗一起进宴，太宗皇帝问王珪："你有着很强的识别能力，而且擅长评价和谈论他人。你逐一给我评价一下，也可以估计你们之中谁是最能干的。"王珪回答说："为国兢兢业业，做事情精明果断，我比不上玄龄。直言相谏，触犯龙颜为皇上无法与尧舜的圣明比肩而感到羞耻，我比不上魏征。文武兼备，既能够带兵打仗又能够治理国家，文韬武略俱佳，我比不上李靖。奏章清晰严谨，做事有理有据，规规矩矩，没有疏漏，我比不上温彦博。处理复杂政务，条理清晰，万无一失，我比不上戴胄。但是说到惩恶扬善，疾恶如仇，弘扬正气，我比起其他人也有自己的独到之处！"太宗觉得他说的非常到位，在场的大臣也各抒己见，都认为他评价得恰如其分，十分准确。

【原典】

李靖①，京兆三原人也。大业末，为马邑②郡丞。会高祖为太原留守，靖观察高祖，知有四方之志，因自锁上变，诣江都。至长安，道塞不通而止。高祖克京城，执靖，将斩之，靖大呼曰："公起义兵除暴乱，不欲就大事，而以私怨斩壮士乎？"太宗亦加救靖，高祖遂舍之。武德中，以平萧铣③、辅公祐功，历迁扬州大都督府长史。太宗嗣位，召拜刑部尚书。贞观二年，以本官检校中书令。三年，转兵部尚书，为代州行军总管，进击突厥定襄城，破之。突厥诸部落俱走碛北，北擒隋齐王暕之子杨道政，及炀帝萧后，送于长安。突利可汗来降，颉利可汗仅以身遁。太宗谓曰："昔李陵提步卒五千，不免身降匈奴，尚得名书竹帛。卿以三千轻骑，深入虏庭，克复定襄，威振北狄，实古今未有，足报往年渭水之役矣。"以功进封代国公。此后。颉利可汗大惧，四年，退保铁山，遣使入朝谢罪，请举国内附。又以靖为定襄道行军总管，往迎颉利。颉利虽外请降，而心怀疑贰。诏遣鸿胪卿唐俭、摄户部尚书将军安修仁慰谕之，靖谓副将张公谨曰："诏使到彼，虏必自宽，乃选精骑赍二十日粮，引兵自白道袭之。"公谨曰："既许其降，诏使在彼，未宜讨击。"靖曰："此兵机也，时不可失。"遂督军疾进。行至阴山，遇其斥候千余帐，皆俘以随军。颉利见使者甚悦，不虞官兵至也。靖前锋乘雾而行，去其牙帐七里，颉利始觉，列兵未及成阵，单马轻走，虏众因而溃散。斩万余级，杀其妻隋义成公主，俘男女十余万，斥土界自阴山至于大漠，遂灭其国。寻获颉利可汗于别部落，余众悉降。太宗大悦，顾谓侍臣曰："朕闻主忧臣辱，主辱臣死。往者国家草创，突厥强梁，太上皇以百姓之故，称臣于颉利，朕未尝不痛心疾首，志灭匈奴，坐不安席，食不甘味。今者暂动偏师，无往不捷，单于稽颡④，耻其雪乎！"群臣皆称万岁。寻拜靖光禄大夫、尚书右仆射，赐实封五百户。又为西海道行军大总管，征吐谷浑，大破其国。改封卫国公。及靖身亡，有诏许坟茔制度依汉卫、霍故事，筑阙象突厥内燕然山、吐谷浑内碛石二山，以旌殊绩。

【注释】

①李靖：唐初军事家。②马邑：隋代郡名。③萧铣：后梁宣帝曾孙。④稽颡：古时候的一种跪拜礼。

【译文】

李靖，陕西三原人。隋炀帝末年担任马邑郡丞一职。这时，高祖李渊任太原留守。根据观察，李靖发现李渊有夺取天下的志向，便乔装成罪犯将自己锁进囚车里面，准备趁这次机会前去江都向隋炀帝告发李渊。在前往长安的路上，由于道路阻塞不能够继续前行，李靖只好暂留长安。李渊攻克长安之后，李靖被抓，高祖要将他杀掉，此时李靖大声叫道："李公率领大军平定战乱，难道不想成就大业吗？为什么还要因为私人恩怨去杀壮士呢？"太宗也劝高祖，于是高祖赦免了他。武德年间，李靖由于平定萧铣、辅公祏的功劳，升任为扬州大都督府长史。太宗继位之后，李靖被召回京城，任命为刑部尚书。贞观二年，升为中书令。贞观三年，任兵部尚书，兼任代州道行军总管，带领大军进攻突厥，平定襄城，大破突厥，将突厥赶往碛北。在这次战乱中，隋朝齐王杨暕的儿子杨道政和隋炀帝的皇后萧氏被李靖擒获，并且把他们押送长安。后来突利可汗投降，颉利可汗独自逃走。太宗说："汉朝李陵率领五千士兵作战，投降匈奴，就算如此，也照样名垂青史。如今你只用三千骑兵，深入敌营并且战胜敌人，平定襄城，威震北方夷狄，这样的事情

自古以来非常少见，如此功绩完全可以弥补渭水之战的过失了。"李靖功勋显
著，因此太宗皇帝加封他为代国公。从此之后，颉利可汗对唐军非常畏惧，
不敢轻举妄动。贞观四年，他们退往西北，并派遣使者到唐朝谢罪，请求举
国全部归降于大唐，作为唐朝的臣民。接到突厥投降的消息太宗又任命李靖
为行军总管，去迎接颉利可汗。颉利可汗虽然表面上投降，但是暗地里却心
怀鬼胎，太宗派遣鸿胪卿唐俭、摄户部尚书将军安修仁奉命安抚慰问。李靖
看出了其中的端倪，于是将计就计。他对副将张公谨说："使者传诏书到那里
的时候，敌人的警惕会放松，你带好二十天的粮食再挑选精锐的骑兵，从白
道偷袭攻击他们。"张公谨疑惑不解地
说："我们既然接受他们归降，而且使者
现如今又在他们那里，起兵攻打恐怕不合
适吧。"李靖说道："这是将他们一举歼灭
的最好时机，万万不可错过。"于是张公
谨率领士兵疾速前往，行到阴山的时候，
只要遇到颉利可汗的人，都将他们抓住随
军前行。颉利可汗看到唐朝的使者很是高
兴，万万没有想到唐朝的军队到了。李靖
大军凭借大雾前行，非常隐秘，前进到距
颉利可汗的军帐只有七里左右，他们才发
觉。颉利可汗的军队措手不及，已经来不
及排兵布阵了，颉利可汗骑马落荒而逃，
敌兵乱作一团，四处溃逃。这次战争中斩
杀敌人万余人，杀死了颉利可汗的夫
人——隋朝义成公主，十多万被俘虏的突
厥男女，颉利可汗的国家灭亡，他的其他
部落也全部投降。这次战役让唐朝的边境
从阴山扩展到大漠以北。战后，太宗十分
高兴，对大臣们说："我听说国君忧虑，
大臣就要受到屈辱；国君受到侮辱，那么
臣子们的性命就难以保全。国家刚建立不
久，突厥国势力强大，太上皇因为不想牵

连百姓，因此向颉利可汗俯首称臣。当时的我感到非常痛心，睡不安稳，食不知味。从此我励精图治，发誓要将匈奴消灭。如今只要我们出动军队，必定攻无不克，战无不胜，之前我们受到的羞耻洗雪了。"朝堂上的大臣都齐呼万岁。没过多久太宗将李靖封为光禄大夫，尚书右仆射，赏赐食邑五百户。此后又担任西海道行军大总管征伐吐谷浑，将这个国家消灭了。李靖由于功绩显著改封为卫国公。李靖死后，太宗下诏，他的坟墓可以依照汉代卫青、霍去病的坟墓规模修建，在坟墓周围筑起土丘，看上去好比突厥国内的燕山、吐谷浑国的碛石二山，以此来象征李靖生前的丰功伟绩。

【原典】

虞世南①，会稽余姚人也。贞观初，太宗引为上客，因开文馆，馆中号为多士，咸推世南为文学之宗。授以记室，与房玄龄对掌文翰②。尝命写《列女传》以装屏风，于时无本，世南暗书之，一无遗失。贞观七年，累迁秘书监。太宗每机务之隙，引之谈论，共观经史。世南虽容貌懦弱，如不胜衣，而志性抗烈，每论及古先帝王为政得失，必存规讽，多所补益。及高祖晏驾③，太宗执丧过礼，哀容毁悴，久替万机，文武百寮，计无所出，世南每入进谏，太宗甚嘉纳之，益所亲礼。尝谓侍臣曰："朕因暇日，每与虞世南商榷古今。朕有一言之善，世南未尝不悦；有一言之失，未尝不怅恨。其恳诚若此，朕用嘉焉。群臣皆若世南，天下何忧不治？"太宗尝称世南有五绝：一曰德行，二曰忠直，三曰博学，四曰词藻，五曰书翰。及卒，太宗举哀于别次，哭之甚恸。丧事官给，仍赐以东园秘器④，赠礼部尚书，谥曰文懿。太宗手敕魏王泰曰："虞世南于我，犹一体也。拾遗补阙，无日暂忘，实当代名臣，人伦准的。吾有小善，必将顺而成之；吾有小失，必犯颜而谏之。今其云亡，石渠、东观⑤之中，无复人矣，痛惜岂可言耶！"未几，太宗为诗一篇，追思往古治乱之道，既而叹曰："钟子期死，伯牙不复鼓琴⑥。朕之此篇，将何所示？"因令起居⑦褚遂良⑧诣其灵帐读讫焚之，其悲悼也若此。又令与房玄龄、长孙无忌、杜如晦、李靖等二十四人，图形于凌烟阁⑨。

【注释】

①虞世南：唐初书法家。②文翰：即文章，也指公文信札。③晏驾：古代称帝王死亡的讳词。④东园秘器：即葬具。⑤石渠、东观：汉代朝廷藏图书秘籍的地方。⑥钟子期死，伯牙不复鼓琴：史书上记载说伯牙善于鼓琴，

而钟子期善于听琴。钟子期死后，伯牙不再鼓琴，因为世上无知音了。⑦起居：官名。⑧褚遂良：唐大臣、书法家。⑨凌烟阁：阁在当时的长安。太宗亲自作赞，褚遂良题阁，阎立本作画。

【译文】

虞世南，浙江余姚人。贞观初年，太宗皇帝尊他为上宾，设立文馆，馆内人才济济，都推举虞世南为文学的宗师。太宗皇帝授予他记室的官职，和房玄龄一起管理文化方面的事务。虞世南曾经受命书写《列女传》用来装饰屏风，在当时没有现成的书籍，他凭着记忆将书默写了出来，竟然没有一点儿差错。贞观七年，虞世南升为秘书监。只要太宗忙完政事，有空闲的时间，就和他一起畅谈历史，讨论治理国家的办法。虞世南表面看起来弱不禁风，一副书生模样，但是他性格却十分刚烈，志趣高远，每每谈论起历代君主治理国家的得失，都能够有独到的看法，说出自己的评论和判断。唐高祖去世之后，太宗为其操办丧事而劳累过度，面色憔悴，国事有所耽误，百官也没有办法。但是不管在任何情况下虞世南进谏，太宗都会欣然接受。从那以后，虞世南更加得到太宗的亲近和尊重。太宗皇帝曾经对身边的侍臣说："我闲暇的时候就和虞世南讨论古今大事。虞世南见我有好的见解总是非常高兴；当我的见解有失偏颇，他就非常担心。他这样恳切忠诚，我非常赞赏他。各位大臣如果都像虞世南那样，何忧天下治理不好呢？"太宗称赞虞世南有五绝：一是德行，二是忠直，三是博学，四是辞藻，五是书翰。虞世南去世的时候，太宗失声痛哭十分悲伤，为他设祭哀悼，太宗还赐以丧具，并且追封他为礼部尚书，谥号文懿。太宗写给魏王李泰的信中说道："对我来说，虞世南就好比我身体的一部分，是他时刻纠正和提醒我的过失和疏漏，一刻都不曾忘记。他实在是当代名臣、人伦道德的榜样啊。之前我有一点成绩，他就会肯定，我有一点过失，他就会冒着触犯龙颜的危险直言规劝。如今他去世了，朝廷之中再也没有像他这样的人了，让我怎么能不痛惜。"没过多长时间，太宗写了一首诗，借助古人的事迹来发表感慨："钟子期去世之后，伯牙失去知音，再也没有弹过琴。我写这首诗又能够给谁看呢？"于是，太宗命褚遂良将他写的这首诗拿到虞世南灵帐前诵读并焚烧，可以看出他哀痛之深切，然后又下令将虞世南和房玄龄、长孙无忌、杜如晦、李靖等二十四位功臣的图像，画在凌烟阁上永久纪念。

【原典】

李绩①，曹州离狐人也。本姓徐，初仕李密②，为左武候大将军。密后为王世充③所破，拥众归国，绩犹据密旧境十郡之地。武德二年，谓长史郭孝恪④曰："魏公既归大唐，今此人众土地，魏公所有也。吾若上表献之，则是利主之败，自为己功，以邀富贵，是吾所耻。今宜具录州县及军人户口，总启魏公，听公自献，此则魏公之功也，不亦可乎？"乃遣使启密。使人初至，高祖闻无表，惟有启与密，甚怪之。使者以绩意闻奏，高祖方大喜曰："徐绩感德推功，实纯臣也。"拜黎州⑤总管⑥，赐姓李氏，附属籍于宗正⑦。封其父盖为济阴王，固辞王爵，乃封舒国公，授散骑常侍⑧。寻加绩右武候大将军⑨。及李密反叛伏诛，绩发丧行服，备君臣之礼，表请收葬。高祖遂归其尸。于是大具威仪，三军缟素⑩，葬于黎阳山。

【注释】

①李绩：唐初大将。本姓徐，名世，字懋功，曹州离狐人。②李密：隋末瓦岗军首领。③王世充：隋新丰人，字行满。④郭孝恪：许州人。起初从李密，官至长史，后投李世民。⑤黎州：州，土司名。⑥总管：官名。地方高级军政长官。⑦宗正：官名。掌管王室亲族事务。唐、宋时也称宗正寺卿，"掌九族六亲之属籍"。⑧散骑常侍：唐制，掌规讽过失、侍从顾问之职。⑨右武候大将军：官名。⑩缟素：指穿丧服。

【译文】

李绩，曹州离狐人，本姓徐，起初在李密手下担任左武候大将军。后来李密被王世充打败，带领兵士归降唐朝。李密原来占领的十郡土地仍被李绩控制。武德二年，李绩对长史郭孝恪说："魏公李密既然已归顺大唐，现在这些郡的人口和土地都是魏公所有，假如我全部献给大唐，那我岂不是利用主子的失败，自己邀功以谋求富贵，我感到十分可耻。如今应该完整地登录州县名称和军人户口，一起交还给魏公，由他自己进献给朝廷，这样的话这些功劳就是魏公的了，这样做不是非常好吗？"于是派使者报送李密。使者刚到长安，高祖听闻没有表奏，只有信件给李密，很不满意。使者将李绩的想法传达给高祖，高祖听了很兴奋地说："李柄对主人感恩戴德，将功劳归于故主，实在是忠心纯正的臣子啊！"因此任命他为黎州总管，赐姓李氏，把户籍登划宗正寺，封李绩的父亲李盖为济阴王，李盖果断辞谢王爵，于是改封舒国公，授予散骑常侍的官职。没过多久又加授李绩为右武候大将军。李密反叛被诛后，李绩为他发丧并穿上丧服，全部用君臣的礼节，上表请求收葬。高祖将李密的遗体交给李绩。于是他大规模地预备仪仗，全军都穿上白色的丧服，将李密埋葬在黎阳山。

【原典】

礼成，释服①而散，朝野义之。寻为窦建德所攻，陷于建德，又自拔归京师。从太宗征王世充、窦建德，平之。贞观元年，拜并州都督，令行禁止，号为称职，突厥甚加畏惮②。太宗谓侍臣曰："隋炀帝不解精选贤良，镇抚边境，惟远筑长城，广屯将士，以备突厥，而情识之惑③，一至于此。朕今委任李绩于并州，遂得突厥畏威远遁，塞垣安静，岂不胜数千里长城耶？"其后并州改置大都督府，又以绩为长史。累封英国公。在并州凡十六年，召拜兵部尚书，兼知政事。绩时遇暴疾，验方云须灰可以疗之，太宗自剪须为其和药。绩顿首见血，泣以陈谢。太宗曰："吾为社稷计耳，不烦深谢。"十七年，高宗居春宫，转太子詹事，加特进，仍知政事。太宗又尝宴，顾绩曰："朕将属以孤幼，思之无越卿者。公往不遗于李密，今岂负于朕哉！"绩雪涕④致辞，因噬⑤指流血。俄沉醉，御服覆之，其见委信如此。绩每行军，用师筹算，临敌应变，动合事机。自贞观以来，讨击突厥、颉利及薛延陀、高丽等，并大破之。太宗尝曰："李靖、李绩二人，古之韩、白、卫、霍岂能及⑥也！"

【注释】

①释服：脱去衣服。②畏惮：害怕。③情识之惑：糊涂。④涕：哭。⑤噬：动词，咬。⑥及：比得上。

【译文】

葬礼完成之后才脱去丧服，朝堂上下都认为李绩讲道义。没过多久受到窦建德的打击，李被俘之后又逃回京师，和太宗皇帝一起讨伐王世充、窦建德，最终将这些人打败。贞观元年，太宗任命李为并州都督，都令行禁止，人们都说他是个称职的人，因此突厥也非常敬畏他。太宗对随从的大臣们说："隋炀帝不懂得选拔贤能的人、镇抚边境，只能远筑长城，派士兵看守，以防止突厥来犯，他的见识竟然糊涂到了这种地步。如今派李前往镇守并州，就能够让突厥有所顾忌，边塞城垣安宁，这样的决定岂不是比几千里的长城更好吗？"后来并州改设大都督府，又任命李为长史，加封到英国公。他在镇守了 16 年的并州之后又被召回任命为兵部尚书，兼知政事。忽然有一次李重病，药方上说用胡须烧的灰可以将病治好，于是太宗将自己的胡须剪下给他和药。李叩头出血，哭着谢恩，太宗说："这也是为社稷着想，你不用感谢。"贞观十七年，高宗还在东宫时，任命李为太子詹事，追加特进的待遇，仍担任知政事。太宗设宴，在宴会上对李说："我想把年幼的太子托付于你，仔细考虑也没有比你更加合适的人选。你过往能不忘李密，现在又怎么可能做出对不起我的事情！"李擦着眼泪回话，将自己的手指咬出血来。不久李大醉，太宗脱下自己的御服盖在他身上。他就是这样地被委任信用。每次打仗，用兵筹划，临敌应变，都能够做到恰当好处。从贞观以来，李奉令讨伐突厥颉利可汗和薛延陀、高丽等，都将他们打的落荒而逃。太宗曾说："李靖、李绩二人，韩信、白起、卫青、霍去病这些古代名将哪能比得上呢？"

【原典】

马周①，博州茌平人也。贞观五年，至京师，舍于中郎将②常何之家。时太宗令百官上书言得失，周为何陈便宜二十余事，令奏之，事皆合旨。太宗怪其能，问何，何对曰："此非臣所发意，乃臣家客马周也。"太宗即日召之，未至间，凡四度遣使催促。及谒见，与语甚悦。令直门下省，授监察御史③，累除中书舍人④。周有机辩，能敷奏，深识事端，故动无不中。太宗尝曰："我于马周，暂时不见，则便思之。"十八年，历迁中书令，兼太子左庶子，周既职兼两宫，处事平允，甚获当时之誉。又以本官摄吏部尚书。太宗尝谓侍臣曰："周见事敏速，性甚慎至。至于论量人物，直道而言，朕比任使之，多称朕意。既写忠诚，亲附于朕，实藉此人，共康时政也。"

【注释】

①马周：唐初大臣。字宾王，博州茌平（今属山东）人。少孤贫，后到长安，为中郎将常何家客。②中郎将：官名。唐制，中郎将是太子府属官，掌护卫。③监察御史：官名。隋唐始设，为御史台各类御史之一种。④中书舍人：官名。是中书省的属官。

【译文】

马周，博州茌平人。贞观五年，来到京师长安，住在中郎将常何家里。太宗皇帝当时让百官上书讲述政事的得失，马周为常何起草了二十多条有利于国家百姓的建议，让常何上奏朝廷，所启奏的事情全都符合太宗心意。太宗不解常何怎么会有这样的才能，于是问常何，常何回答说："这些事情并不是我自己想出来的，而是住在我家名叫马周的客人代我写下的。"太宗当天就召见马周，在马周还没有到之前，太宗就派人催了四次。到谒见时，太宗与他谈得十分高兴，于是将他安置在门下省，授予监察御史的官职，此后升迁到中书舍人。马周机敏善辩，长于陈奏，对任何事情都了解得十分透彻，因此言行都符合实际。太宗曾说："我只要一刻不见马周，就非常想念他。"贞观十八年，马周一直升迁到中书令，兼任太子左庶子，身兼朝廷和东宫的官职，他处理事情公平妥当，当时的人赞不绝口。之后又兼任吏部尚书职务。太宗曾对侍从的大臣说："马周看问题敏捷，处理事情周到严谨。至于评论人物也能够秉公直言，我近来任用他所推荐的人，多数都能够符合心意。他既然竭尽忠诚，亲近依附于我，我一定要和他一起将政事办好。"

求谏第四
——鼓励臣下谏言

【原典】

太宗威容严肃，百僚①进见者，皆失其举措②。太宗知其若此，每见人奏事，必假颜色，冀闻谏诤，知政教得失。贞观初，尝谓公卿曰："人欲自照，必须明镜；主欲知过，必藉忠臣。主若自贤，臣不匡正，欲不危败，岂可得乎？故君失其国，臣亦不能独全其家。至于隋炀帝暴虐，臣下钳口③，卒令不闻其过，遂至灭亡，虞世基等，寻亦诛死。前事不远，公等每看事有不利于人，必须极言规谏。"

【注释】

①百僚：指百官。②失其举措：慌手忙脚，手足无措。③钳口：以威胁胁迫人不敢讲话。

41

【译文】

太宗皇帝容貌威武严肃，百官之中觐见的人，看到他都会紧张到手忙脚乱不知所措，太宗知道这件事情之后，每次有人向他奏请事情的时候他都会故作和颜悦色的样子，希望能够听到谏诤，从而了解政治教化的得失。贞观初年，太宗曾对公卿们说："人想要看得清自己，必须要有一面明镜；作为一个国家的君主，想要了解自己的过失，必须要有一个忠臣。假如君主自认为圣明，臣子又不去纠正其过错，要想国家没有覆亡的危险，能办得到吗？于是君主就失去了他的国家，臣子们也不能够保全自己的家。像隋炀帝那样淫虐残暴的君王，臣子们都将嘴紧闭不敢讲话，最终因为不知道自己的过失而导致国家灭亡，不久之后虞世基等人也被诛杀。前事不远，今后每当你们看到什么事情是对于百姓不利的，必须直言规劝谏诤。"

【原典】

贞观元年，太宗谓侍臣曰："正主任邪臣，不能致理①；正臣事邪主，亦不能致理。惟君臣相遇，有同鱼水，则海内可安。朕虽不明，幸诸公数相匡救，冀凭直言鲠议②，致天下太平。"谏议大夫王珪对曰："臣闻木从绳则正，后从谏则圣③。是故古者圣主必有争臣七人，言而不用，则相继以死。陛下开圣虑，纳刍荛，愚臣处不讳之朝，实愿罄其狂瞽④。"太宗称善，诏令自是宰相入内平章⑤国计，必使谏官随入，预闻政事。有所开说，必虚己纳之。

【注释】

①致理：即"致治"，使国家达到安定。②鲠议：鲠，原意是骨卡在喉咙里，这里指直言。③圣：贤明的意思。④狂瞽：狂肆直言。⑤平章：筹商，讨论。

【译文】

贞观元年，太宗皇帝对侍从的大臣们说："正直的君主任用了奸臣，就不可能将国家治理好；正直的臣子侍奉昏庸的君主，同样也不会将国家治理好。只有圣明的君主与正直的臣子一同共事，如鱼得水，这样天下才能够太平。虽然我称不上贤明，幸亏你们多次提醒补救过错，希望凭借你们的直言鲠议，来实现天下安定太平。"谏议大夫王珪回答说："我听闻在木头上画上标线才能锯得笔直，听从正确的建议之后就能成为圣明的君王。君主必须设谏臣七人，谏言如果不被采纳，就一个个相继以死相谏。陛下开拓思路，采纳臣民忠言，我们都身处在无须忌讳的开明圣朝，真心愿意将自己愚昧的意见都讲出来。"太宗听后称赞他说得好，下诏规定今后宰相入宫商量处理国家大事，必须带着谏官一起入宫，听听如何处理事务，如果有什么建议，皇上一定虚心采纳。

【原典】

贞观二年，太宗谓侍臣曰："明主思短而益善，暗主护短而永愚。隋炀帝好自矜夸①，护短拒谏，诚亦实难犯忤②。虞世基不敢直言，或恐未为深罪。昔箕子佯狂自全③，孔子亦称其仁。及炀帝被杀，世基合同死否？"杜如晦对曰："天子有诤臣，虽无道，不失其天下。仲尼④称：'直哉史鱼⑤，邦有道如矢⑥，邦无道如矢。'世基岂得以炀帝无道，不纳谏诤，遂杜口无言？偷安重位，又不能辞职请退，则与箕子佯狂而去，事理不同。昔晋惠帝⑦贾后⑧将废愍怀太子，司空张华竟不能苦争，阿意苟免。及赵王伦举兵废后，遣使收华，华曰：'将废太子日，非是无言，当不被纳用。'其使曰：'公为三公，太子无罪被废，言既不从，何不引身而退？'华无辞以答，遂斩之，夷其三族。古人有云：'危而不持，颠而不扶，则将焉用彼相？'故'君子临大节而不可夺也'。张华既抗直不能成节，逊言不足全身，王臣之节固已坠矣。虞世基位居宰辅，在得言之地，竟无一言谏诤，诚亦合死。"太宗曰："公言是也。人君必须忠良辅弼，乃得身安国宁。炀帝岂不以下无忠臣，身不闻过，恶积祸盈，灭亡斯及！若人主所行不当，臣下又无匡谏，苟在阿顺，事皆称美，则君为暗主，臣为谀臣，君暗臣谀，危亡不远。朕今志在君臣上下，各尽至公，共相切磋，以成治道。公等各宜务尽忠说，匡救朕恶，终不以直言忤意，辄相责怒。"

【注释】

①矜夸：夸耀自己的长处。②犯忤：冒犯君上的尊严，违逆君上的意志。③箕子佯狂自全：箕子，名胥余，是殷纣王的叔父。④仲尼：孔子的字。⑤史鱼：史，官名。鱼，春秋时卫国大夫，名鳅。⑥矢：箭，如箭之直。⑦晋惠帝：姓司马，名衷。武帝次子。⑧贾后：惠帝之后。导致诸王之间相互残杀的"八王之乱"。后为赵王伦所杀。

【译文】

贞观二年，太宗皇帝对侍臣说："圣明的君王能够时刻反省自己的失误，并且知错能改，然而昏庸君的王却对自己的过失加以掩饰，蒙蔽视听。就好比隋炀帝，对于自己的过失视而不见，又自以为是，将别人的意见拒之千里，这样就再没有人敢于直言不讳了。大臣虞世基不敢直言，或许这也不是什么罪过。在商代的时候，箕子故意装疯来保住自己的性命，当时孔子用仁义来评价他。后来隋炀帝被杀，难道虞世基就应该和他一起去死吗？"杜如晦说："君王身边没有直言相谏的臣子来辅佐，自己治理国家虽然无道，但是也不至于会失去天下。孔子曾经赞扬过忠臣史鱼，说：'卫国的大夫史鱼真耿直啊，国家有道义的时候他直言进谏，国家失去道义了，他还以死相谏。'虞世基怎么会由于隋炀帝无道，不接受忠言，就将嘴巴紧闭不提出意见了呢？他身居要职，却苟且偷生，又不能辞职隐退，这与箕子装疯离去是完全不同的。以前晋惠帝的皇后贾后要废掉愍怀太子，司空张华不但没有阻止，还阿谀顺应贾后以保全性命，一直到赵王伦起兵废掉贾后，派使者将张华抓起来时，他说："贾后废太子，我并不是不想阻拦，只是怕她不听我的建议。"使者说："太子无罪被废，你贵为三公，怎能不出来说话？既然你的意见不被接受，那你又为何不辞官呢？"张华无言以对，于是被斩杀，并且株连三族。古人说得好：'危难的时候不去扶持，倾倒的时候不去支撑，要这样的宰相有何用处呢？'因此虽然君子面对危难却依然能够坚守自己的节操。张华身居高位却不能够坚守节操，苟且保全性命，君臣之间的正常关系已经不复存在。虞世基同样身为宰相，在该相谏的时候却沉默不语，的确是该死啊！"杜如晦的观点太宗很是赞同，说："你说的非常正确。君王必须有忠直的大臣辅佐，才能够国家太平。难道隋炀帝不是由于身边没有忠直的大臣，看不到自身的过失，最终使灾祸和罪恶越来越严重而导致灭亡的吗？假如君主行为不妥当，臣子又不尽职，只会谄媚奉承，苟全性命，无论什么事情都说好，这样的君主就是昏庸的君主，臣子就是阿谀的臣子。君主昏庸，臣子阿谀奉承，这样的话距离国家灭亡的日子也就没有多远了。现如今我要使朝廷君臣上下，恪尽职守，同心协力，共同成就一番功业。你们要尽自己最大的职责，及时地纠正我的失误，君臣间万万不能因为开诚布公，指出彼此的过错而互相怨恨和误会。"

【原典】

贞观三年，太宗谓司空裴寂[①]曰："比有上书奏事，条数甚多，朕总粘之屋壁，出入观省。所以孜孜不倦者，欲尽臣下之情。每一思政理，或三更方寝。亦望公辈用心不倦，以副朕怀也。"

【注释】

①裴寂：唐初大臣。字玄真，蒲州桑泉（今山西临猗东南）人。

【译文】

贞观三年，太宗皇帝对司空裴寂说："近来有人上书奏事，条数很多，我把它们全都贴到卧室的墙上了，进出的时候看看并思考。之所以这样是想把臣下的意见尽可能了解清楚。每一次思考如何治理国家，往往到三更以后才能入睡。希望你们也能够孜孜不倦地用心工作，以符合我的心意。"

【原典】

贞观五年，太宗谓房玄龄等曰："自古帝王多任情喜怒①，喜则滥赏无功，怒则滥杀无罪。是以天下丧乱②，莫不由此。朕今夙夜③未尝不以此为心，恒欲公等尽情极谏。公等亦须受人谏语，岂得以人言不同己意，便即护短不纳？若不能受谏，安能谏人？"

【注释】

①任情喜怒：喜怒无常，由着自己的性子来。②丧乱：这里指丧失国家，混乱朝纲。③夙夜：早晚，朝夕。

【译文】

贞观五年，太宗皇帝对房玄龄等人说："自古以来，君王常常由着自己的性子发怒或高兴。高兴的时候就赏罚不明，功过不分；发怒的时候任意杀戮，是非不明，天下大乱，通常都是由于肆意妄为造成的。所以我十分警惕，不管白天还是夜晚，我都铭记在心，希望所有大臣都能够大胆地提出我的过错。同时，你们也应该接受他人的意见。切不可由于他人的意见和自己的意见不一致就不承认、不采纳。一个人如果不接受别人的批评，他又如何去批评别人呢？"

【原典】

贞观六年，太宗以御史大夫①韦挺②、中书侍郎③杜正伦④、秘书少监⑤虞世南、著作郎⑥姚思廉⑦等上封事称旨，召而谓曰："朕历观自古人臣立忠之事，若值明主，便宜尽诚规谏，至如龙逄、比干，不免孥戮⑧。为君不易，为臣极难。朕又闻龙可扰而驯，然喉下有逆鳞。卿等遂不避犯触，各进封事。

常能如此，朕岂虑宗社之倾败！每思卿等此意，不能暂忘，故设宴为乐。"仍赐绢有差。

【注释】

①御史大夫：唐制，掌刑法典章，纠正百官之罪恶的官职，为御史台之长。②韦挺：京兆人。起初曾为隐太子宫臣。③中书侍郎：官名。唐制，为中书省长官的副职。④杜正伦：贞观初年，由魏征举荐，任兵部员外郎，后迁中书侍郎。⑤秘书少监：唐制，秘书监下的官职。⑥著作郎：唐制，秘书省的属官。⑦姚思廉：唐初史学家，字简之。⑧孥戮：连同妻儿被杀戮。

【译文】

贞观六年，太宗皇帝因为御史大夫韦挺、中书侍郎杜正伦、秘书少监虞世南、著作郎姚思廉等人所奏的事很合心意，召见他们的时候说："我翻看了从古至今所有臣子尽忠职守的事迹，如果遇到贤明的君王，定然能够真心规谏，但是最后如果像关龙逢、比干那样的处境，就会惹上杀身之祸株连家人。做一个贤明的君主不容易，做臣子也难。我又听闻可以将龙驯养得听话，但喉下有逆鳞。但你们敢于犯逆鳞，各自写下奏书。如果常常能够这样做，难道我还怕宗庙社稷会倾覆！每次想到你们的一片忠心，一刻也不能忘怀，因此设宴共享欢乐。"还给每人赏赐了数量不等的绢。

【原典】

太常卿①韦挺尝上疏陈得失，太宗赐书曰："所上意见，极是谠言，辞理可观，甚以为慰。昔齐境之难，夷吾有射钩之罪，蒲城之役，勃鞮②为斩袪之仇，而小白不以为疑，重耳待之若旧。岂非各吠非主③，志在无二。卿之深诚，见于斯矣。若能克全此节，则永保令名。如其怠之，可不惜也。勉励终始。垂范④

将来，当使后之视今，亦犹今之视古，不亦美乎？朕比不闻其过，未睹其阙⑤，赖竭忠恳，数进嘉言，用沃朕怀，一何可道！"

【注释】

①太常卿：唐代掌礼乐郊庙社稷之事的官职。②勃鞮：晋人。③各吠非主：狗见不是自己的主人就咬。④垂范：把好的风范传至后人。⑤阙：缺点，错误。

【译文】

太常卿韦挺曾经上书太宗皇帝，指出太宗治理国家的功过。为此太宗写下了一道诏书送给韦挺说："你奏书中的意见十分珍贵，里面的道理也非常恳切值得称赞，对此我感到十分欣慰。春秋时期齐国发生战乱，管仲的箭曾射中齐桓公；晋国蒲城的争斗，勃鞮也用剑将晋文公的衣袖斩断。但是齐桓公没有猜疑管仲，仍然重用他。晋文公对待勃鞮仍一视同仁，没有什么不同。这是做臣子的拥有坦诚的心怀，为君主效劳。你的忠诚，从这些话中就可以看出，你如果能够一直这样刚正不阿，实事求是，那么你的好名声就能够永远地保全了。如果你在这方面懈怠了，那将是多么可惜呀。我期望你能够做后人的表率，使得后人看我们今人，就像今人看古人一样，难道这样不是很好吗？过去我没有听说过我犯了什么过失，也没有听说过我做的哪些事情中存在不足，这所有的功绩都是依靠你们这些忠义之臣的结果。你们不断地提出宝贵的建议，用来提醒我，从而丰富我治国的思想，如果仅仅依靠我个人的能力，哪里值得一提呢！"

【原典】

贞观八年，太宗谓侍臣曰："朕每闲居静坐，则自内省，恒恐上不称天心，下为百姓所怨。但思正人匡谏，欲令耳目外通，下无怨滞。又比见人来奏事者，多有怖慑①，言语致失次第。寻常奏事，情犹如此，况欲谏诤，必当畏犯逆鳞。所以每有谏者，纵不合朕心，朕亦不以为忤。若即嗔责②，深恐人怀战惧，岂肯更言！"

【注释】

①怖慑：害怕的意思。②嗔责：嗔怪，责备。

【译文】

贞观八年，太宗对臣子们说："每当我没有事情静坐时就会自我反省。时常害怕对上不能够使上天称心如意，对下被百姓所怨恨。只想得到忠诚正直的人匡救劝谏，以此让我能够和外面相通，使百姓没有怨恨。除此之外，近日以来看到前来禀奏事情的人，经常感到他们心怀恐惧，语无伦次。平时启奏事情的时候尚且这样，更何况要当面谏诤，肯定会害怕触犯逆鳞。因此每当有人谏诤时，即使不符合我的心意，我也不会责怪。假如立刻发怒斥责，恐怕人人心怀恐惧，怎么还敢再讲话！"

【原典】

贞观十五年，太宗问魏征曰："比来朝臣都不论事，何也？"征对曰："陛下虚心采纳，诚宜有言者。然古人云：'未信而谏，则以为谤①己；信而不谏，则谓之尸禄②。'但人之才器各有不同，懦弱之人，怀忠直而不能言；疏远之人，恐不信而不得言；怀禄之人，虑不便身而不敢言。所以相与缄默，俯仰过日③。"太宗曰："诚如卿言。朕每思之，人臣欲谏，辄惧死亡之祸，与夫赴鼎镬④、冒白刃，亦何异哉？故忠贞之臣，非不欲竭诚。竭诚者，乃是极难。所以禹拜昌言，岂不为此也！朕今开怀抱，纳谏诤。卿等无劳怖惧，遂不极言。"

【注释】

①谤：毁谤。②尸禄：意思是占据官位拿着俸禄而不做实事。③俯仰过日：马马虎虎混日子。④鼎镬：古代的酷刑刑具，用以把人煮死。

【译文】

贞观十五年，太宗皇帝问魏征："近来朝臣都不议论政事，这是为什么？"魏征回禀道："陛下虚心纳谏，本来应当有进谏的人。然而古人说过：'不被信任的人劝谏，会被认为是毁谤自己；已被信任而不劝谏，就叫做空食俸禄而不尽其职。'但是人的才能气度各有不同，胆小怕事的人，心存忠直而不能进谏；被疏远的人，怕不信任而无法进谏；贪恋禄位的人，怕不利于自身而不敢进谏。所以大家沉默不言，应付着混日子。"太宗说："这些现象确实像你所说。我常想，人臣要劝谏，动辄害怕有杀身之祸，这和赴鼎镬被烹杀、冒刀剑被斩杀又有什么两样？因此忠贞的臣子，并非不想竭尽忠诚，而是因为竭尽忠诚实在太难了。所以夏禹听了好的意见要拜谢，岂不就是因为这个缘故！我如今敞开胸怀，接受谏诤，你们无须因为害怕而不敢把想说的话说出口。"

【原典】

贞观十六年，太宗谓房玄龄等曰："自知者明，信为难矣。如属文之士，伎巧之徒，皆自谓己长，他人不及。若名工文匠，商略诋诃^①，芜词^②拙迹，于是乃见。由是言之，人君须得匡谏之臣，举其愆过^③。一日万机，一人听断，虽复忧劳，安能尽善？常念魏征随事谏正，多中朕失，如明镜鉴形，美恶必见。"因举觞赐玄龄等数人勖^④之。

【注释】

①商略诋诃：共同商讨，开展批评。②芜词：杂乱没有条理的话。③愆过：错误，过失。④勖：勉励。

【译文】

贞观十六年，太宗皇帝对房玄龄等人说："能够正确面对自己的人是明智的，但是要做到这一点是非常困难的。这就好比会写文章的文士、有技巧的工匠，都觉得自己的本领非凡，别人比不上，但是如果遇到世上著名的文士、工匠来评检他们的文章和制品，杂乱无章的言辞和拙劣的技艺就会立刻显现出来。这样的话，君王就必须要有匡救谏诤的臣子，来指出自己的过失。每一天都会有堆积如山的事情，仅仅依靠一个人来判断，即使再劳累，又怎么能够将所有的事情都处理得完美呢？我常想到魏征遇到问题时就随事谏诤匡正，很多次都指出我的过失，这好比用一面明亮的镜子来照形体，美与丑都会显现出来。"太宗举起酒杯给房玄龄等几位敬酒，勉励他们也应这样做。

【原典】

贞观十七年，太宗问谏议大夫褚遂良曰："昔舜造漆器^①，禹雕其俎^②，当时谏者十有余人。食器之间，何须苦谏？"遂良对曰："雕琢害农事，纂组^③伤女工。首创奢淫，危亡之渐。漆器不已，必金为之；金器不已，必玉为之。所以诤臣必谏其渐，及其满盈，无所复谏。"太宗曰："卿言是矣。朕所为事，若有不当。或在其渐，或已将终，皆宜进谏。比见前史，或有人臣谏事，遂答云'业已为之'，或道'业已许之'，竟不为停改。此则危亡之祸，可反手而待^④也。"

【注释】

①舜造漆器：相传造漆器自舜开始。②俎：古代割肉所用的砧板。③纂

组：即刺绣。④反手而待：很快就可以到来。

【译文】

贞观十七年，太宗皇帝问谏议大夫褚遂良说："从前虞舜制作漆器，夏禹雕饰祭器，当时有十多人劝谏。制造器皿这些都是非常小的事情，又何必苦谏呢？"褚遂良回答说："从事精雕细琢就会耽误农耕，编织五颜六色的彩带会妨碍妇女的正常事务。奢侈淫逸，是危亡的开端。有了漆器就不会满足，想着要用黄金来做。有了金器还不满足，就想用玉石来做。因此谏诤之臣就必须在事情还没有开始的时候加以进谏，等到事情全部都完成了再劝谏也就没有任何作用了。"太宗说："你说的有道理，我所做的事情如果有不当之处，不管是在开头，还是将要做完，你都要及时进谏。近日我翻看前朝史书的记载，有时臣下进谏，君主就回答说'已经做了'，或者说'已经同意做了'，最终还是不肯改正。这样下去灾祸很快就会到来。"

纳谏第五
——懂得纳谏

【原典】

贞观初，太宗与黄门侍郎①王珪宴语②，时有美人侍侧，本庐江王③瑗之姬也，瑗败，籍没入宫。太宗指示珪曰："庐江不道，贼杀其夫而纳其室，暴虐之甚，何有不亡者乎！"珪避席曰："陛下以庐江取之为是邪，为非邪？"太宗曰："安有杀人而取其妻，卿乃问朕是非，何也？"珪对曰："臣闻于《管子》曰：齐桓公之郭国，问其父老曰：'郭何故亡？'父老曰：'以其善善而恶恶也。'桓公曰：'若子之言，乃贤君也，何至于亡？'父老曰：'不然。郭君善善而不能用，恶恶而不能去，所以亡也。'今此妇人尚在左右，臣窃以为圣心是之。陛下若以为非，所谓知恶而不去也。"太宗大悦，称为至善，遽令以美人还其亲族。

【注释】

①黄门侍郎：官名。②宴语：一边饮宴，一边谈话。③庐江王：姓李，名瑗，太祖曾孙。

【译文】

贞观初年，太宗皇帝与黄门侍郎王珪在宴会上交谈，当时有个美人在旁边侍候。她本是庐江王李瑗的爱姬，李瑗败事后，被籍没入宫。太宗指着她对王珪说："庐江王荒淫无道，杀害了她原先的丈夫而把她占为己有。暴虐到极点，怎会不灭亡呢？"王珪离座说："陛下认为庐江王夺取她是对，还是不对？"太宗说："哪有杀人而夺取其妻的道理，你却问我对不对，这是什么意思？"王珪回答说："我见到《管子》书里说：齐桓公到了郭国，问那里的父老：'郭国为什么会灭亡？'父老说：'因为郭君喜欢好人而厌恶坏人。'齐桓公说：'照你所说，他是个贤君啊，怎会亡国呢？'父老说：'不是这样的，郭君喜欢好人却不能任用，厌恶坏人却不能摒弃，所以灭亡。'如今这个妇人还在陛下左右，所以我猜测陛下的心意认为这样做是对的，陛下如果认为不对，那就是所谓知道邪恶而不能摒弃了。"太宗听罢大为欣喜，称赞他讲得好极了，于是马上命令把这位美人送还给她的亲族。

【原典】

贞观四年，诏发卒修洛阳之乾元殿①以备巡狩②。给事中张玄素③上书谏曰：陛下智周万物，囊括四海，令之所行，何往不应？志之所欲，何事不从？微臣窃思秦始皇之为君也，藉周室之余，因六国之盛，将贻之万叶。及其子而亡，谅由逞嗜奔欲，逆天害人者也。是知天下不可以力胜，神祇④不可以亲恃。惟当弘俭约，薄赋敛，慎终始，可以永固。

【注释】

①乾元殿：原为隋所建的一座大殿。②巡狩：古时皇帝视察诸侯所守的

51

地方。③张玄素：蒲州（今山西）人。曾在隋做景城县户曹。④神祇：天神地祇。古代统治者自以为受命于天。

【译文】

贞观四年，太宗皇帝下诏在洛阳修建乾元殿，以供天子巡游四方的时候下榻居住。给事中张玄素上书劝谏说："陛下您智虑周全，可谓无所不及。您下令要做的事，有哪一件不成功呢？您立志想要得到的东西，有哪一件不是依从您的意思去办呢？我认为秦始皇刚开始做皇帝的时候，一直想倚仗灭掉周室的余威，凭借平定六国的气势，将基业千秋万代地传下去。可是到了他儿子掌权的时候国家就灭亡了，我们认真分析它灭亡的原因，是他们父子随心所欲地放纵自己的贪欲，违背上天的旨意，残害百姓等因素造成的。从这里可以看出，统治天下不能仅仅凭借武力，一味信奉神灵也不能保障他的江山固若金汤。只有大力提倡节俭，减轻赋税，自始至终兢兢业业，才可以永保江山安泰。"

【原典】

方今承百王之末，属凋弊之余，必欲节之以礼制，陛下宜以身为先。东都未有幸期，即令补葺；诸王今并出藩，又须营构。兴发数多，岂疲人之所望？其不可一也。陛下初平东都之始，层楼广殿，皆令撤毁，天下翕然①，同心倾仰。岂有初则恶其侈靡，今乃袭其雕丽？其不可二也。每承音旨，未即巡幸，此乃事不急之务，成虚费之劳。国无兼年之积，何用两都之好？劳役过度，怨讟将起。其不可三也。百姓承乱离之后，财力凋尽，天恩②含育，粗见存立，饥寒犹切，生计未安，三五年间，未能复旧。奈何营未幸之都，而夺疲人之力？其不可四也。昔汉高祖③将都洛阳，娄敬④一言，即日西驾。岂不知地惟土中，贡赋所均，但以形胜不如关内也。伏惟陛下化凋弊之人，革浇漓⑤之俗，为日尚浅，未甚淳和，斟酌事宜，讵可东幸？其不可五也。

【注释】

①翕然：统一或协调。②天恩：即天子的恩德。③汉高祖：即刘邦。西汉王朝的建立者。④娄敬：即刘敬。汉初齐人。⑤浇漓：指不好的社会风气。

【译文】

我们刚刚统一了天下，还没有从战争所造成的影响中恢复过来，民生凋敝。这个时候应该注重节俭，以礼治国，陛下您更应该以身作则。东都洛阳没有行宫，就下令修缮，各位大臣出京镇守边关，也都需要修建官邸，工事太多，恐怕会劳民伤财，这是第一点不可修建的原因。陛下当初平定东都洛阳，看见那些豪华奢侈的宫殿，下令全部拆毁，此举让天下人惊叹佩服。岂有开始憎恶隋代的奢华，现在又步其后尘的道理呢？这是陛下不可为的理由之二。常常听说陛下要去洛阳巡视，然而事情并不紧急，这样做岂不是白白消耗国家的财产。现在国家建立不久，国库还不充盈，哪用得着修建两个都城？老百姓的劳役过重，就会产生怨恨，这是陛下不可为的理由之三。如今百姓遭受天下大乱之后，生活非常贫困。陛下施恩，让百姓的生活稍稍有所好转，但是仍然存在忍饥挨饿的生计之忧，这种情况三五年之内也不可能解除。如果这个时候让老百姓去营建东都，岂不是勉为其难，这是陛下不可为的理由之四。汉代的时候，汉高祖刘邦要在洛阳建都，大臣娄敬进言说这样做不可行，他劝说汉高祖在秦朝的故都建都，汉高祖接受了他的建议，当日就往西行定都长安。但要知道贡赋都出在土地之中而且情况不如关内。现在只希望陛下体察百姓之苦，革除日渐沦丧的世俗风气。你治理国家的时间还很短，社会风气还不淳厚，凡事都应该三思而后行，现在怎么可以在洛阳大兴土木，难道连古人都不如吗？这是陛下不应做的第五个原因。

【原典】

臣尝见隋室初造此殿。楹栋宏壮，大木非近道所有，多自豫章①采来，二千人拽一柱，其下施毂②，皆以生铁为之，中间若用木轮，动即火出。略计一柱，已用数十万，则余费又过倍于此。臣闻阿房成，秦人散；章华就，楚众离；乾元毕工，隋人解体。且以陛下今时功力，何如隋日？承凋残之后，役疮痍之人，费亿万之功，袭百王之弊，以此言之，恐甚于炀帝远矣。深愿陛下思之，无为由余所笑，则天下幸甚矣。

【注释】

①豫章：古郡名，今江西省一带。②毂：车轮中心的圆木，周围与车辐的一端相接，中有圆孔，用以插轴。也用为车轮的代称。

【译文】

我曾经看到隋朝建造这座宫殿时的情况，所用的材料极其讲究。宫殿所用的木材都不是附近所产，大多都是从遥远的豫章郡运来的。一根柱子就要用两千人来拉，下边滑动用的轮子必须用生铁铸造，如果用木头做轮子，一滑动起来就会摩擦起火。粗略算来，一根柱子的运送就要耗费数十万两银子，而其他费用更是难以估量。我听说一座阿房宫建成了，就使得秦国人心离散；章华宫修成了，就造成楚国民心散乱；乾元宫完工后，隋朝也随之灭亡。况且凭借国家目前的政治状况，比起隋朝来说又如何呢？国家从萧条中建立起来，这个时候再役使苦难的百姓，劳民伤财，就会重蹈历代王朝灭亡的覆辙，步其后尘，从这点来说，我们恐怕比隋炀帝还要昏庸啊。我恳切地希望陛下能认真考虑这件事，不要让我们的行为被后人所耻笑，那便是国家的大幸了。

【原典】

太宗谓玄素曰："卿以我不如炀帝，何如桀、纣？"对曰："若此殿卒兴，所谓同归于乱。"太宗叹曰："我不思量，遂至于此。"顾谓房玄龄曰："今玄素上表，洛阳实亦未宜修造，后必事理须行，露坐亦复何苦？所有作役，宜即停之。然以卑干尊，古来不易，非其忠直，安能如此？且众人之唯唯，不如一士之谔谔①。可赐绢五百匹。"魏征叹曰："张公遂有回天之力，可谓仁人之言，其利博哉！"

【注释】

①谔谔：直言争辩。

【译文】

太宗对张玄素说："你认为我连隋炀帝都不如，那跟桀、纣相比呢？"玄素回答说："如果这座宫殿修好了，可以说与他们殊途同归，没什么两样。"太宗猛然醒悟，叹息着说："我没有认真考虑过这件事，所以导致了这么严重的后果。"说罢，他又转过头来对房玄龄说道："看看玄素的奏表，洛阳的宫殿实在不应该修建，以后做事必须按事理行事，即使露天休息又如何呢？凡是因此产生的赋役，都应该马上停止。要地位低的人干预地位高的人，历来都不容易做到。要不是玄素忠心正直，又怎能做得到呢？一般人唯唯诺诺，哪里抵得上一个人惊世骇俗的言论对人的启发大呢？我要赏赐玄素绢五百匹。"针对这件事，魏征感叹地说："张公的话真有力量呀，可谓是仁义之人，它所产生的积极影响和对国家百姓的好处真是不可限量呀！"

【原典】

太宗有一骏马，特爱之，恒于宫中养饲，无病而暴死。太宗怒养马宫人，将杀之。皇后谏曰："昔齐景公^①以马死杀人，晏子^②请数其罪云：'尔养马而死，尔罪一也。使公以马杀人，百姓闻之，必怨吾君，尔罪二也。诸侯闻之，必轻吾国，尔罪三也。'公乃释罪。陛下尝读书见此事，岂忘之邪？"太宗意乃解。又谓房玄龄曰："皇后庶事^③相启沃，极有利益尔。"

【注释】

①齐景公：春秋时齐国君，名杵臼。齐庄公的异母弟。②晏子：春秋时齐国大夫。③庶事：平常的事情、杂务。

【译文】

太宗皇帝有一匹好马，他特别喜爱，一直饲养在宫里，有一天这匹马突然无病而死。太宗对养马的宫人很生气，要杀掉他。长孙皇后劝谏说："从前齐景公因为爱马死了要杀养马人，晏子请求列数养马人的罪状：'你养的马死了，这是你第一条罪。让国君因马杀人，百姓听到这个消息后，必定怨恨我们的国君，这是你第二条罪。诸侯们听说这件事，必定轻视我们齐国，这是你第三条罪。'齐景公听后便赦免了养马人的罪。陛下读书曾经读到过这个故事，难道忘了吗？"太宗听了这话才消了怒气。他又对房玄龄说："皇后在很多事情上启发帮助我，对我很有好处。"

【原典】

贞观七年，太宗将幸九成宫^①，散骑常侍姚思廉进谏曰："陛下高居紫极^②，宁济苍生，应须以欲从人，不可以人从欲。然而离宫游幸，此秦皇、汉武^③之事，故非尧、舜、禹、汤之所为也。"言甚切至。太宗谕之曰："朕有气疾，热便顿剧，故非情好游幸，甚嘉卿意。"因赐帛五十段。

【注释】

①九成宫：唐代宫名，皇帝避暑的地方。原为隋仁寿宫。②紫极：皇位。有时也指皇宫。③秦皇、汉武：即秦始皇嬴政、汉武帝刘彻。

【译文】

贞观七年，太宗要巡幸九成宫，散骑常侍姚思廉进谏道："陛下身处高位，如果要以救济天下百姓为己任，那么就应该让自己的欲望顺从于天下百姓的利益，而不能要求天下人都来顺从自己的欲望。然而，整日想远离皇宫到处游玩，这是秦始皇、汉武帝他们经常做的事，而不是尧、舜、禹、汤这些明君所为。"话语间，言辞诚恳激切。太宗开导他说："我患有与气候相关

55

的毛病，天气热了，病痛就要加剧。所以并不是我的本性喜欢到处巡游，但是，我还是十分感谢你的好意。"因此赏赐给姚恩廉五十匹丝帛。

【原典】

贞观三年，李大亮①为凉州②都督，尝有台使至州境，见有名鹰，讽大亮献之。大亮密表曰："陛下久绝畋猎，而使者求鹰。若是陛下之意，深乖③昔旨；如其自擅，便是使非其人。"太宗下书曰："以卿兼资文武，志怀贞确④，故委藩牧⑤，当兹重寄。比在州镇，声绩远彰，念此忠勤，岂忘寤寐⑥？使遣献鹰，遂不曲顺，论今引古，远献直言。披露腹心，非常恳到，览用嘉叹，不能已已，有臣若此，朕复何忧！宜守此诚，终始若一。《诗》云：'靖共尔位，好是正直。神之听之，介尔景福。古人称一言之重，侔⑦于千金，卿之所言，深足贵矣。今赐卿金壶瓶、金碗各一枚，虽无千镒⑧之重，是朕自用之物。卿立志方直，竭节至公，处职当官，每副所委，方大任使，以申重寄。公事之闲，宜观典籍。兼赐卿荀悦⑨《汉纪》一部，此书叙致简要，论议深博，极为政之体，尽君臣之义，今以赐卿，宜加寻阅。"

【注释】

①李大亮：京兆（今陕西西安）人，有文武才。②凉州：唐时州名，辖境相当于今甘肃永昌以东、天祝以西一带。③乖：违背。④贞确：坚贞正直。⑤藩牧：藩，屏障。牧，守卫。藩牧即守卫边防。⑥寤寐：寤，醒时。寐，睡时。寤寐即日夜。⑦侔：齐等。⑧镒：古代重量单位，二十两或二十四两为一镒。⑨荀悦：东汉末政论家、史学家。

【译文】

贞观三年，李大亮担任凉州都督时，有一位台使来到凉州，看见此地有一种很稀有名贵的大鹰，台使就叫李大亮把鹰进献给太宗皇帝。李大亮私下上疏给太宗皇帝："陛下下令禁止打猎，现在却派使者前来索要大鹰。如果这是陛下的意思，那就是陛下违背了昔日的圣旨；如果是台使擅自主张，那他就是一个冒名的使者。"太宗皇帝看完李大亮的奏折，回复道："你既是个文武双全的人才，又对国家忠肝义胆，所以派你镇守边关，委以重任。你这些年为国尽职尽忠，在边关声名远扬。相比在其他州镇，你的声名和功绩更加明显，的确是夜以继日，忠心勤劳。我派使者来索要大鹰，你终究没有趋炎附势地迎合我的旨意，而是借古鉴今，在那么遥远的地方向我进献忠言，可谓披肝沥胆，诚愚之至。任何赞许都不能表达我的心意，有你这样的臣子，我还担忧什么呢？希望你能够保持这份赤诚之心，始终如一。《诗经》上有句话叫：'尽忠职守，忠诚正直。神灵得知，赐予洪福。'古人也说过这么有分量的话，它的价值胜过千两黄金。你的一番话，真是可贵呀。现在我赐给你金壶瓶、金碗各一只，虽然不是价值千金，但这是我平时自己所用的器物。你性情方正平直，一心为公，在担任的职位上能履行大任，我委托的事情你还上疏核实。你在处理公务之余，可以看一看古代的典籍。同时赐给你一部荀悦写的《汉纪》，这本书叙述简要，议论深刻，对如何治国、如何尽到君臣的职责阐述透彻，现在我把它赐给你，希望你回去认真地阅读。"

【原典】

贞观八年，陕县①丞皇甫德参②上书忤旨，太宗以为讪谤③。侍中魏征进言曰："昔贾谊④当汉文帝⑤上书云云'可为痛哭者一，可为长叹息者六。'自古上书，率多激切⑥。若不激切，则不能起人主之心。激切即似讪谤，惟陛下详其可否。"太宗曰："非公无能道此者。"令赐德参帛二十段。

【注释】

①陕县：地名，在河南省西部。②皇甫德参：皇甫，复姓。德参，名字。③讪谤：毁谤。④贾谊：西汉政论家、文学家，洛阳人。汉文帝时被任为博士。⑤汉文帝：姓刘名恒，刘邦第四子。初立为代王。⑥激切：意即言辞激烈。

【译文】

贞观八年，陕县县丞皇甫德参上书触怒了太宗皇帝，太宗认为这是毁谤。侍中魏征进言道："从前贾谊在汉文帝时上书，曾说到'可以为帝王痛哭的事有一件，可以为帝王长叹息的事有六件'。自古以来上书奏事，往往言辞很激

切，如果不激切，就不能打动人主的心。言辞激切就近似毁谤，希望陛下仔细详察我的话对不对。"太宗说："只有你能讲这样中肯的话。"于是下令赏赐给皇甫德参帛二十段。

【原典】

贞观十五年，遣使诣西域立叶护可汗^①，未还，又令人多赍^②金帛，历诸国市马^③。魏征谏曰："今发使以立可汗为名，可汗未定立，即诣诸国市马，彼必以为意在市马，不为专立可汗。可汗得立，则不甚怀恩，不得立，则生深怨。诸蕃闻之，且不重中国。但使彼国安宁，则诸国之马，不求自至。昔汉文帝有献千里马者，曰：'吾吉行^④日三十，凶行^⑤日五十，鸾舆^⑥在前，属车在后，吾独乘千里马，将安之乎？'乃偿其道里所费而返之。又光武^⑦有献千里马及宝剑者，马以驾鼓车，剑以赐骑士。今陛下凡所施为，皆邈过三王之上，奈何至此欲为孝文、光武之下乎？又魏文帝^⑧求市西域大珠，苏则曰：'若陛下惠及四海，则不求自至，求而得之，不足贵也。'陛下纵不能慕汉文之高行，可不畏苏则^⑨之正言耶？"太宗遽令止之。

【注释】

①叶护可汗：叶护，突厥大臣的号。②赍：带着。③市马：购买马匹。④吉行：指皇帝巡行各地或举行祭祀活动。⑤凶行：指出兵兴师。⑥鸾舆：皇帝仪仗中的旗载于车上，大驾出而先行，称为鸾舆。⑦光武：东汉光武帝刘秀。⑧魏文帝：即曹丕。⑨苏则：字文师，扶风（今陕西乾县西）人，在魏做侍中。

【译文】

贞观十五年，太宗派遣使者到西域封立叶护可汗，使者还未回朝，太宗又命人携带大量金帛到西域各国去买马。魏征劝谏说："现在派遣的使者是以封立可汗为名义的，可汗尚未封立，就到各国去买马。突厥人一定认为我们的本意是买马，而不是专程去封立可汗。这样，可汗虽然被封立了，他也不会对陛下感恩；如果得不到封立，就会产生很深的怨恨。西域各国听说这件事，也会轻视我大唐中国。只要能使西域各国安定，那么各国的好马用不着去买，就会自动送上门来。从前汉文帝时，有人进献千里马。文帝说：'我巡幸时每天行进三十里，打仗时每天行进五十里，仪仗走在我的前面，副车跟在我的后面，我单独骑一匹千里马，能走到哪里去呢？'于是给了献马人一些路费，让他回去了。汉光武帝时，有人进献千里马和宝剑，光武帝用千里马拉装载战鼓的车，把宝剑赐给手下的骑士。今天陛下的所作所为，远远超过夏禹、商汤和周文王武王，怎么在这件事情上的见识还不如汉文帝、汉光武帝呢？魏文帝曾打算买西域的大珍珠，苏则劝谏说：'如果陛下的恩惠遍布四海，这些东西不用追求，自然会到来。能买得到的东西，就不足珍贵了。'陛下纵使不仰慕汉文帝的崇高德行，难道也不畏惧苏则的正直议论吗？"于是，太宗立即下令停止买马。

【原典】

贞观十七年，太子右庶子高季辅[①]上疏陈得失。特赐钟乳[②]一剂，谓曰："卿进药石之言，故以药石相报。"

【注释】

①高季辅：名冯，德州人。贞观初，拜监察御史，不避权要。累转中书舍人，后迁吏部侍郎。②钟乳：即钟乳石，可作药用。

【译文】

贞观十七年，太子右庶子高季辅上书评论朝政得失。太宗特意赐给他钟乳石剂，并对他说："你向我进献像药石一样的谏言，所以我也拿药石来报答你。"

【原典】

贞观十八年，太宗谓长孙无忌等曰："夫人臣之对帝王，多顺从而不逆，甘言以取容。朕今发问，不得有隐，宜以次言朕过失。"长孙无忌、唐俭等皆曰："陛下圣化道致太平，以臣观之，不见其失。"黄门侍郎刘洎[①]对曰："陛下拨乱创业，实功高万古，诚如无忌等言。然顷有人上书，辞理不称者，或对面穷诘[②]，无不惭退。恐非奖进言者。"太宗曰："此言是也，当为卿改之。"

【注释】

①刘洎：字思道，荆州人。贞观年间在朝为官，后因获罪被赐死。②穷诘：追问到底。

【译文】

贞观十八年，太宗皇帝对长孙无忌等人说："臣子对帝王，多是顺从而不违背，用甜言蜜语来讨人欢心。我现在提出问题，你们不得隐讳，要一一讲出我的过失。"长孙无忌、唐俭等人都说:"陛下用圣德教化,致使天下太平,据我们看来,看不出有什么过失。"黄门侍郎刘洎对答说:"陛下拨乱创业,确实功高万古,如无忌等人所说。但不久前有人上书,遇到言辞内容不合陛下心意的,有时就当面追根盘问,弄得上书言事的人无不羞惭而退。这恐怕不是在鼓励进言者吧。"太宗说:"这话讲对了,我一定接受你的意见改正错误。"

【原典】

太宗尝怒苑西监^①穆裕,命于朝堂斩之。时高宗^②为皇太子,遽犯颜进谏,太宗意乃解。司徒长孙无忌曰:"自古太子之谏,或乘间从容而言。今陛下发天威之怒,太子申犯颜之谏,诚古今未有。"太宗曰:"夫人久相与处,自然染习。自朕御天下,虚心正直,即有魏征朝夕进谏。自征云亡,刘洎、岑文本^③、马周、褚遂良等继之。皇太子幼在朕膝前,每见朕心说谏者,因染以成性,故有今日之谏。"

【注释】

①苑西监:唐时掌宫苑之官。②高宗:即太宗之子李治。起初封为晋王,贞观十七年立为皇太子。③岑文本:字景仁,邓州(今河南伏牛山以南)人。贞观初,擢中书舍人,迁侍郎。

【译文】

太宗对苑西监穆裕大为恼火,下令将他在朝堂上斩首。当时高宗为皇太子,不惜冒犯太宗,进谏劝阻,太宗的怒气才消退。司徒长孙无忌说:"自古以来,太子进谏总是找适当的机会进言,今天陛下大发天威,太子却能犯颜进谏,这是古今没有的。"太宗说:"人在一起相处久了,自然会相互染上一种习气。自从我统治天下以来,虚心接纳正直的意见,就有魏征不分早晚随时进谏。自从魏征死后,又有刘洎、岑文本、马周、褚遂良等继续进谏。皇太子小时候在我面前,常见我听到进谏心情很愉悦,因此养成喜欢纳谏、进谏的习性,所以才有今天的进谏。"

卷 三

君臣鉴戒第六
——提请臣子以史为鉴

【原典】

贞观三年，太宗谓侍臣曰："君臣本同治乱，共安危，若主纳忠谏，臣进直言，斯故君臣合契①，古来所重。若君自贤，臣不匡正，欲不危亡，不可得也。君失其国，臣亦不能独全其家。至如隋炀帝暴虐，臣下钳口②，卒令不闻其过，遂③至灭亡，虞世基等寻亦诛死。前事不远，朕与卿等可得不慎，无为后所嗤④！"

【注释】

①合契：默契。②钳口：不敢进言。③遂：于是。④嗤：耻笑，嗤之以鼻。

【译文】

贞观三年，太宗皇帝对侍臣说："国家无论是安定还是混乱，是危险还是安全，君与臣都应该同舟共济。君主如果能够接受忠直的建议，作为臣子也能够直言相谏，那么君臣之间就会非常默契，这种治理国家的方式是自古以来最重要的方法。如果君主贤明，但是臣子却不能在一旁匡正辅佐，不想国家灭亡是不可能的事情。帝王一旦失去了江山，那么臣子的家同样也不能保全。像隋炀帝，他做事暴虐，臣下不敢进言，这样他就不知道自己的过失，最后导致国家灭亡，不久大臣虞世基也被杀死。这个惨痛的教训离我们并不是很遥远，我与其他大臣能不谨慎吗？我们不能被后人所耻笑啊。"

【原典】

贞观四年，太宗论隋日。魏征对曰："臣往在隋朝，曾闻有盗发，炀帝令於士澄①捕逐。但有疑似，苦加拷掠，枉承贼者二千余人，并令同日斩决。大理丞②张元济怪之，试寻其状。乃有六七人，盗发之日，先禁他所，被放才出，亦遭推勘，不胜苦痛，自诬行盗。元济因此更事究寻，二千人内惟九人逗遛③不明。官人有谙识者，就九人内四人非贼。有司以炀帝已令斩决，遂不执奏，并杀之。"太宗曰："非是炀帝无道，臣下亦不尽心。须相匡谏，不避诛戮，岂得惟行谄佞④，苟求悦誉⑤？君臣如此，何得不败？朕赖公等共相辅佐，遂令囹圄⑥空虚。愿公等善始克终，恒如今日！"

【注释】

①於士澄：原为隋将，后降唐。②大理丞：大理，大理寺，即最高法院。大理丞，隋时大理寺的副职。③逗遛：地址不明，形迹可疑。④谄佞：奉承，谄媚。⑤悦誉：得到君上的欢心和称誉。⑥囹圄：监狱。

【译文】

贞观四年，当太宗谈论起隋朝统治的时候，魏征对答说："过去在隋朝，我听闻有盗窃案发生，炀帝于是就派於士澄追捕，一旦发现有可疑的人便抓起来严刑拷打，被迫承认自己是偷盗凶手的有二千多人，隋炀帝就将他们在同一天全部处决。大理丞张元济觉得其中有蹊跷，就查阅相关的文书，发现在盗窃案发生的当天有六七个人原先就关在别的地方，偷盗案件发生之后才被放出来，面对严刑拷打受不了痛苦，才被迫承认行盗。因此张元济进一步调查推究，当时这二千人中只有九个人的行踪不清楚。官吏当中有人认识这些人，能够证明九个人里有四个不是盗贼。相关部门认为炀帝已经下命令将其斩决，就没有将事情的真相上奏，最后将这两千人全部斩杀。"太宗说："这不仅仅只是隋炀帝的暴虐无道，他的臣下们也没有尽忠职守，他们应该将实情上报，因为怕惹来杀身之祸，岂能够谄媚奉迎，讨皇上欢心？隋朝君臣都是这样，怎么能不败亡？现如今我依靠你们一同匡正辅佐，狱中才能够空无一人。希望你们能善始善终，常像今天一样。"

【原典】

贞观六年，太宗谓侍臣曰："朕闻周、秦初得天下，其事不异。然周则惟善是务①，积功累德，所以能保八百之基。秦乃恣其奢淫，好行刑罚，不过二世而灭。岂非为善者福祚②延长，为恶者降年不永？朕又闻桀、纣③帝王也，以匹夫比之，则以为辱；颜、闵④匹夫也，以帝王比之，则以为荣。此亦帝王深耻也。朕每将此事以为鉴戒，常恐不逮，为人所笑。"魏征对曰："臣闻鲁哀公⑤谓孔子曰：'有人好忘者，移宅乃忘其妻。'孔子曰：'又有好忘甚于此者，丘见桀、纣之君乃忘其身。'愿陛下每以此为虑，庶免后人笑尔。"

【注释】

①惟善是务：凡是好事，就认真去做。②福祚：江山基业。③桀、纣：桀，夏末代国王。纣，商末代国王。④颜、闵：指孔子的弟子颜回、闵损，二人以德行著称。⑤鲁哀公：春秋时鲁国国君，名蒋。公元前477年秋，鲁哀公被鲁大夫三桓（孟孙、叔孙、季孙三家贵族）赶出国外。不久回国，死于有山氏。

【译文】

贞观六年，太宗皇帝对侍臣说："我听闻周、秦两朝在刚刚平定天下的时候，其治理国家的方法是相同的。周朝推行的是仁政，积累功德，因此可以将其大业保持八百年。但是秦朝却胡作非为，荒淫无道，因此历经两代帝王后就灭亡了。难道这不是所谓的行善可以福祚绵延，作恶就使国运衰败吗？我又听闻桀、纣是帝王，他们的行为就连凡夫俗子都感到羞愧，颜回、闵损是普通百姓，但是君主却以他们的言行为荣，同时这也是帝王应深感羞惭的事。我常常以这些史例来对照自己的行为，并且时常告诫自己，担心有什么做得不好的地方，被人耻笑。"魏征听后，意味深长地说："我听说鲁哀公对孔子说：'有一个人十分健忘，他换了住所就将妻子给忘了。'孔子说：'还有比这个人更健忘的，我看桀、纣这些君主，他们就非常健忘，连自己都给忘了。'希望陛下以此为戒，以免被后人耻笑。"

【原典】

贞观十四年，太宗以高昌①平②，召侍臣赐宴于两仪殿，谓房玄龄曰："高昌若不失臣礼，岂至灭亡？朕平此一国，甚怀危惧，惟当戒骄逸以自防，纳忠謇③以自正。黜邪佞，用贤良，不以小人之言而议君子，以此慎守，庶几于获安也。"魏征进曰："臣观古来帝王拨乱创业，必自戒慎，采刍荛之议，从忠谠之言。天下既安，则恣情肆欲，甘乐谄谀，恶闻正谏。张子房④，汉王计画之臣，及高祖为天子，将废嫡立庶⑤，子房曰：'今日之事，非口舌所能争也。'终不敢复有开说。况陛下功德之盛，以汉祖方之，彼不足准。即位十有五年，圣德光被⑥，今又平殄⑦高昌。屡以安危系意，方欲纳用忠良，开直言之路，天下幸甚。昔齐桓公与管仲、鲍叔牙、宁戚⑧四人饮，桓公谓叔牙曰：'盍起为寡人⑨寿乎？'叔牙奉觞而起曰：'愿公无忘出在莒时，使管仲无忘束缚于鲁时，使宁戚无忘饭牛车下时。'桓公避席而谢曰：'寡人与二大夫能无忘夫子之言，则社稷不危矣！'"太宗谓征曰："朕必不敢忘布衣时，公⑩不得忘叔牙之为人也。"

【注释】

①高昌：西域国名。②平：征讨平定的意思。③忠謇：正直的言论。④张子房：即汉初大臣张良。⑤废嫡立庶：这里指汉高祖刘邦打算废掉妻生的太子盈，立妾生的赵王如意为太子。⑥圣德光被：君王的恩德像阳光一样普照天下。⑦平殄：平定消灭。⑧管仲、鲍叔牙、宁戚：三人都是春秋时期齐桓公的大臣。⑨寡人：古时帝王、诸侯的自称，意谓寡德之人。⑩公：对人的尊称。

【译文】

贞观十四年，太宗因为平定了高昌，于是就在两仪殿招待满朝文武。席间，太宗皇帝对房玄龄说："如果高昌没有丧失臣子应有的礼节，又怎么会遭受灭亡呢？每当我平定一个地方之后，都会心怀畏惧，勉励自己千万不可骄奢淫逸，接纳忠言以纠正自己的过失。国家的治理就需要任用贤能的人，远离阴险谄媚的小人，不能听信小人的谣言而误解了正人君子，做事情谨慎，国家就可望得到太平。"魏征趁机进言道："我观察自古以来的帝王，最初他们在创业时都有所警惕，倾听老百姓的呼声，采纳忠臣的建议。等到天下太平后就开始穷奢极欲，只喜欢听谄媚讨好的话，听不进逆耳忠言。张良是汉代的开国元勋，汉高祖称帝之后，想要废掉嫡出的太子另立庶出的公子，张良说：'这件事情不仅仅只是口头说说就可以决定的。'后来，张良就再也不敢开口提这件事了。更何况如今陛下功德卓越，高祖怎么能够和您相提并论。您即位已有十五年，圣德广泛传播，如今又平定了高昌，时刻心怀忧患意识，采纳忠言，广开言路，这真的是国家幸事啊。以前齐桓公和管仲、鲍叔牙、宁戚四人一同喝酒，齐桓公对鲍叔牙说：'我的国家能够长治久安吗？'鲍叔牙站立举起酒杯说：'希望主公不要忘记当初逃亡在莒时的情形，管仲也不会忘记自己在鲁国被囚禁的情形，当初在车下喂牛时的情形宁戚也不会忘记。'齐桓公听后站起来感激地说：'如果我和管仲、宁戚能不忘你这番话，那么国家就不会有什么危险了！'"太宗皇帝听后对魏征说："我一定不会忘记自己身为平民的时候，你也一定不要忘记鲍叔牙的为人。"

【原典】

贞观十四年，特进魏征上疏曰：

臣闻君为元首①，臣作股肱，齐契同心，合而成体，体或不备，未有成人。然则首虽尊高，必资手足以成体；君虽明哲，必藉股肱以致治。《礼》云："民以君为心，君以民为体，心庄则体舒，心肃则容敬②。"《书》云："元首明哉！股肱良哉！庶士康哉！""元首丛脞③哉！股肱惰哉！万事堕哉！"然则委弃股肱，独任胸臆，具体成理，非所闻也。

夫君臣相遇，自古为难。以石投水④，千载一合，以水投石，无时不有。其能开至公之道，申天下之用，内尽心膂⑤，外竭股肱，和若盐梅⑥，固同金石者，非惟高位厚秩，在于礼之而已。昔周文王游于凤凰之墟，袜系解，顾左右莫可使者，乃自结之。岂周文之朝尽为俊乂⑦，圣明之代独无君子者哉？但知与不知，礼与不礼耳！是以伊尹⑧，有莘之媵臣；韩信，项氏之亡命，殷汤致礼，定王业于南巢，汉祖登坛，成帝功于垓下。若夏桀不弃于伊尹，项羽垂恩于韩信。宁肯败已成之国，为灭亡之虏乎？又微子，骨肉也，受茅土于宋；箕子，良臣也，陈《洪范》于周，仲尼称其仁，莫有非之者。《礼记》称："鲁穆公问于子思曰：'为旧君反服⑨，古欤⑩？'子思曰：'古之君子，进人以礼，退人以礼，故有旧君反服之礼也。今之君子，进人若将加诸膝，退人若将坠诸渊。毋为戎首，不亦善乎，又何反服之礼之有？'"齐景公问于晏子曰："忠臣之事君如之何？"晏子对曰："有难不死，出亡不送。"公曰："裂地以封之，疏爵而待之，有难不死，出亡不送，何也？"晏子曰："言而见用，终身无难，臣何死焉？谏而见纳，终身不亡，臣何送焉？若言不见用，有难而死，是妄死也；谏不见纳，出亡而送，是诈忠⑪也。"《春秋左氏传》曰："崔杼弑齐庄公，晏子立于崔氏之门外，其人曰：'死乎？'曰：'独吾君也乎哉！吾死也？'曰：'行乎？'曰：'吾罪也乎哉！吾亡也？故君为社稷死，则死之；为社稷亡，则亡之。若为己死，为己亡，非其亲昵，谁敢任之？'门启而入，枕尸股而哭，兴，三踊而出。"孟子曰："君视臣如手足，臣视君如腹心；君视臣如犬马，臣视君如国人；君视臣如粪土，臣视君如寇仇。"虽臣之事君无二志，至于去就之节，当缘恩之厚薄，然则为人主者，安⑫可以无礼于下哉？

【注释】

①元首：这里指人的头。②容敬：容仪端庄。③丛脞：细碎，无雄才大略。④以石投水：把石头投到水中，遇不到什么阻逆。借喻君臣关系协调。⑤心膂：聪明才智和浑身力气的统称。⑥盐梅：盐味咸，梅味酸，皆为调味

所需。比喻国家需要各种人才。也用来赞美做宰相的人。⑦俊乂：有才德的人。⑧伊尹：商初大臣。⑨反服：穿丧服。⑩钦：疑问词。⑪诈忠：虚假的忠心。⑫安：疑问词，相当于"怎么能"。

【译文】

贞观十四年，特进魏征上书说：

微臣听闻君主就好比是一个人的头脑，臣子就好比一个人的四肢，只有一起同心协力才能成为一个完整的个体，缺少任何一部分都算不上一个完整的个体。头脑虽然非常重要，但是一定要有四肢的配合，才能成为一个完整的个体；虽然君主圣明，想要治理好国家就需要大臣的辅佐。《礼记》上说："百姓将君主当做是自己的心，君主将百姓看作是自己的身体，内心端正才能够身心健康舒畅，内心肃穆，面容才会恭敬。"《书经》上说："君主圣明！臣子贤良！百姓安康！"又说："君主无能，臣子懒惰，万事不成！"因此，君主将大臣抛之脑后，自己一个人能将国家治理好的，从来没有听说过。

自古以来，君与臣之间想要配合协调、相得益彰本来就是一件困难的事情。就好比将一块石头抛进水中，让石头顺从流水，千年才能碰上一回；但是让水顺应石头流动却是时时刻刻都在发生的。君臣能够秉持公正的道义，让所有贤能的人都能够发挥自己的才能，在内国君尽心尽力，在外大臣竭力辅佐，二者融洽得当，就好比汤中有盐的咸味和杨梅的酸味，坚固得就如同石头一般，能够有这般境界，不是依靠高官厚禄，而是在于以礼相待。过去周文王在凤凰台游玩的时候，系袜的带子开了，他看了看周围没有一个人可供使唤，于是就自己将带子系好。难道周文王朝中全是贤能的人，而如今开明的时候就没有君子吗？只不过是君臣间了解不了解，礼遇不礼遇罢了。伊尹是有宰国的陪嫁之臣，项羽曾经从韩信的手中逃亡。商汤给伊尹以礼遇，于是在伊尹的帮助之下成就了霸业；汉高祖请韩信登坛拜将，于是在垓下之战立下立帝功业。夏桀如果当初不嫌弃伊尹，项羽施恩于韩信，难道会丧失已成之国而做亡国之虏吗？还有，微子是商纣王的骨肉同胞，武王灭商以后受封于宋；箕子是一位贤良的大臣，为周武王陈述《洪范》，孔子对他的仁德加以称赞，没有人不赞成。《礼记》上说："鲁穆公问子思：'之前的朝臣被放逐后，依旧为原来的君主服丧，这样的情况在古代有过吗？'子思说：'古代帝王在任用贤能的人时以礼相待，辞退时也以礼相待，因此量不在朝，依旧有为君主服丧的礼仪。而现如今的君主，用人的时候恨不得将其搂在怀里，辞退的时候就恨不能推下深渊。不起兵讨伐就算不错的了，谈何服丧之礼呢？'"齐景公问晏子："一个忠心的臣子对待君主是什么样的？"晏子说："君主有难不以身殉，君主流亡不相送。"齐景公说："君主分封给臣子土地，加官晋爵，臣子为什么要如此对待君主呢？"晏子说："忠臣的建议被采纳，君主就会终身无难，忠臣还能为谁去死呢？忠臣的规劝被接受，君主就会终身太平，臣子又去为谁送行呢？忠言如果不被接受，最后有难而死，这是妄死；臣子如果不直言相谏，等到君主死了才去相送，这是一种虚伪的忠诚。"《春秋左氏传》上说："齐庄公被崔杼杀死了，晏子站在崔府的大门外面，有人问他：'齐庄公死了吗？'晏子说：'难道就只有君主一个人死了吗？我同样也会去死。'那人又问：'是过来送别的吗？'晏子说：'是我的罪过吗，君主为国家而死我也会跟着死。君主如果只是为了自己而死，不是他的亲友，又有谁会为他痛哭，为他而死呢？'于是将门推开进去之后，抱着齐庄公的遗体失声痛哭，之后又站起来大步离去。"孟子说："君主将臣子视为手足，臣子就会将君主视为心腹；君主将臣子当做犬马，臣子就会将君主看做陌路人；君主将臣子视为粪土，臣子就会将君主视为敌人。"臣子虽然对待君主没有二心，至于进退的礼节，应当以君主对臣子的恩德而定，但是作为君主怎么可以对待臣下无礼呢？

【原典】

窃观在朝群臣，当主枢机之寄者，或地邻秦、晋，或业与经纶①，并立事立功，皆一时之选，处之衡轴②，为任重矣。任之虽重，信之未笃，则人或自疑。人或自疑，则心怀苟且。心怀苟且，则节义不立。节义不立，则名教不兴。名教不兴，而可与固太平之基，保七百之祚，未之有也。又闻国家重惜功臣，不念旧恶，方之前圣，一无所间。然但宽于大事，急于小罪，临时责怒，未免爱憎之心，不可以为政。君严其禁，臣或犯之，况上启其源，下必有甚，川壅而溃，其伤必多，欲使凡百黎元，何所措其手足？此则君开一源，下生百端之变，无不乱者也。《礼记》曰："爱而知其恶，憎而知其善。"若憎而不知其善，则为善者必惧；爱而不知其恶，则为恶者实繁。《诗》曰："君子如怒，乱庶③遄沮。"然则古人之震怒，将以惩恶，当今之威罚，所以长奸。此非唐、虞之心也，非禹、汤之事也。《书》曰："抚我则后，虐我则仇。"荀卿子曰："君，舟也；民，水也。水所以载舟，亦所以覆舟。"故孔子曰："鱼失水则死，水失鱼犹为水也。"故唐、虞战战栗栗，日慎④一日。安可不深思之乎？安可不熟虑之乎？

【注释】

①经纶：整理丝缕。引申为处理国家大事，也指政治才能。②衡轴：这里指中枢岗位。③乱庶：作乱的民众。④日慎：谨慎。

【译文】

　　我私下观察朝中身任要职的大臣，有的曾经在西北地区担任过边防重要的职务，还有的是参与朝政的重要官员。他们都建立卓越的功绩，在当时都是优秀的人才。他们身居重要的地位，责任重大。虽然朝廷交予的任务繁重，但是对他们不够信任，这样有时候就很容易让人产生疑虑，有疑虑，就很容易让人抱着一种得过且过的态度，忠君报国的节义就树立不起来，这样的话就不能振兴纲常名教，如此一来想要巩固太平基业，将大唐七百年的国运保住，是不可能的事。我又听说国家爱惜功臣，对他们过去的过错不再计较。这与之前贤明的君主做的没有什么不同。但是陛下对大事处理宽厚，反而对微小的事情处理严格，有的时候甚至还大发脾气训斥人，难免会带有偏见。这样做的话朝中的事务是不会处理好的。君主法令严厉，还有些臣子敢于触犯，况且刚即位就带头违犯，下面就更加不可收拾了。就好比河水将堤坝冲垮，泛滥成灾，一定会有不少人受到伤害，那么百姓又该怎么办呢？这就是说，君主一旦将不好的事情开了头，下面就会不断出现弊端，这样一来天下就会大乱。《礼记》上说："喜欢一个人要知道他的缺点，不喜欢一个人应该要了解他的优点。"如果因为讨厌一个人就将他的优点抹杀了，那么做善事的人定会产生一种恐惧心理；如果喜欢一个人就包庇他所有的缺点，那么做坏事的人就会越来越多。《诗经》上说："如果君主发起火来，作乱的人很快就会收敛。"古人发怒是为了惩罚邪恶的人，当今的严厉惩罚，却助长了奸邪的风气。这不是像尧、舜这种圣明君王的本意，也不是禹、汤这样贤明的君主应该做的事情。《尚书》中说："爱抚我的人就是我的国君，残暴地对待我的人就是我的仇人。"荀子说："君主是船，百姓是水。水可以载船，也可以覆船。"因此孔子说："鱼一旦失去了水就会死亡，但是水中没有了鱼依旧是水。"所以，像尧、舜这样圣明的君主治理国家总是小心翼翼，一天比一天谨慎。因此，国家的治理怎么能够不深思熟虑呢？

【原典】

夫委大臣以大体①，责小臣以小事，为国之常也，为治之道也。今委之以职，则重大臣而轻小臣；至于有事，则信小臣而疑大臣。信其所轻，疑其所重，将求至治，岂可得乎？又政贵有恒，不求屡易。今或责小臣以大体，或责大臣以小事，小臣乘非所据，大臣失其所守，大臣或以小过获罪，小臣或以大体受罚。职非其位，罚非其辜②，欲其无私，求其尽力，不亦难乎？小臣不可委以大事，大臣不可责以小罪。任以大官，求其细过，刀笔之吏，顺旨承风，舞文弄法，曲成其罪。自陈也，则以为心不伏辜；不言也，则以为所犯皆实。进退惟谷，莫能自明，则苟求免祸。大臣苟免，则谲诈萌生。谲诈萌生，则矫伪③成俗。矫伪成俗，则不可以臻至治矣。

【注释】

①大体：重要的，关系大局的。②辜：罪。③矫伪：骗人的事。

【译文】

让大臣负责国家大事，让小臣负责具体的小事，这是治理国家最普遍的道理，同时也是处理政事的正确法则。如今在委派任务的时候，对大臣格外重视却忽视了小臣；在遇到大事情的时候，又怀疑大臣而轻信小臣。这是信任自己所轻视的而怀疑自己所重视的。这样的做法，想要天下大治又怎么能够实现呢？另外，朝政贵在有稳定的规范，不能经常变化。如今有的时候命令小臣办大事情，有的时候又委派大臣去办细微的小事情，小臣身处在他不该管理事务的范围内，而大臣又失去了他应当承担的责任。大臣或许会由于小事情而受到惩罚，小臣或者因为大事而受罚。身处的职位和要承担的责任不相符，所惩罚的事情不属于他们各自的职责，又要求他们没有私心，竭尽全力，这不是非常困难的事情吗？小臣不能让他们处理重要的事情，大臣也不能因为细小的事务就将其治罪。给予很高的职位，追究细小的罪过，于是那些刀笔小吏就会顺着陛下的旨意捕风捉影，舞文弄法，曲成其罪。大臣极力为自己辩解，就误以为他是不肯服罪；不为自己辩解，就认为都是事实。真是进退两难，不能自己分辨，于是只好苟且免祸。大臣苟且免祸，就会谲诈萌生。谲诈萌生，就会虚伪成风。虚伪成风，就不能实现天下大治。

【原典】

又委任大臣，欲其尽力，每官有所避忌不言，则为不尽。若举得其人，何嫌于故旧。若举非其任，何贵于疏远。待之不尽诚信，何以责其忠恕哉！臣虽或有失之，君亦未为得也。夫上之不信于下，必以为下无可信矣。若必下无可信，则上亦有可疑矣。《礼》曰："上人疑，则百姓惑。下难知，则君长劳。"上下相疑，则不可以言至治矣。当今群臣之内，远在一方。流言三至而不投杼者[1]，臣窃思度，未见其人。夫以四海之广，士庶之众，岂无一二可信之人哉？盖信之则无不可，疑之则无可信者，岂独臣之过乎？夫以一介庸夫结为交友，以身相许，死且不渝，况君臣契合，寄同鱼水。若君为尧、舜，臣为稷、契[2]，岂有遇小事则变志，见小利则易心哉？此虽下之立忠未有明著，亦由上怀不信，待之过薄之所致也。岂君使臣以礼，臣事君以忠乎？以陛下之圣明，以当今之功业，诚能博求时俊，上下同心，则三皇可追而四，五帝可俯而六矣。夏、殷、周、汉，夫何足数！

太宗深嘉纳之。

【注释】

①流言三至而不投杼者：杼，织布的梭子。借喻流言经多次重复就会令人相信。②稷、契：古代主管农事的官。

【译文】

朝廷任命大臣，都是想让他们竭尽全力。但是大臣们却有所避讳将嘴巴紧闭，这就是没有尽全力。在选拔官员的时候如果得当，即便是故旧又有什么关系。选拔的官员如果不得当，即便关系疏远也不算可贵。自己不能够做到充分地信任别人，又如何去要求别人忠心呢？虽然有时臣子会犯错误，但是君主这般对待也不算得当！君主对臣下既然不信任，就会认为臣下没有什么可以信任的地方。如果臣下都不值得信任，那么君主就一定会有让人觉得可疑的地方。《礼记》上写道："地位高的人互相猜疑，那么百姓就感到无所适从；臣子说话让人琢磨不透，君主就不会放心。"君臣之间互相不信任，何天谈下大治。现在各位大臣天各一方，距离遥远，对于那些三番五次的谣言而不相信的人，就我所知道的还未曾有过。我国疆域辽阔，人口众多，连一两个值得信赖的人难道都没有吗？用信任的态度去选择人，就没有什么人不能任用；用怀疑的态度去选择人，就选不到信得过的人，这难道仅仅只是臣子的过失吗？即使是普通人结交为朋友，必要时都可以用生命来报答，即使死也不会改变，更何况是如同鱼和水关系的君臣之间呢？如果国君像尧、舜那样，臣子像稷、契一样，遇到小的事情怎么会改变志向，遇到小利益的诱惑就变心的道理呢？这或许是因为臣下不够忠心，也或许是因为君主时常猜疑、对待下属过于苛刻的缘故。这怎么谈得上君以礼待臣、臣以忠事君呢？以陛下的智慧和如今的成就，如果能够广泛地寻求贤能的人，君臣同心同德，就会实现天下大治，就可以与三皇五帝相提并论了。夏、商、周、汉，又算得了什么！

太宗十分赞许并采纳了这个意见。

【原典】

贞观十六年，太宗问特进魏征曰："朕克己为政①，仰企前烈②。至于积德、累仁、丰功、厚利，四者常以为称首③，朕皆庶几④自勉。人苦不能自见，不知朕之所行，何等优劣？"征对曰："德、仁、功、利，陛下兼而行之。然则内平祸乱，外除戎狄⑤，是陛下之功。安诸黎元，各有生业，是陛下之利。由此言之，功利居多，惟德与仁，愿陛下自强不息，必可致也。"

【注释】

①克己为政：克制自己的私欲，努力治理朝政。②仰企前烈：仰慕效法前代圣贤。③称首：作为首要之务。④庶几：也许可以。表示希望。⑤戎狄：泛指边远地区的少数民族。

【译文】

贞观十六年，太宗皇帝问特进魏征："我克制个人的私欲，仰慕效法前代圣贤。至于积德、累仁、丰功、厚利，我常常将他们放在首要位置，以此来激励自己。世上每个人都苦于不能全面地了解自己，不知道这四个方面我哪些地方做得好哪些地方做得不好呢？"魏征回禀道："德、仁、功、利四个方面，陛下如今都在做。在我看来，对内陛下平定各种祸乱，对外消灭了戎狄对边疆的威胁，这所有的功劳都是陛下的。安抚百姓让他们生活有依靠，这是陛下的功德。从这些方面来看，陛下的功、利占了多数，希望陛下在德与仁这两方面自强不息，一定可以做得到。"

【原典】

贞观十七年，太宗谓侍臣曰："自古草创之主，至于子孙多乱，何也？"司空①房玄龄曰："此为幼主生长深宫，少居富贵，未尝识人间情伪，治国安危，所以为政多乱。"太宗曰："公意推过于主，朕则归咎于臣。夫功臣子弟多无才行②，藉祖父资荫遂处大官，德义不修，奢纵是好。主既幼弱，臣又不才，颠而不扶，岂能无乱？隋炀帝录宇文述在藩之功，擢化及③于高位，不思报效，翻行弑逆④。此非臣下之过欤？朕发此言，欲公等戒勖子弟，使无愆过，即家国之庆也。"太宗又曰："化及与玄感⑤，即隋大臣受恩深者子孙，皆反，其故何也？"岑文本对曰："君子乃能怀德荷恩，玄感、化及之徒，并小人也。古人所以贵君子而贱小人。"太宗曰："然。"

【注释】

①司空：唐时司空为大臣崇高的虚衔。②才行：才能德义。③化及：即宇文化及。隋相宇文述之子，为右屯卫将军。④弑逆：杀君，反叛。⑤玄感：即杨玄感。隋相杨素之子，曾为大将。

【译文】

贞观十七年，太宗皇帝对侍从的大臣们说："从古至今君主在开创基业之后，往往都是到子孙的手里发生祸乱，这是什么原因呢？"司空房玄龄说："这是由于幼主小的时候生长在深宫，一直过着富贵生活，并不知道民间事情的真假，治理国家的安危。因此当政期间就多祸乱。"太宗说："你的意思是将所有的过错都推之于君主，我觉得应该归罪于臣下。那些功臣子弟多数无才无德，依靠祖父、父亲就能够做官，不修身养性，只爱奢侈放纵。君主年幼，下面的官员又没有才能，国家危亡的时候不能够匡正扶持，怎能不发生祸乱？隋炀帝记着宇文述在自己当晋王时的功劳，把他的儿子宇文化及提升到高官显位，但是宇文化及没有考虑应该怎样报答，反而叛逆弑君。难道这不是臣下的罪过吗？我说出这样的话，是因为想要你们训诫勉励自己的子弟，让他们不要犯下严重的过错，这就是值得庆幸的事情了。"太宗又说："宇文化及和杨玄感二人都是在隋朝大臣中蒙受天恩厚重者的子孙，后来都谋反了，这又是为何呢？"岑文本回答说："君子才能够懂得感恩戴德，杨玄感、宇文化及之流都是小人。因此古人重君子而鄙视小人。"太宗说："你说得对！"

择官第七
——寻才用人

【原典】

贞观元年，太宗谓房玄龄等曰："致治之本，惟在于审^①。量才授职，务省官员。故《书》称：'任官惟贤才。'又云：'官不必备，惟其人。'若得其善者，虽少亦足矣；其不善者，纵多亦奚为^②？古人亦以官不得其才，比于画地作饼，不可食也。《诗》曰：'谋夫孔多，是用不就。'又孔子曰：'官事不摄，焉得俭？'且'千羊之皮，不如一狐之腋^③。'此皆载在经典，不能具道。当须更并省官员，使得各当所任，则无为而治矣。卿宜详思此理，量定庶官员位。"玄龄等由是所置文武总六百四十员。太宗从之，因谓玄龄曰："自此傥有乐工杂类，假使术逾侪辈^④者，只可特赐钱帛以赏其能，必不可超授官爵，与夫朝贤君子比肩而立，同坐而食，遣诸衣冠以为耻累^⑤。"

【注释】

①审：审察。②奚为：奚，疑问词。奚为即有何用处。③腋：狐腋下的皮毛，纯白珍美。④侪辈：同辈，同一类的人。⑤耻累：负担，包袱，拖累。

【译文】

贞观元年，太宗皇帝对房玄龄等人说："国家的治理最根本的地方在于审慎。所授予的官职要根据每个人能力的大小来决定，务必精减官员人数。因此《尚书》说：'只能够选拔有才能、贤良的人做官。'《尚书》中还说道：'不在乎官员的多少，而在于任用人才是否得当。'如果任用贤能的官员，即使人数不多也同样能够让天下得到治理；任用不好的官员，有再多的人又有什么用呢？古人说不根据才能选择官员，就好比在地上画一个大饼不能够充饥是一个道理。《诗经》有句话：'如果参谋的人多了，等到决定的时候反而不知所措。'孔子说：'官员不处理政务，官吏怎么会得到精简呢？'孔子还说：'一千只绵羊的毛，还比不上一只狐狸的毛。'像这些至理名言都载入了史册之中，数不胜数。现在应该对那些官吏进行审查，让他们各自发挥自己的作用，这样国家就能够实现无为而治了。这个问题你应该仔细考虑一下，确定官员的人数。"于是房玄龄等人统计出共六百四十个文武官员，这个数额太宗皇帝接受了，并且对房玄龄说："从今以后，如果谁有超过一般人在音乐、杂艺上的一技之长，只能够赏赐一些钱财丝帛，一定不可奖赏过度，授予他们官职，从而让他们和朝廷的栋梁之才并肩而站，同桌而食，致使绅士、大夫引以为耻。"

【原典】

贞观二年，太宗谓房玄龄、杜如晦曰："公为仆射[①]，当助朕忧劳，广开耳目，求访贤哲。比闻公等听受辞讼[②]，日有数百。此则读符牒[③]不暇，安能助朕求贤哉？"因敕尚书省，细碎务皆付左右丞[④]，惟冤滞大事合闻奏者，关于仆射。

【注释】

①仆射：唐时负责行政的尚书省最高长官，左、右仆射各一人。②辞讼：诉讼状文。③符牒：公文。④左右丞：唐时尚书省仆射之下的官职。

【译文】

贞观二年，太宗皇帝对房玄龄、杜如晦说："身为仆射的你们应该多替我排忧解难，广开耳目，寻求贤能之人。听闻你们每天要处理几百件诉讼，这样每日阅读公文的时间都来不及，又怎么能够帮助我寻求贤能的人呢？"于是下令尚书省将琐碎的事务交给左右丞处理，只有当冤案被延误这样的大事奏请皇上，才会将此案交由仆射处理。

【原典】

贞观二年，太宗谓侍臣曰："朕每夜恒思百姓间事，或至夜半不寐，惟恐都督[①]、刺史[②]堪养百姓以否。故于屏风上录其姓名，坐卧恒看，在官如有善事，亦具列于名下。朕居深宫之中，视听不能及远，所委者惟都督、刺史，此辈实治乱所系[③]，尤须得人。"

【注释】

①都督：掌督诸州兵、马、甲、械、粮廪等，总判府事。②刺史：官名。改州为郡则称太守。③治乱所系：关系国家的太平和动乱。

【译文】

贞观二年，太宗皇帝对侍从的大臣们说："每当夜晚我总是想着民间的事情，有时候到半夜还不能入睡，担忧都督、刺史能否安抚百姓。因此将他们的姓名记在屏风上，坐着躺下都可以看到，他们在任期间做过什么好事，也都记在他们的名下。我住在深宫之中，远处的事情听不到也看不到，因此只有依靠他们。这些地方的官员关系到国家的安定，选择得力的人是非常重要的。"

【原典】

贞观二年，太宗谓右仆射封德彝曰："致安之本，惟在得人。比来命卿举贤，未尝有所推荐。天下事重，卿宜分朕忧劳，卿既不言，朕将安寄？"对曰："臣愚岂敢不尽情，但今未见有奇才异能。"太宗曰："前代明王使人如器，皆取士于当时，不借才于异代。岂得待梦傅说①，逢吕尚②，然后为政乎？且何代无贤，但患遗而不知耳！"德彝惭赧③而退。

【注释】

①傅说：商代贤相。相传原是傅岩地方从事板筑的奴隶。②吕尚：本姓姜，名望，又称姜子牙。③惭赧：因羞愧而脸红。

【译文】

贞观二年，太宗皇帝对右仆射封德彝说："天下安定太平的根本就在于能否得到合适贤能的人才。近来我要你推荐贤能的人，却迟迟不见你有所行动。天下事务繁重，你应该多多替我分担，你不替我寻得贤能的人，我又能够和谁讨论呢？"封德彝回答说："虽然臣下不才，但是又怎敢不尽心尽力呢？只是我现在还没有寻得贤能的人。"太宗皇帝说："以前贤明的君王善于使用人才，在众多的人才中选拔出色的人加以重用，不会一味地仰仗前朝的遗老遗少。哪里像商代的国君武丁在梦中见到了他以后的丞相傅说，周文王用占卜之术找到了辅佐他的姜太公，然后才开始治理国家呢？更何况有哪个朝代没有贤能的人才，或许只是没有被发现罢了。"封德彝听后，惭愧地退了下去。

【原典】

贞观三年，太宗谓吏部尚书杜如晦曰："比见吏部择人，惟取其言词刀笔①，不悉其景行②。数年之后，恶迹始彰，虽加刑戮，而百姓已受其弊。如何可获善人？"如晦对曰："两汉取人，皆行著乡闾③，州郡贡之，然后入用，故当时号为多士。今每年选集，向数千人，厚貌饰词，不可知悉，选司但配其阶品而已。铨简之理④，实所未精，所以不能得才。"太宗乃将依汉时法令，本州辟召，会功臣等将行世封事，遂止。

【注释】

①刀笔：这里指文章。②景行：崇高的德行。③乡间：即乡里。④铨简之理：选补官员的规章制度。

【译文】

贞观三年，太宗对吏部尚书杜如晦说："我发现吏部在选拔官员的时候，只是关注文采是否出众，而忽略了他的道德品行。没过几年，这些人的劣迹渐渐暴露，他们虽然得到了惩罚，但是对于百姓已经造成了伤害。因此，怎样才能选拔出好的人才呢？"杜如晦说："西汉和东汉在选拔官员的时候，美德闻名乡里，成为后世学习的榜样，然后他们被州郡推荐，最后才被任用，因此两汉以选拔人才出众而著称。如今每年所选拔的人才大概有数千人，这些人从表面上看来谨慎忠厚、言语巧加掩饰，想要很全面地了解他们是不可能的事情。吏部所能做到的就只有授予他们品级和职位而已。选拔官员的制度还不够完善，因此得不到真正的人才。"于是太宗决定效仿两汉时的法令，改由各州郡推荐人才，但是由于有功之臣将实行世袭封官授爵制，这件事情就停止了。

【原典】

贞观六年，太宗谓魏征曰："古人云，王者须为官择人，不可造次①即用。朕今行一事，则为天下所观；出一言，则为天下所听。用得正人，为善者皆劝；误用恶人，不善者竞进。赏当其劳，无功者自退；罚当其罪，为恶者戒惧。故知赏罚不可轻行，用人弥须慎择②。"征对曰："知人之事，自古为难，故考绩③黜陟，察其善恶。今欲求人，必须审访其行。若知其善，然后用之，设令此人不能济事，只是才力不及，不为大害，误用恶人，假令强干，为害极多。但乱世惟求其才，不顾其行。太平之时，必须才行俱兼，始可任用。"

【注释】

①造次：鲁莽，轻率。②弥须慎择：特别要慎重选择。③考绩：考察政绩。

【译文】

贞观六年，太宗皇帝对魏征说："古人说过，君主必须根据官职来选择合适的人，任用人才不能够太轻率。如今我做一件事情，天下人就会看到；说一句话，天下人就会听到。任用贤能的人，做好事情的人就会得到称赞；任用了坏人，做坏事情的人就会争相钻营求利。奖赏和功绩相当，没有功劳的就会自动退避；惩罚和罪恶相称，坏人就有所戒惧。由此可见赏与罚绝不能够随便使用，任用人才的时候更加需要慎重选择。"魏征对答说："从古以来要想做到知人善任就是非常困难的，因此在考核劳绩、决定贬降还是升迁的时候，还需要对其善恶进行考察。现在想要寻求贤能的人，必须仔细考察他的德行。如果他品行好再任用。如果这个人处理事情不太好，只是由于能力不够，这还没有太大的坏处。如果任用了坏人，假使他能力强会办事，那危害就太多了。但在乱世的时候只需要有才能，品行可以不需要在乎。太平时候，必须才能、品行都好，方可任用。"

【原典】

贞观十一年，侍御史①马周上疏曰："治天下者以人为本，欲令百姓安乐，惟在刺史、县令。县令既众，不可皆贤，若每州得良刺史，则合境苏息，天下刺史悉称圣意，则陛下可端拱岩廊之上，百姓不虑不安。自古郡守、县令，皆妙选贤德，欲有迁擢为将相，必先试以临人，或从二千石②入为丞相及司徒③、太尉④者。朝廷必不可独重内臣，外刺史、县令，遂轻其选。所以百姓未安，殆由于此。"太宗因谓侍臣曰："刺史朕当自简择；县令诏京官五品已上，各举一人。"

【注释】

①侍御史：为御史台中的官员，主管审讯案件，弹劾百官。②二千石：汉时称郡守为二千石。③司徒：官名。西汉哀帝时，改丞相为大司徒，与大司空、大司马合称"三公"。④太尉：武官名。秦朝时中央设太尉，掌全国军事。

【译文】

贞观十一年，侍御史马周上疏说："人才是治理好天下的根本。要想百姓能够安居乐业，最重要的就是选择一个好的县令和刺史。那么多的县令，不可能都是贤能的人，假如每个州都有一个好的刺史，这样的话每个州就可以繁荣安定了。全州的刺史如果都能够符合皇上的心意，这样君主就可以高枕无忧，百姓也能安居乐业。从古至今，郡守、县令都是精心选拔有才能的人担任，如果打算提拔为宰相或将军的，定会让他们做一段时间的地方官进行考察，有的从郡州官员升为宰相、司徒或太尉。朝廷只注意到皇帝身边大臣的选拔，因而将州县两级主要官员的选拔忽视了。百姓不能安居乐业，恐怕与这件事情有关。"于是太宗对侍臣说："刺史由我亲自挑选，县令就由在京五品以上的官员每人推荐一人。"

【原典】

贞观十一年，治书侍御史刘洎以为左右丞宜特加精简，上疏曰："臣闻尚书万机，实为政本①，伏寻此选，授任诚难。是以八座比于文昌②，二丞方于管辖，爰至曹郎，上应列宿，苟非称职，窃位兴讥。伏见比来尚书省诏敕稽停，文案壅滞，臣诚庸劣，请述其源。贞观之初，未有令、仆③，于时省务繁杂，倍多于今。而左丞戴胄、右丞魏征并晓达吏方，质性平直，事应弹举，无所回避，陛下又假以恩慈，自然肃物④。百司匪懈⑤，抑此之由。及杜正伦续任右丞，颇亦厉下。比者纲维不举，并为勋亲在位，器非其任，功势相倾。凡在官寮，未循公道，虽欲自强，先惧嚣谤⑥。所以郎中⑦予夺，惟事咨禀⑧；尚书依违⑨，不能断决。或纠弹闻奏，故事稽延，案虽理穷，仍更盘下。去无程限，来不责迟，一经出手，便涉年载。或希旨⑩失情，或避嫌抑理。勾司⑪以案成为事了，不究是非；尚书用便僻为奉公，莫论当否，互相姑息，惟事弥缝。且选众授能，非才莫举，天工人代⑫，焉可妄加？至于懿戚元勋，但宜优其礼秩，或年高及耄，或积病智昏，既无益于时宜，当置之以闲逸。久妨贤路，殊为不可。将救兹弊，且宜精简尚书左右丞及左右郎中。如并得人，自然纲维备举，亦当矫正趋竞，岂惟息其稽滞哉！"疏奏，寻以洎为尚书左丞。

【注释】

①政本：施政的根本。②文昌：星官名。③令、仆：指尚书令和仆射。④肃物：整肃，和顺。⑤匪懈：不敢懈怠。⑥嚣谤：浮薄的诽谤。⑦郎中：官名。唐代在六部各设四司，每司置郎中一人主事。⑧咨禀：请示汇报。⑨依违：犹豫不决，模棱两可。⑩希旨：观望、顺从上司的旨意。⑪勾司：审案的官吏。⑫天工人代：指君主代天理物，官员所做的事都是天事。

【译文】

贞观十一年，治书侍御史刘洎认为尚书左、右丞的人选应当特别精心挑选，上疏说："臣知道尚书省日理万机，是施政的中枢，这其中的人员任用，是非常不简单的。因此左、右仆射和六部长官就好像是天上文昌宫内的众星，左右二丞好像是锁管车辖，这些官员以及下至曹郎，也与上天的星宿相应，假如占了位置不能够称职就会引起讥嘲。近日以来我看到尚书省承受诏敕后搁下来不迅速执行，案卷文书都不能够及时处理，虽然我无能庸劣，请让我说一说这种现象的缘由。在贞观初年，没有任命尚书令和左右仆射的时候，尚书省在当时事务非常繁忙，比现在还多很多倍，左丞戴胄、右丞魏征当时处理事务都比较熟练，做事正直公正，事情有问题就予以指责，从来不会回避。陛下对他们既爱护又信任，自然能整肃纲纪。每个部门都不会懈怠，这都是任用人才得当的原因。到杜正伦继任右丞，对下面也能够严格要求。近日来纲纪之所以不整，是因为勋旧亲戚占据了重要的地位，既无才能胜任，又凭功勋倚仗势力互相倾轧。其他的官员也没有秉公办事，即使想有所振作，也会因害怕诽谤争吵而退缩。因此一般的小事情都会交由郎中定夺，遇到什么困难的事情也都会向上面请示；尚书也模棱两可，不能决定，有些纠察弹劾的案件应该上奏，也故意拖延，虽然事情已经弄得非常清楚，依然还会向下属询问。公文发出去没期限，回复迟了也不加以指责，事情一旦交办就会拖上好长一段时间。有的案件仅仅只是迎合上边的旨意而没有考虑到是不是和实际的情况相符合，有的为了避免嫌疑而不管是否在理。处理案件的部门只要将事情办成就草草了事，不追究是非；尚书将谄媚迎逢当做是奉公守法，无论正确还是错误，相互姑息，有了问题但求掩盖。从众多的人当中选拔之后才能够授予官职，不应举荐没有才能的人，官是代上天办事，怎么能够随便让人去做呢？至于亲戚元勋，只能给他们优厚的礼遇，他们有的高年老耄，有的因为长期生病导致理智不清楚，这样的话就做不出多大的贡献了，就应该让他们安享晚年。让他们长期在位阻碍进用贤能的途径，这是极不恰当的。为了纠正这样的弊端，尚书左、右丞和左、右郎中都应该细心挑选。假如都能用上称职的人，自然纲纪确立，还能纠正那些奔走争官的歪风，这岂止是解决办事拖拉的问题啊！"奏章送了上去，不久便任命刘洎为尚书左丞。

【原典】

贞观十三年，太宗谓侍臣曰："朕闻太平后必有大乱，大乱后必有太平。大乱之后，即是太平之运也。能安天下者，惟在用得贤才。公等既不知贤，朕又不可遍识①，日复一日，无得人之理。今欲令人自举，于事何如？"魏征对曰："知人者智，自知者明。知人既以为难，自知诚亦不易。且愚暗之人，皆矜能伐善②，恐长浇竞③之风，不可令其自举④。"

【注释】

①遍识：一一考察。②矜能伐善：夸耀自己的才能和长处。③浇竞：轻浮地竞争。④自举：自我举荐。

【译文】

贞观十三年，太宗皇帝对侍臣说："我听闻，天下太平过后就一定会天下大乱，大乱过后就会复归太平。即使恢复太平，要想使国泰民安，只有任用贤才。既然你们知道贤才是什么样子，我又不可能逐个加以考察，这样的话永远也不会得到贤能的人。如今下命令让贤能的人自我推荐，你们觉得如何呢？"魏征回禀道："了解别人的人聪明，了解自己的人明智。要想了解别人非常困难，了解自己就更为艰难。并且愚昧无知的人，都自以为是，大肆夸耀自己的才能和长处。恐怕这样会助长世人攀比竞争的不良风气，我觉得陛下不能这样做。"

【原典】

贞观十四年，特进魏征上疏曰：

臣闻，知臣莫若君，知子莫若父。父不能知其子，则无以睦一家；君不能知其臣，则无以齐万国。万国咸宁，一人有庆，必藉忠良作弼，俊乂在官，则庶绩其凝，无为而化矣。故尧、舜、文、武见称前载，咸以知人则哲，多士盈朝①，元、凯②翼巍巍之功。周、召③光焕乎之美。然则四岳、九官、五臣、十乱④，岂惟生之于曩代⑤，而独无于当今者哉？在乎求与不求，好与不好耳！何以言之？夫美玉明珠，孔翠犀象，大宛之马⑥，西旅之獒⑦，或无足也，或无情也，生于八荒之表，途遥万里之外，重译入贡⑧，道路不绝者，何哉？盖由乎中国之所好也。况从仕者怀君之荣，食君之禄，率之以义，将何往而不至哉？臣以为与之为孝，则可使同乎曾参、子骞⑨矣；与之为忠，则可使同乎龙逄、比干矣；与之为信，则可使同乎尾生、展禽矣；与之为廉，则可使同乎伯夷、叔齐矣。

【注释】

①盈朝：充满朝廷。②元、凯：八元、八凯，传说为舜的贤臣。③周、召：周，周公，名旦，武王之弟。召，召公，姬奭，西周大臣。④四岳、九官、五臣、十乱：皆指古代传说中的著名贤臣。⑤曩代：从前的朝代。⑥大宛之马：大宛，古代西域国名。⑦西旅之獒：西旅，西夷国。獒，大犬。⑧重译入贡：指言语不通，借助翻译而献贡。⑨曾参、子骞：二人都是孔子

的弟子，以孝著称。

【译文】

贞观十四年，特进魏征上疏说：

我听闻，了解臣下的莫过于自己的君王，了解孩子的莫过于自己的父亲。父亲不了解自己的孩子就没有办法使家庭和睦；君王对自己的臣子不了解，就不能够治理好国家。而要使天下太平，皇帝无忧无患，这就需要正直忠臣的人辅佐。在朝中贤能的人就会功绩卓越，这样就能够实现无为而治。因此尧、舜、文王、武王能名存千古，他们都有知人之明，使得贤能的人聚集于朝廷。舜派八凯管理农耕，制定历法，让八元散布教化，使国家内外归顺，建立显赫的功绩。周公、召公辅佐周成王成就一代帝业，美名传扬。难道像'四岳'、'九官'、'五臣'、'十乱'这样贤能的大臣，只能够生活在前朝，如今就没有了吗？这只是取决于君主喜欢不喜欢、求与不求而已。为什么这样说呢？就好比那些美玉明珠、孔雀翡翠、大宛的宝马、犀牛大象、西夷国的獒，它们有的没有手足，就多是无情的动物，生活在荒芜的地方，离这里距离遥远，就算是这样还有人源源不断地把这些东西带进来，为什么呢？是由于它们受到这里人们的喜爱而已。况且陛下的盛德官员们都非常仰慕，享受君主赐予的俸禄，君主如果用道义引导他们，他们怎么会不尽职尽责呢？假如用孝来引导他们，那么他们就能够像孝子曾参、子骞那样委以重任；假如用忠来引导他们，就可以把他们当作龙逄和比干那样的臣子而加以提拔；假如用信来引导他们，就可使他们像尾生、展禽一样；假如用廉来引导他们，就可以使他们像伯夷、叔齐一样。

【原典】

然而今之群臣，罕能贞白卓异①者，盖求之不切，励之未精故也。若勖之以公忠，期之以远大，各有职分，得行其道；贵则观其所举，富则观其所养，居则观其所好，习则观其所言，穷则观其所不受，贱则观其所不为；因其材以取之，审其能以任之，用其所长，掩②其所短；进之以六正，戒之以六邪，则不严而自励，不劝而自勉矣。

【注释】

①贞白卓异：指才能出众。②掩：掩盖，遮蔽。

【译文】

现如今的大臣们，洁身自好、才能出众的十分少见，可能是由于朝廷求贤不急切，没有鼓励劝勉他们的缘故。如果对群臣用公正忠诚去要求他们，用建立功业去激励他们，让他们恪尽职守，各安其位；处于高位的人就要看他所推荐的人，身富时则看其养育的人，悠闲时看他的爱好，学习时看其言语，穷困时看其气节，卑贱时看德行；根据他们的才能选拔，考察他们的能力任用，发挥他们的长处，克服短处；用"六正"去勉励他们，用"六邪"去警戒他们，那么即使对他们不严厉，他们自己也会刻苦自励，不需要苦口婆心地规劝，也会努力自勉。

故《说苑》曰："人臣之行，有六正六邪，行六正则荣，犯①六邪则辱。何谓六正？一曰萌芽未动，形兆②未见，昭然独见存亡之机，得失之要，预③禁乎未然之前，使主超然立乎显荣之处，如此者，圣臣也。二曰虚心尽意，日进善道，勉主以礼义，谕主以长策，将顺其美，匡救其恶，如此者，良臣也。三曰夙兴夜寐④，进贤不懈，数称往古之行事，以厉主意，如此者，忠臣也。四曰明察成败，早防而救之，塞其间，绝其源，转祸以为福，使君终以无忧，如此者，智臣也。五曰守文奉法，任官职事，不受赠遗，辞禄让赐⑤，饮食节俭，如此者，贞臣也。六曰家国昏乱，所为不谀，敢犯主之严颜，面言主之过失，如此者，直臣也。是谓六正。何谓六邪？一曰安官贪禄，不务公事，与世浮沉，左右观望，如此者，具臣⑥也，二曰主所言皆曰善，主所为皆曰可，隐而求主之所好而进之，以快主之耳目，偷合苟容⑦，与主为乐，不顾其后害，如此者，谀臣也。三曰内实险诐⑧，外貌小谨⑨，巧言令色，妒善嫉贤，所欲进，则明其美、隐其恶，所欲退，则明其过、匿⑩其美，使主赏罚不当，号令不行，如此者，奸臣也。四曰智足以饰非，辩足以行说，内离骨肉之亲，外构朝廷之乱，如此者，谗臣也。五曰专权擅势，以轻为重，私门成党，以富其家，擅矫主命，以自贵显，如此者，贼臣也。六曰谄主以佞邪，陷主于不义，朋党比周，以蔽主明，使白黑无别，是非无间，使主恶布于境内，闻于四邻，如此者，亡国之臣也。是谓六邪。贤臣处六正之道，不行六邪之术，故上安而下治。生则见乐，死则见思，此人臣之术也。"《礼记》曰："权衡诚悬，不可欺以轻重。绳墨诚陈，不可欺以曲直。规矩诚设，不可欺以方圆。君子审礼，不可诬以奸诈。"然则臣之情伪，知之不难矣。又设礼以待之，执法以御之，为善者蒙赏，为恶者受罚，安敢不企及

卷

三

乎？安敢不尽力乎？

国家思欲进忠良，退不肖，十有余载矣，徒闻其语，不见其人，何哉？盖言之是也，行之非也，言之是，则出乎公道，行之非，则涉乎邪径。是非相乱，好恶相攻。所爱虽有罪，不及于刑；所恶虽无辜，不免于罚。此所谓爱之欲其生，恶之欲其死者也。或以小恶弃大善，或以小过忘大功。此所谓君之赏不可以无功求，君之罚不可以有罪免者也。赏不以劝善，罚不以惩恶，而望邪正不惑，其可得乎？若赏不遗疏远，罚不阿亲贵，以公平为规矩，以仁义为准绳，考事以正其名，循名^⑪以求其实，则邪正莫隐^⑫，善恶自分。然后取其实，不尚其华，处其厚，不居其薄，则不言而化，期月而可知矣。若徒爱美锦，而不为民择官，有至公之言，无至公之实，爱而不知其恶，憎而遂忘其善，徇私情以近邪佞，背公道而远忠良，则虽夙夜不怠，劳神苦思，将求至理，不可得也。

书奏，甚嘉纳之。

【注释】

①犯：侵犯。②形兆：事情。③预：预见。④夙兴夜寐：废寝忘食。⑤辞禄让赐：不要俸禄，不领赏赐。⑥具臣：白吃饭的大臣。⑦偷合苟容：装样子迎合讨好别人。⑧险诐：邪恶不正。⑨小谨：小心谨慎。⑩匿：隐藏。⑪循名：隐去名字。⑫莫隐：隐藏。

【译文】

因此汉代刘向在《说苑》中写道："臣子的行为，表现为六正六邪。实行六正则臣子光荣，犯了六邪之罪则臣子耻辱。什么是六正呢？一是有先见之明，在事情还没有发生的时候，臣子就能够预先得知事情存亡的利害，使君主避免灾难，永保江山稳固，这样的大臣，是圣臣。二是虚心进谏，劝诫君主要实行礼义，帮助君主成就善事，避免君主犯错误，这样的大臣是贤臣。三是废寝忘食，兢兢业业，不断地为朝廷推荐贤能的人，时常用古代圣贤楷模来激励君主，励精图治，这样的臣子，是忠臣。四是明察秋毫，防微杜渐，能够断绝祸乱产生的源头，转危为安，使君主高枕无忧，这样的臣子，是智臣。五是奉公守法，不收贿赂，谦让节制，这样的臣子，是贞臣。六是国家混乱，敢冒天下之大不韪，能够当面指出君主的过错，这样的臣子，是直臣。上面所说的就是所谓的'六正'。那么什么是六邪呢？一是贪得无厌，不务正业，苟且偷生，没有立场，这样的臣子，是具臣。二是觉得君主说的所有的话都是正确的，君主的行为都是得当的，只会趋炎附势，助长君主的逸乐，不会顾及严重的后果，这样的大臣，是谀臣。三是内心阴险，外表拘谨，八面玲珑，嫉贤妒能，要想提拔谁，就只会说他好的方面，隐瞒他的过失，要想排挤谁，就会将他的缺点夸大，以此来掩盖他的优点，导致君主赏罚不明，下达的命令不能够被顺利执行，这样的臣子，是奸臣。四是依靠自己的机巧辩才，掩过饰非，对内离间骨肉之情，对外制造朝廷混乱，这样的臣子，是谗臣。五是专权霸道，不可一世，轻重倒置，结党营私，将财富全部聚集起来，伪造君主的诏令，以显贵自居，这样的臣子，是贼臣。六是用歪门邪道迷惑君主，陷君主于不仁不义之境地，君主不能够分辨是非曲直，蒙蔽视听，臭名昭彰，这样的臣子，是亡国之臣。这就是所说的'六邪'。如果贤臣做到六正，避免六邪，这样国家就会安定太平。生时造福百姓，去世后被人思念追忆，这就是作为臣子的道理。"此外，《礼记》说："将物体放到秤杆上面，重量就会显示出来；绳墨一拉，曲直就显示出来了；规矩一比，方圆也就清楚了。有品德的人都能够知道其中的道理，不能妄说他们奸诈。"可见臣子能否尽忠，想要辨别其实并不难，如果朝廷对他们能够以礼相待，以法约束，有善行的能够加以褒奖，作恶的能够加以惩罚，他们又怎么能够不竭尽全力呢？

朝廷想要对正直忠心的大臣加以提拔，不贤之臣加以贬斥，这样的想法已经有十几年了，但是为何至今还未落实呢？那是因为只是说说而已。表面上看起来是行公道，但是实际上却是行为不端。这样是与非相互矛盾，好与恶互相攻击。即使自己喜欢的人有罪也不会受到惩罚，自己不喜欢的人即便是被冤枉的，同样会身负重罪。这就是喜欢他就会使他存活，憎恨他就会将其置于死地。有时候或许会因为小小的过失而忘记巨大的功劳，由于小小的缺点就会忽略良好的品行，因此对于那些没有功绩的人君主不可以加以奖赏，对于有罪的人君主的刑罚也不可以漏掉。奖赏不能勉励大家为善，惩罚不能禁止一些人作恶。如果是这样的话，我们希望做到是非分明，如何去加以实现呢？如果赏赐时不忘被疏远的臣子，惩罚的时候不去包庇身边的人，做到实事求是，公平正义，这样邪恶就没有地方躲藏，善恶自然泾渭分明。崇尚质实，不慕虚华，观察官员是否仁厚，不需要一个月就可以明明白白。那些做事情不诚实的大臣，他们口中的大公无私只会表现在言语上面而根本不会在行动上落实，这样的官员是不会为百姓着想的。对于喜欢的臣子，如果对他们的缺点视而不见，讨厌他们就觉得他们一无是处，被一己私欲驱使、亲奸臣，背离公正之道而疏远忠臣良将。如果是这样，即便日夜操劳政事，对于治理国家也是于事无补的。

太宗看过奏书后欣然地接受了。

【原典】

贞观二十一年，太宗在翠微宫①，授司农卿②李纬户部尚书③。房玄龄是时留守京城。会有自京师来者，太宗问曰："玄龄闻李纬拜尚书，如何？"对曰："但云李纬大好髭须，更无他语。"由是改授洛州刺史。

【注释】

①翠微宫：在长安县，武德八年建，贞观十年废，贞观二十一年复修。②司农卿：唐时掌仓储等事的官职。③户部尚书：户部长官。

【译文】

贞观二十一年，太宗皇帝在翠微宫加授司农卿李纬为户部尚书。当时房玄龄在京城任职。有个官员从京城来，太宗皇帝问他："房玄龄听闻李纬出任尚书后，有什么意见呢？"那个官员回答："只是听他说李纬喜欢留胡子，就再也没有听到其他的话了。"太宗听过他的话之后改任李纬为洛州刺史。

封建第八
——叙述分封政策

【原典】

贞观元年，封中书令①房玄龄为邗国公，兵部尚书②杜如晦为蔡国公，吏部尚书长孙无忌为齐国公，并为第一等，食邑实封一千三百户。皇从父③淮安王神通上言："义旗④初起，臣率兵先至，今玄龄等刀笔之人，功居第一，臣窃不服。"太宗曰："国家大事，惟赏与罚，赏当其劳，无功者自退；罚当其罪，为恶者咸惧。则知赏罚不可轻行也。今计勋行赏，玄龄等有筹谋帷幄、画定社稷之功，所以汉之萧何，虽无汗马⑤，指踪推毂⑥，故得功居第一。叔父于国至亲，诚无爱惜，但以不可缘私滥与勋臣同赏矣。"由是诸功臣自相谓曰："陛下以至公，赏不私其亲，吾属何可妄诉⑦。"初，高祖举宗正籍，弟侄、再从、三从孩童已上封王者数十人。至是，太宗谓群臣曰："自两汉已降，惟封子及兄弟，其疏远者，非有大功，如汉之贾、泽，并不得受封。若一切封王，多给力役⑧，乃至劳苦万姓，以养己之亲属。"于是宗室先封郡王其间无功者，皆降为县公。

【注释】

①中书令：官名。在唐代，中书令地位很高，居其他二省长官之首。②兵部尚书：官名。唐代确定六部之名为吏、户、礼、兵、刑、工，由六部尚书分掌政务。③从父：父亲的兄弟，即伯父、叔父。④义旗：隋大业十三年五月，高祖起兵太原，六月，传檄称义师，故称"义旗"。⑤汗马：喻征战的劳苦，因称战功为汗马之劳。⑥指踪推毂：即运筹谋划，协助决策。⑦妄诉：胡说乱道。⑧力役：人力。

【译文】

贞观元年，中书令房玄龄被太宗封为邗国公，兵部尚书杜如晦为蔡国公，吏部尚书长孙无忌为齐国公，官品都列为一等，享受一千三百户的俸禄。淮安王李神通是太宗的堂叔，他上奏道："在太原初举义旗时，我就首先带领士兵前来响应，现如今房玄龄这些文人却官品一等，我心中不服。"太宗说："处理国家大事，只在赏罚。所赏赐的人与其功绩相当，没有功劳的人自然也就不会与其相争；所要惩罚的人应该与他的罪行相当，人们做坏事的时候才会感到害怕。因此赏罚不可以轻率地施行。现在论功行赏，房玄龄等人有运筹帷幄、安抚社稷的功绩。就好比汉代时期的萧何一样，虽然没有汗马战功，但是却能够举荐贤能、制定策略，因此功居第一。叔父是国家至亲，想要封赏我一定不会吝啬，但是也不能够因为关系亲私就随便与功绩卓著的大臣同等封赏。"因此功臣们相互之间说："陛下论功行赏，不会对亲眷加以偏袒，我们怎么可以胡乱申诉猜疑呢？"当初，高祖把同宗子弟和三代之内的旁系弟侄分封为王的有几十人。太宗对臣下们说："从两汉以来，只封子和兄弟，宗室中疏远的，除非有显著的功绩如汉代的刘贾、刘泽那样，不然的话统统不能够受封。假如将所有的宗室都封王，百姓就会劳苦。"于是太宗将郡王宗室中没有功绩的人都降封为县公。

【原典】

贞观十一年，太宗以周封子弟，八百余年，秦罢诸侯，二世而灭，吕后欲危刘氏，终赖宗室获安，封建亲贤，当是子孙长久之道。乃定制，以子弟荆州都督荆王元景、安州都督吴王恪等二十一人，又以功臣司空赵州刺史长孙无忌、尚书左仆射宋州刺史房玄龄等一十四人，并为世袭刺史。礼部侍郎李百药^①奏论驳世封事曰：

臣闻经国庇民，王者之常制^②；尊主安上，人情之大方^③。思闻治定之规，以弘长世之业，万古不易，百虑同归。然命历有赊促之殊^④，邦家有治乱之异，退观载籍，论之详矣。咸云周过其数^⑤，秦不及期^⑥，存亡之理，在于郡国。周氏以鉴夏、殷之长久，遵皇王之并建，维城磐石，深根固本，虽王纲弛废，而枝干相持，故使逆节不生，宗祀不绝。秦氏背师古之训，弃先王之道，践华恃险，罢侯置守，子弟无尺土之邑，兆庶罕共治之忧，故一夫号呼而七庙隳圮^⑦。

【注释】

①李百药：字重规，定州人。②常制：成规，老例。③大方：指根本的法则。④赊促之殊：赊，长、远。促，短、近。赊促之殊即长短之别。⑤周过其数：相传周成王卜定周世三十，历七百载，结果经历了三十七世，八百六十七年。所以说过其数。⑥秦不及期：秦始皇欲传位万世，结果二世而亡。所以说不及期。⑦隳圮：毁坏，坍塌。

【译文】

贞观十一年，太宗觉得周朝对诸侯实行分封制，因此江山稳定了八百余年，秦朝的时候将分封制度废除，于是只历经两代就亡国了。汉代吕后想谋反篡位，最后依靠刘姓宗室获得了国家的安定。子孙保全江山的最好办法应该就是分封子弟，于是定下制度，分封子弟荆王元景、吴王恪等二十一人为都督，长孙无忌、房玄龄等十四人为刺史，并且后代能够世袭爵位。礼部侍郎李百药向太宗上书表示反对说：

我听闻历代君主最常用的方法就是治理国家造福百姓。尊重皇上使他高枕无忧，这是人之常情。为了开辟伟业，考虑治理国家的对策，这是历代君王亘古不变的想法。但是王朝的命运有长有短，国家有安定也有战乱，仔细考察历代书籍，在这方面的叙述非常细致。很多人都说周朝的统治超过了其应有的年数，秦朝的统治却还没有达到其应该有的期限，国家的存亡，是否在于分封诸侯。夏殷统治长久，周朝便遵循前代的统治经验，实行皇帝与诸侯并存的制度，加强统治力量，注意保全根本，即使王道废弛，但是每个朝代祭祀却没有中断过。秦朝舍弃先王的统治方法，违背先王的遗训，倚仗华山地区地形的优势，将诸侯废除，只设置郡守，到后来子孙连一寸土地也没有，百姓很难与之共处，因此陈涉揭竿起义，秦朝就迅速灭亡了。

【原典】

臣以为自古皇王，君临宇内①，莫不受命上玄②，册名帝录，缔构遇兴王之运，殷忧属启圣之期。虽魏武携养之资③，汉高徒役之贱④，非止意有觊觎，推之亦不能去也。若其狱讼不归，菁华⑤已竭，虽帝尧之光被四表，大舜之上齐七政，非止情存揖让，守之亦不可焉。以放勋、重华之德，尚不能克昌厥后，是知祚之长短，必在于天时，政或兴衰，有关于人事。隆周卜世三十，卜年七百，虽沦胥之道斯极，而文、武之器尚存，斯龟鼎之祚，已悬定于杳冥也。至使南征不返，东迁避逼，裸祀阙如，郊畿⑥不守，此乃陵夷之渐，有累于封建焉。暴秦运距闰余，数终百六，受命之主，德异禹、汤，继世之君，才非启、诵，借使李斯、王绾之辈咸开四履⑦，将闾、子婴之徒俱启千乘，岂能逆帝子之勃兴⑧，抗龙颜之基命者也？

【注释】

①宇内：四海之内，泛指天下。②上玄：上天，天帝。③魏武携养之资：魏武帝曹操，其父嵩为汉中常侍曹腾的养子。④汉高徒役之贱：汉高祖刘邦，起初为泗上亭长，为县送徒役往骊山，途中起兵。⑤菁华：精华。⑥郊畿：国家的大业。⑦咸开四履：广受封赏。⑧勃兴：兴旺发达。

【译文】

我认为从古至今君王一统天下，没有哪个人不是受命于上天的。建国安邦是因为天命转移，有高贵品德的君主心忧百姓，就算是像曹操这样的养子，身份像汉高祖那样的役徒，他们夺取天下也不是有意的，就算想推让恐怕也推不掉。反之，如果百姓民心不归属，精华已尽，像尧、舜这样的皇帝，像放勋、重华这样的德行，他们也不会将基业守住，国家也不会永远都兴盛。从其中可以看出，统治国家的长短，在于天时，政治的兴衰，在于人事。周王朝的统治卜算起来，已有三十余代七百多年了。在这个过程中，虽然历经沧桑兴衰，但周代开国的大气象依旧存在，这些通过卜筮所展示的祥瑞的法果，冥冥之中早就注定了。至于后来发生的一系列祸患，那是因为国运渐渐衰弱，灭亡的日子将要来临的原因，这与当时实行的分封制度关系不大。秦朝的运数，算起来有一百六十多年，是受命于天的君主，他的才能与禹、汤相比相差甚远，之后的继承者的才能与启、诵相比也远远比不上。即使有李斯、王绾等功臣，将间、子婴诸子弟广受封土，列为诸侯，又怎能抗拒汉朝的兴起，阻止汉高祖称帝呢？

【原典】

然则得失成败，各有由焉。而著述之家，多守常辙，莫不情忘今古，理蔽浇淳①，欲以百王之季，行三代之法，天下五服②之内，尽封诸侯，王畿千里之间，俱为采地。是则以结绳之化行虞、夏之朝，用象刑之典治刘、曹之末，纪纲弛紊，断可知焉。锲③船求剑，未见其可；胶柱成文，弥多所惑。徒知问鼎请隧，有惧霸王之师；白马素车，无复藩维之援。不悟望夷之衅，未堪羿、浞之灾；既罹④高贵之殃，宁异申、缯之酷。此乃钦明昏乱，自革安危，固非守宰公侯，以成兴废。且数世之后，王室浸微，始自藩屏，化为仇敌。家殊俗，国异政，强陵弱，众暴寡，疆场彼此，干戈侵伐。狐骀之役，女子尽髽；崤陵之师，只轮不反。斯盖略举一隅⑤，其余不可胜数。陆士衡方规规然云："嗣王委其九鼎，凶族据其天邑，天下晏然，以治待乱。"何斯言之谬也！而设官分职，任贤使能，以循良之才，膺⑥共治之寄，刺举分竹，何世无人。至使地或呈祥，天不爱宝，民称父母，政比神明。曹元首方区区然称："与人共其乐者人必忧其忧，与人同其安者人必拯其危。"岂容以为侯伯则同其安危，任之牧宰⑦则殊其忧乐？何斯言之妄也！

【注释】

①浇淳：浇，社会风气浮薄。淳，质朴敦厚。②五服：虞、夏制，王城之外四面各五百里叫甸服，甸服之外又各五百里叫侯服，侯服之外又各五百里叫绥服，绥服之外又各五百里叫要服，要服之外又各五百里叫荒服。五服即指甸、侯、绥、要、荒。③锲：雕刻。④罹：遭遇。⑤一隅：一个例子。⑥膺：任用。⑦牧宰：官名。

【译文】

然而，成功与失败都有各自的原因，而写书的人大多数都墨守成规，辨别不出古今之间的不同，也不清楚当今时代的风气虚伪与淳厚的差别。想在众多朝代之后，实行夏、商、周三代的办法，将甸、侯、绥、要、荒五服之内的土地全部分封给诸侯，千里王畿也都分给卿大夫做采地。这是要在虞舜、夏禹统治时期采用上古结绳记事的古老方法，汉魏时期推行远古象刑法典，如果这样做的话，必定容易造成纲纪松弛、社会混乱。刻舟求剑这种方法是不行的，胶柱鼓瑟更是弹不出乐章。楚庄王问鼎的蛮横和晋文公想得到王者葬礼的野心，这是众所周知的事情，害怕霸王的军队，秦王子婴白马素车投降汉高祖时，没有一个诸侯前来援助。还是没有从望夷宫秦二世被弑事件中有所领悟：像夏朝后羿推翻太康、寒浞将后羿杀害之后所带来的灾难，更是不能够回想；魏朝的高贵乡公遭遇的杀身之祸，与周幽王被申侯与缯勾结犬戎所杀那样悲惨的遭遇，谁也不愿意遇到这样的事情。这都是由于君王的昏庸，自己将自己渐渐引向灭亡，这和郡县、分封制没有关系。一旦建立皇室，历经几代过后就会渐渐衰退，原来作为屏障的诸侯，最后都会变成敌人，各个诸侯的家庭传统不同，国家的政治也就不一样，以强欺弱，以众侵寡，相互之间攻城夺地，干戈相见。狐骀之战使邾国妇女全部用麻束发送葬；秦军在崤陵之战全军覆没，就连一只车轮也没有返回秦国。这里只是举几个事例，其他的不胜枚举。陆士衡却一本正经地写道："虽然继位的君主抛弃九鼎逃亡，凶恶的外族占据了京城，但是天下太平，最后一定能够将局面扭转，化乱世为太平。"他说的这些话真是可笑至极。郡县制的实行，设官分职，任用贤良的人才，让他们承担起治理国家的重任，分别担任刺史、太守。哪个朝代没有贤能的人？有这些贤能的人为官，土地就会呈现祥瑞、上天赐予宝物，百姓就会将君主称颂为人民的父母，将朝廷视为神明。而曹元首却说什么："与诸侯一起享受其中的安乐，必定会为君主分忧；与诸侯一起享受安逸，诸侯必能为他解难。"怎么可以说分封诸侯就能一起承担安危，而任命刺史、县官，他们就不能与君主一起同忧共乐？这是多么荒谬的事情啊！

【原典】

封君列国，藉其门资①，忘其先业之艰难，轻其自然之崇贵，莫不世增淫虐，代益骄侈。离宫别馆，切汉凌云，或刑人力而将尽，或召诸侯而共乐。陈灵则君臣悖礼，共侮征舒②；卫宣则父子聚麀，终诛寿、朔。乃云为己思治，岂若是乎？内外群官，选自朝廷，擢士庶以任之，澄水镜以鉴之，年劳优其阶品，考绩明其黜陟。进取事切，砥砺情深，或俸禄不入私门③，妻子不之官舍④。班条之贵，食不举火；剖符之重，居惟饮水⑤。南阳太守，弊布裹身；莱芜县长，凝尘生甑。专云为利图物，何其爽欤！总而言之，爵非世及，用贤之路斯广；民无定主，附下之情不固。此乃愚智所辨，安可惑哉？至如灭国弑君，乱常干纪，春秋二百年间，略无宁岁。次睢咸秩，遂用玉帛之君；鲁道有荡⑥，每等衣裳之会。纵使西汉哀、平之际，东汉桓、灵之时，下吏淫暴，必不至此。为政之理，可以一言蔽焉。

【注释】

①门资：门第，资望。②共侮征舒：据《左传》载，陈灵公与孔宁、仪行父均与夏姬私通。三人曾在夏姬家饮酒，陈灵公指着夏姬的儿子征舒对仪行父说："他长得像你。"仪行父回答："也像君王。"故称"共侮征舒"。③不入私门：原指后汉时豫章太守杨秉，为官清廉，计日受禄，余俸不入私门。④妻子不之官舍：原指后汉时巨鹿太守魏霸、颍川太守何并，为官不带妻儿。⑤居惟饮水：原指晋吴太守邓攸，载米居官，惟饮吴水而已。⑥鲁道有荡：意思是鲁国大道平坦，这里用来讽刺荒淫的行为。

【译文】

被分封的皇室子弟，无不凭借门第，忘掉祖先创业的艰辛，自认为生下来享荣华富贵是理所当然的事情，一代比一代更加奢华淫逸。他们驱使民力为自己修建宫殿，聚集其他诸侯吃喝玩乐。夏朝大臣陈灵违背君臣之礼，一同和臣下侮辱皇子征舒。卫宣公违背父子之道，娶自己儿子的妻子为妻，最终还将自己的两个儿子杀害，还说自己想使国家安宁，难道就是这样做的吗？满朝百官都是经过选拔的，通过审核他们的政绩才能够决定。这样人们进取之心就会越来越迫切，而且时常鼓励自己，有的计日受俸，剩下的一分也不会取；有的人就会孤身一人去赴任，不带妻儿。有的为了珍惜柴薪，索性就吃干饭；有的感激朝廷的信任，只饮当地之水。羊续官为南阳太守，却身着布衣；莱芜县令范丹家贫如洗。如果为官都是为了功名利禄，为何他们这样清廉呢？总的来说，如果爵位俸禄不是实行世袭，任用贤能的人，路子就会非常广阔；百姓如果连一个固定的国君都没有，就很容易人心惶惶。这其中的道理无论是聪明的人还是愚昧的人都能够知道，怎会疑惑不解呢？至于像灭国弑君、败坏纲纪一类的事，自春秋两百多年以来就没有中断过。到睢水祭祀，将小国国君杀掉做祭品；鲁国无道，庄公夫人姜氏私自与齐侯幽会。纵然是西汉哀帝、平帝年间，东汉桓帝、灵帝之时，也不可能荒淫无道到如此程度。用这句话可以概括为政的道理。

【原典】

伏惟陛下握纪御天，膺期启圣，救亿兆之焚溺，扫氛祲于寰区。创业垂统，配二仪以立德；发号施令，妙万物而为言。独照神衷，永怀前古，将复五等而修旧制，建万国以亲诸侯。窃以汉、魏以还，余风之弊未尽；勋、华既往，至公之道斯乖。况晋氏失驭，宇县崩离；后魏乘时，华夷杂处。重以关河分阻，吴、楚悬隔，习文者学长短纵横之术，习武者尽干戈战争之心，毕为狙诈之阶，弥长浇浮之俗。开皇①在运，因藉外家。驱御群英，任雄猜之数；坐移明运，非克定之功。年逾二纪，民不见德。及大业②嗣立，世道交丧，一时人物，扫地将尽。虽天纵神武，削平寇虐，兵威不息，劳止未康。

【注释】

①开皇：隋文帝年号。②大业：隋炀帝年号。

【译文】

陛下手握纲纪、掌管天下，开创帝业，将亿万百姓解救于水深火热之中，将四海之内的邪气凶灾扫除。开创霸业，世代传承，媲美天地以立德；发号施令，做事言行顺应万物之道。圣心独察，对于古代先贤永远缅怀。如今将恢复"公、侯、伯、子、男"五等爵位，建立众多的诸侯国分封子弟、封赏诸侯。自从汉、魏以来，流弊未歇；从尧、舜时代之后，我觉得至公之道就已经背离很远了。晋代大势已去，国家分崩离析，魏趁这个时候兴起，致使华夏民族与异族杂居。即使南北分开治理，距离相隔遥远，文人还在学习经国之术，武将仍是壮心不已，这些都是实现其政治野心的阶梯，助长了歪风邪气。隋文帝是后周外戚，他善于玩弄权术，驾驭群臣，篡周自立，坐享其成，他的天下不是打来的。他统治了两个世纪，百姓没有感受到他的恩德。等到隋炀帝即位的时候，道德沦丧，世道败坏，那时候的英雄人物几乎全部都被摧残将尽。虽然陛下用自己的神勇平定了天下，但是战争带来的伤害并没有愈合，百姓的疲弊也尚未安宁。

【原典】

中书舍人马周又上疏曰：伏见诏书令宗室勋贤作镇藩部，贻厥子孙，嗣守其政，非有大故，无或黜免。臣窃惟陛下封植之者，诚爱之重之，欲其绪裔承守，与国无疆。何则？以尧、舜之父，犹有朱、均①之子。况下此以还，而欲以父取儿，恐失之远矣。倘有孩童嗣职，万一骄逸，则兆庶被其殃，而国家受其败。政欲绝之也，则子文之治犹在；政欲留之也，而栾黡之恶已彰。与其毒害于见存之百姓，则宁使割恩于已亡之一臣，明矣。然则向之所谓爱之者，乃适所以伤之也。臣谓宜赋以茅土，畴其户邑，必有材行，随器方授，则翰翮②非强，亦可以获免尤累。昔汉光武不任功臣以吏事，所以终全其世者，良由得其术也。愿陛下深思其宜，使夫得奉大恩，而子孙终其福禄也。

太宗并嘉纳其言。于是竟罢子弟及功臣世袭刺史。

【注释】

①朱、均：指尧的儿子丹朱，舜的儿子商均，都是不肖之子。②翰翮：原指羽毛，这里指德行、能力。

【译文】

中书舍人马周又上疏说：我听闻陛下下诏让有功的臣子和王公贵族都做镇藩统帅，而且还能够将王位传给他们的子孙，使他们世袭刺史的职位，不会有太大的变动，也不会被罢免。我认为陛下对皇族实行分封制度，是对他们的重视和爱护，使得他们的王位能够一直传下去，使得他们和大唐的政权一样万寿无疆。为什么呢？像尧、舜这样贤明的君主，却有丹朱、商均这样如此没用的儿子。况且还是普通的君王，对待他们还要像对待他们父辈那样，恐怕这样会造成非常大的失误。假如父辈的家业让后辈继承，一旦骄纵奢侈，那么遭殃的不仅仅是百姓，还会连累到国家。如果将他的封国取消，那么他先祖的功业还在；如果将他的封国保留，但他本人已经罪恶昭彰。与其像这样危害百姓，还不如割爱一个已故的功臣，这样才是明智的做法。这样一来，以往所说的爱重现在反而成了伤害。因此，对宗亲和功臣我觉得只分封土地、犒赏封邑就可以了；的确有才能的人，就根据他的特长授予官职，即便他的能力不强也可以免除过失。汉光武帝在过去不让有功的臣子担任官职，因此这些忠臣的名节性命才能够得以保全，这样的方法确实很得当。望陛下深思，使宗亲和功臣能够蒙受大恩，同时使其后代也能终生享受福禄。

太宗皇帝对这些意见非常赞许并接纳了，于是下令废除分封制和世袭刺史的制度。

卷 四

太子诸王定分第九
——确定皇室继承人

【原典】

贞观七年，授吴王恪齐州都督。太宗谓侍臣曰："父子之情，岂不欲常相见耶？但家国事殊，须出作藩屏。且令其早有定分，绝觊觎①之心，我百年后，使其兄弟无危亡之患也。"

【注释】

①觊觎：野心。

【译文】

贞观七年，吴王李恪被太宗封为齐州都督。太宗皇帝对侍臣们说道："父子之间，怎么会不想常常在一起团聚呢？但是家事和国事是不一样的，有些事情必须交由他们去处理，需要他们作为国家的屏障。而且还要让他们及早知道自己所承担的职责，断绝他们对太子位置的野心。这样我离世后，也能够使他们兄弟之间没有争权夺势的危亡祸患。"

【原典】

贞观十一年，侍御史马周上疏曰："汉、晋以来，诸王皆为树置失宜，不预立定分，以至于灭亡。人主熟知其然，但溺于私爱，故前车既覆而后车不改辙也，今诸王承宠遇之恩有过厚者，臣之愚虑，不惟虑其恃恩骄矜也。昔魏武帝宠树陈思，及文帝即位，防守禁闭，有同狱囚，以先帝加恩太多，故嗣王从而畏之也。此则武帝之宠陈思①，适所以苦之也。且帝子何患不富贵，身食大国，封户不少，好衣美食之外，更何所须？而每年别加优赐，曾无纪极。俚语②曰：'贫不学俭，富不学奢。'言自然也。今陛下以大圣创业，岂惟处置见在子弟而已，当须制长久之法，使万代遵行。"疏奏，太宗甚嘉之，赐物百段。

【注释】

①陈思：即陈思王曹植。曹操第三子，因聪明多才，备受曹操宠爱。②俚语：俗话。

【译文】

贞观十一年，侍御史马周上疏说："汉、晋以来，分封的所有诸王由于授予的权力不得当，各自都没有设定确立名分，因而导致灭亡。这种情况君主都很清楚，但沉溺于私爱，因而没有借鉴'前车之鉴，后车之覆'的教训。在诸王之中，有的过于受宠，我担忧的不仅仅是他们依靠宠爱而骄傲自大。从前魏武帝曹操十分宠爱陈思王曹植，等到魏文帝曹丕即位之后，对陈思王监视禁闭，将他当做狱中的犯人，是先皇对他施加了太多的恩宠，新的君主即位后加倍提防他的缘故。陈思王蒙受魏武帝太多的宠爱，这反而害了他啊！并且皇帝的儿子何愁不富贵，身封大国，食邑户数不少，衣食无愁，还需要什么呢？而且陛下每年都会给予他们额外优厚的赏赐，丝毫没有规定和限制。俗话说：'穷了不用学节俭，富了不用学奢侈。'这是自然而然的道理。陛下现如今创业的目的，难道仅仅是处理安置现在的子弟吗？现在陛下应该制定长远的规章制度，让后代遵照执行。"疏奏呈上后，太宗相当赞赏，于是赏赐马周绢帛百段。

【原典】

贞观十三年，谏议大夫褚遂良以每日特给魏王泰府料物，有逾①于皇太子，上疏谏曰："昔圣人制礼，尊嫡卑庶②。谓之储君③，道亚霄极，甚为崇重，用物不计，泉货财帛，与王者共之。庶子体卑，不得为例，所以塞嫌疑之渐，除祸乱之源。而先王必本于人情，然后制法，知有国家，必有嫡庶。然庶子虽爱，不得超越嫡子，正体特须尊崇。如不能明立定分，遂使当亲者疏，当尊者卑，则佞巧之徒承机而动，私恩害公，惑志乱国。伏惟陛下功超万古，道冠百王，发施号令，为世作法。一日万机，或未尽美，臣职谏诤，无容静默。伏见储君料物，翻少魏王，朝野见闻，不以为是。《传》曰：'臣闻爱子教以义方。'忠、孝、恭、俭，义方之谓。昔汉窦太后④及景帝并不识义方之理，遂骄恣梁孝王⑤，封四十余城，苑方三百里，大营宫室。复道弥望，积财镪巨万计，出警入跸⑥，小不得意，发病而死。宣帝亦骄恣淮阳王⑦，几至于败，赖其辅以退让之臣，仅乃获免。且魏王既新出，伏愿恒存礼训，妙择师傅，示其成败。既敦之以节俭，又劝之以文学。惟忠惟孝，因而奖之道德齐礼，乃为良器。此所谓圣人之教，不肃而成者也。"太宗深纳其言。

【注释】

①逾：超过。②尊嫡卑庶：嫡，宗法社会中称正妻为嫡，正妻所生之子女叫嫡生。后引申为正宗的意思。此句意思为嫡系受到尊重，旁系受到忽视。③储君：即皇太子。④窦太后：汉文帝之皇后。⑤梁孝王：汉文帝与窦太后所生，名武，谥曰孝。⑥出警入跸：帝王出称警，入称跸。出警入跸泛指帝王的车驾护卫。⑦淮阳王：名钦，汉宣帝的庶子。

【译文】

贞观十三年，谏议大夫褚遂良因为每天供给魏王府的东西远超于太子，于是向太宗皇帝进谏说："古代圣人制定的礼义，是尊重嫡子，不重旁支的。作为太子，地位极其尊贵，对于日常使用的物品与钱财货物不限定，和君主没有什么不同。庶子的地位比较低下，不能够和太子享受相同的俸禄，这样也可以防止嫌疑，以便断除祸乱的源头。可是古代的圣王以人与人之间的感情为基础，之后国家才制定了法律。有国家就一定会有亲疏贵贱，虽然一般人的子女也值得疼爱，但是都不能超过太子，这样的体制必须尊崇。各人的名分如果不能确立，就有可能会造成本来应当亲近的人却被疏远，应当受到尊重的人却被冷落的局面。这样的话，阴险诌媚的小人就会趁这个机会兴风作浪，以个人的恩怨危害国家。我希望陛下能够为国家制定相关的制度，颁布执行，让您的功绩千古流传，成为后世帝王的榜样。陛下日理万机，或许有的事情做得不是那么完美。指出您的过失是我的职责，不容许有沉默不言的时候。我发现给太子供奉的东西比魏王还要少，这件事情朝廷上下知道以后，一致认为这样做不妥当。《左传》上说：'我听闻爱自己的孩子就需要用礼义来教导他。''忠、孝、恭、俭'，这是做人的基本准则。'义'中所蕴含的道理，汉代窦太后和汉景帝都不知道，于是娇宠梁孝王，封给他四十余座城池，封地达到方圆三百余里。梁孝王奢华骄纵，大肆修建宫殿，他的宫殿随处都可以看见，因此浪费的钱财不计其数，他到什么地方都威风凛凛，不可一世；谁又能够想到他遇到不顺心的事情，竟然发病而死。宣帝也娇惯淮阳王，差点造成汉的败落，到最后仰仗退让的大臣辅佐，才使他免于灾难。更何况魏王的年龄还小，涉世未深，我希望陛下能够常常用礼仪来引导，选择一个贤良的老师教授他兴亡成败的道理，不仅能够学习礼义方面的知识，还能够接受文学方面的熏陶。这样既通过忠孝进行教育，又用道德礼义加以约束，一定能让他成为一个有用的人才。这就是我们所说的圣人的教化方法。"太宗非常赞许他的话。

【原典】

贞观十六年，太宗谓侍臣曰："当今国家何事最急？各为我言之。"尚书右仆射高士廉曰："养百姓最急。"黄门侍郎刘洎曰："抚四夷急。"中书侍郎岑文本曰："《传》称：'道之以德，齐之以礼。'由斯而言，礼义为急。"谏议大夫褚遂良曰："即日四方仰德，不敢为非，但太子、诸王，须有定分，陛下宜为万代法以遗子孙，此最当今日之急。"太宗曰："此言是也。朕年将五十，已觉衰怠①。既以长子守器东宫，诸弟及庶子数将四十，心常忧虑在此耳。但自古嫡庶无良佐②，何尝不倾败家国。公等为朕搜访贤德，以辅储宫，爰及诸王，咸求正士。且官人事王，不宜岁久。岁久则分义情深，非意窥窬③，多由此作，其王府官寮，勿令过四考。"

【注释】

①衰怠：衰老，疲惫。②良佐：贤良的助手。③窥窬：窥伺可乘之隙。

【译文】

贞观十六年，太宗皇帝对侍臣们说："请你们告诉我，现如今国家的哪些事情是最急迫的？"尚书右仆射高士廉说："使百姓能够休养生息。"黄门侍郎刘洎说："对于边境的少数民族进行安抚。"中书侍郎岑文本说："《论语》上说：'用德来感化他们，用礼来规范他们。'从这方面看来，礼义是最为紧迫的事情。"谏议大夫褚遂良说："过不了多长时间，天下所有人都会慑服陛下的恩威，一个个循规蹈矩，不敢胡作非为。但是太子、诸王一定要授予他们各自的名分，陛下应该制定法律，留给子孙万代，这是当今最为紧迫的。"太宗说："这话说得十分正确，现今我都快五十岁了，时常感觉精力不足，身体日渐衰老。将长子立为太子，除此之外我的兄弟和儿子也有将近四十人，我常常因为这件事情而忧心。但是从古至今，不管亲疏都没有更好的方法。你们应当为我寻求有才能的人来辅佐太子，还有各个皇子，也都需要正直忠义的人来辅佐。不过侍奉诸王的官员，时间不宜过长。时间一久情感就会加深，王室祸乱，大多因此而产生，因此诸王府的官员，他们的任期不应该超过四年。"

尊敬师傅第十
——要求太子等尊敬师傅

【原典】

贞观三年，太子少师李纲①有脚疾，不堪践履。太宗赐步舆，令三卫②举入东宫，诏皇太子引上殿，亲拜之，大见崇重。纲为太子陈君臣父子之道，问寝视膳之方，理顺辞直，听者忘倦。太子尝商略古来君臣名教，竭忠尽节之事，纲懔然③曰："托六尺之孤，寄百里之命，古人以为难，纲以为易。"每吐论发言，皆辞色慷慨，有不可夺之志，太子未尝不耸然礼敬。

【注释】

①李纲：字文纪，观州人。隋时曾做过太子洗马，升为尚书右丞。②三

卫：唐制，东宫六率府分为上、中、下三等，掌宿卫之事，称为三卫。③懔然：正气的样子。

【译文】

贞观三年，李纲是太子少师，他患有脚痛的疾病，因此不能穿鞋走路。于是太宗就奖赏他一辆代替步行的"车子"，并且下令让手下的人把他抬入东宫，还命令皇太子亲自将他迎接上殿，对他行礼作揖，以此表示对他的尊敬。李纲为太子讲述君臣父子之间的礼仪，还有日常生活中起居饮食方面的礼节，语言直白，道理明确，让听到的人不会觉得厌倦。太子曾经与李纲商讨从古至今君与臣之间的纲常伦理，以及效忠尽节之事，李纲正气凛然地说："先王的嘱托，身负辅佐储君的重任，古人觉得这件事情有困难，臣却觉得非常简单。"每当说起这件事情，李纲都会一脸正气，言语激昂，透露出一种刚正坚定的志向，太子每次都为之肃然起敬。

【原典】

贞观六年，诏曰："朕比寻讨经史，明王圣帝曷尝无师傅哉？前所进令遂不睹三师①之位，意将未可，何以然？黄帝学大颠，颛顼学录图，尧学尹寿，舜学务成昭，禹学西王国，汤学威子伯，文王学子期，武王学虢叔。前代圣王，未遭此师，则功业不著乎天下，名誉不传乎载籍。况朕接百王之末，智不同圣人，其无师傅，安可以临兆民者哉？《诗》不云乎：'不愆②不忘，率由旧章。'夫不学，则不明古道，而能政致太平者，未之有也。可即著令③，置三师之位。"

【注释】

①三师：北魏以后称太师、太傅、太保为"三师"，品级列正一品，但仅为虚衔，无实职。②不愆：不犯过错。③著令：发布命令。

【译文】

贞观六年，太宗皇帝下诏说："我近来钻研经典，了解到古代君王的贤明，贤明的君王都不能没有师傅。前时进上待批的诏令未设三师之位，我觉得这样做非常不好，这是为什么呢？昔日，黄帝向大颠求教，颛顼向录图问学，尧以尹寿为师，舜向成昭学习，禹在西王国求学，汤学威子伯，文王学子期，武王学虢叔。历代圣明的君王，如果没有这些名师的教导，他们的功德就不能遍布天下，自己的声名也不可能名流千古。更何况在百王之后我才一统天下，才智与圣人还是应该有所不同的，如果没有师傅的教导，怎么能够君临天下呢？《诗经》上不是说：'要想不犯过错不忘教训，就必须从旧的规章制度着手。'不好好学习，就不会了解治理国家的道理。像现在这样没有名师的引导就可以一统天下，国家就会安定太平，历史上还从来没有过。应当立即发布命令，设立三师的职位。"

【原典】

贞观八年，太宗谓侍臣曰："上智之人，自无所染，但中智之人无恒，从教而变，况太子师保^①，古难其选。成王幼小，周、召为保傅。左右皆贤，日闻雅训，足以长仁益德，使为圣君。秦之胡亥，用赵高作傅，教以刑法，及其嗣位，诛功臣，杀亲族，酷暴不已，旋踵而亡。故知人之善恶，诚由近习。朕今为太子、诸王精选师傅，令其式瞻礼度^②，有所裨益^③。公等可访正直忠信者，各举三两人。"

【注释】

①师保：古代辅导天子和太子、诸侯子弟的官员，有太师、太保、太傅等，统称为师保或保傅。②礼度：礼仪制度。③裨益：好处，益处。

【译文】

贞观八年，太宗皇帝对侍从的大臣们说："上等智能的圣人，一定不会沾染恶习，但是中等智能的人不稳定，他们的性情就会随着教育而改变，更何况是太子的师傅，在古时候挑选就非常困难。周成王年纪幼小就登上皇位，周公、召公做他的太保太傅，周边都是贤能的人，每天都能够听到有益的教诲，这足以增长他的仁义道德，使他成为贤能的君主。秦二世胡亥，用赵高做师傅，赵高教他刑法，胡亥继位之后，就杀害亲族，诛戮功臣，非常残暴，结果秦国就灭亡了。由这件事情可以看出，人的善恶的确会受到身边人的影响。如今我要给太子、诸王精心挑选师傅，让他们耳濡目染礼仪法度，这对于自身的修养大有好处。诸位大臣，你们可以寻访忠信贤能的人，每人推选出三两个人作为候选人。"

【原典】

贞观十一年，以礼部尚书王珪兼为魏王师。太宗谓尚书左仆射房玄龄曰："古来帝子，生于深宫，及其成人，无不骄逸，是以倾覆相踵^①，少能自济。我今严教子弟，欲皆得安全。王珪，我久驱使，其知刚直，志存忠孝，选为子师。卿宜语泰：每对王珪，如见我面，宜加尊敬，不得懈息。"珪亦以师道^②自处，时议善之也。

【注释】

①倾覆相踵：即相继败亡。②师道：为师之道。

【译文】

贞观十一年，礼部尚书王珪被太宗任命兼任魏王的老师。太宗对尚书左仆射房玄龄说："从古至今君主的儿子，从小生长在深宫里面，等到他们长大以后，每个都是奢华骄纵，所以才会相继灭亡，能够自救的非常少。现在我对弟子教育严厉，希望他们能够保全自己。王珪是我长期任用的人，他刚直的个性我十分了解，他心存忠孝，因此让他来担任皇子的老师。你应该告诉魏王李泰：每当见到王珪，就好像看到我一样，应当更加尊重，不能懈怠。"王珪也用为师之道来要求自己，得到了当时人们的好评。

【原典】

贞观十七年，太宗谓司徒长孙无忌、司空房玄龄曰："三师以德道人者也。若师体卑，太子无所取则。"于是诏令撰太子接三师仪注^①。太子出殿门迎，先拜三师，三师答拜，每门让三师。三师坐，太子乃坐。与三师书，前名惶恐^②，后名惶恐再拜。

【注释】

①仪注：礼仪制度。②惶恐：意为恐惧不安，是一种谦词。

【译文】

贞观十七年，太宗皇帝对司徒长孙无忌、司空房玄龄说："三师是以德行来教导太子的人。如果三师的身份卑下，太子就失去了学习的榜样。"于是下诏，编写出接待三师的礼仪制度，太子迎接师傅要走出殿门，先礼拜三师，然后三师答拜，每逢进门的时候要让师傅走在前面。等到三师坐下后，太子才能坐下。写给三师的书信，开头要先写"惶恐"二字，最后再写上"惶恐再拜"四字。

【原典】

贞观十八年，高宗^①初立为皇太子，尚未尊贤重道，太宗又尝令太子居寝殿之侧，绝不往东宫。散骑常侍刘洎上疏曰：

臣闻郊迎四方，孟侯^②所以成德，齿学三让，元良^③由是作贞。斯皆屈主祀之尊，申下交之义。故得昌言咸荐，睿问旁通，不出轩庭，坐知天壤，率由兹道，永固鸿基者焉。至若生乎深宫之中，长乎妇人之手，未曾识忧惧，无由晓风雅。虽复神机不测，天纵生知，而开物成务，终由外奖。匪夫崇彼干篇，听兹谣颂，何以辨章庶类，甄核^④彝伦？历考圣贤，咸资琢玉。是故周储上哲，师望、奭而加裕；汉嗣深仁，引园、绮而昭德^⑤。原夫太子，宗祧是系，善恶之际，兴亡斯在，不勤于始，将悔于终。是以晁错上书，令通政术，贾谊献策，务知礼教。窃惟皇太子玉裕挺生，金声凤振，明允笃诚^⑥之美，孝友仁义之方，皆挺自天姿，非劳审谕，固以华夷仰德，翔泳希风矣。然则寝门视膳，已表于三朝，艺宫论道，宜弘于四术。虽富于春秋，饬躬有渐，实恐岁月易往，堕业兴讥^⑦，取适晏安，言从此始。臣以愚短，幸参侍从，思广储明，暂愿闻彻^⑧，不敢曲陈故事，切请以圣德言之。

【注释】

①高宗：名治，太宗皇帝之子，长孙皇后所生。②孟侯：即世子。③元良：太子的代称。④甄核：辨别。⑤昭德：威德显扬。⑥笃诚：笃厚诚信。⑦讥：讥谤。⑧彻：全部。

【译文】

贞观十八年，高宗刚被立为太子时，还不能做到尊贤重道，太宗又曾经命令太子居住在自己寝宫的旁边，并且还不准太子入住东宫。散骑常侍刘洎上疏说：

我听闻太子需要学习多方面的知识，才能够成就德名，通过对礼义的学习懂得"三让"法则，国家就能够安定太平。历代以来皇子广泛推行大义，都不怕降低自己的身份。因此，无论是粗浅的言论还是高深的学问，只要是有益处的事情就应该好好学习，以求触类旁通，不出宫门就能够知道外面所发生的事情，只有这种方法，才可以使国家的基业得以巩固。太子从小生活在宫中，一直在侍女的身边长大，忧患恐惧的事情从来没有经历过，也不懂得雅正之道。即便生性聪明，然而想要成就大业，还是需要他人的帮助。如果对诗书礼乐的教化不重视，那么他用什么去辨别世理人伦？历代成就圣王的过程，就如同雕琢玉器一样。周成王崇尚贤明，以太公、召公为师，美德得以保全；惠帝仁义，引园、绮里奇等四位贤人让他的威德显扬。太子对国家和宗庙的兴亡起着维系的作用，他的善恶与国家的命运是息息相关的。如果一开始就不勤于世事，最后一定会后悔。因此晁错上书，是要太子能够懂得治国方略；贾谊进献策论，是想让太子辨明礼敬，教化天下。我认为，皇太子德性仁和、天资聪明，具备明察笃厚诚信之美、忠孝仁义之德，他所具备的这些都源于他的天性，而不是通过受教育得来的，国家的江山社稷都必须依靠德行才可以得到巩固。太子侍奉陛下寝食，为朝中大臣起到表率作用，在谈论艺术的时候所表现出的聪明才智，也应在诗书礼乐方面加以弘扬。虽然太子年轻气盛，有足够的时间去修养性情，但是我担心他随着时间的流逝荒废了学业，引起讥谤，安逸之风从此开始。我见识短小，很荣幸能够侍奉太子，想要让太子的思路更加开阔，让他在不久的将来可以闻名四方，我不敢旧事重提，只是希望以陛下的圣明作为例子来说明。

【原典】

　　伏惟陛下庭睿膺图，登庸历试。多才多艺，道著于匡时；允文允武，功成于纂祀。万方即叙，九围清晏。尚且虽休勿休，日慎一日，求异闻于振古，劳睿思于当年。乙夜观书，事高汉帝；马上披卷，勤过魏王。陛下自励如此，而令太子优游弃日，不习图书，臣所未谕一也。加以暂屏机务，即寓雕虫。纡宝思于天文，则长河韬映；摛玉华于仙札，则流霞成彩。固以锱铢万代，冠冕百王，屈、宋①不足以升堂，钟、张②可阶于入室。陛下自好如此，而太子悠然静处，不寻篇翰，臣所未谕二也。陛下备该众妙，独秀寰中，犹晦天聪，俯询凡识，听朝之隙，引见群官，降以温颜，访以今古，故得朝廷是非，闾里好恶，凡有巨细，必关闻听。陛下自行如此，而令太子久趋入侍，不接正人，臣所未谕三也。陛下若谓无益，则何事劳神；若谓有成，则宜申贻厥。蔑而不急，未见其可。伏愿俯推睿③范，训及储君，授以良书，娱之嘉客。朝披经史，观成败于前踪；晚接宾游，访得失于当代。间以书札，继以篇章，则日闻所未闻，日见所未见。副德愈光，群生^④之福也。

贞观政要
全鉴
珍藏版

【注释】

①屈、宋：指屈原、宋玉。二人均善辞赋。②钟、张：指钟繇、张芝。二人均善书法。③睿：聪明。④群生：百姓。

【译文】

陛下雄才伟略、蒙受天命，身经百战登上帝位。多才多艺，匡补时弊；文武双才，建立功业。万方有序，天下太平。就算是这样，陛下依然不敢怠慢，日益谨慎，从历代的兴衰中总结新的经验，像当年那样终日劳神苦思于政务。陛下每天夜晚都会阅读书籍，比汉武帝还卓著；在马背上阅览经史，比魏武帝还勤勉。陛下能够如此勤奋，自我鞭策，但是太子却整日悠闲自在，浪费时间，不修习书文，这是我第一个不明白的地方。此外，陛下一忙完政事，就会立即投入文学写作。所写的文章构思巧妙，让长河顿失光彩，书法结构精湛，令流霞飞彩黯然。因此堪称是惊世之作，百王望尘莫及，即使屈原、宋玉都不能够与之相提并论，钟繇、张芝也难以入室。陛下都能够这样做，太子却悠闲自在，没有什么事情可以做，也不读书，这是我第二个不明白的地方。陛下博采众长，亘古未有，虚怀若谷，不耻下问，朝堂上能够接纳百官的意见，和颜悦色，广闻博取，询问古今之理。因此能够知道朝廷上的对错，世间的善恶，无论事情是大是小，都定会亲自询问。陛下做什么事情都亲力亲为，却让太子时常陪伴在自己身边，不接触正人君子，这是我第三个不明白的地方。如果陛下觉得这些事情没有任何好处，为什么还要如此费尽心机呢？假如觉得这些有利，那就应该早点加以申明，为子孙做出榜样。陛下轻视这件事情对此不加以重视，恐怕是不行的。我希望陛下推行您的风范，对太子严加教导，用好书教授他，让太子与有才能的人来往。使太子能在早晨披阅经史，探索历代成败的经验：夜里接待宾客，考察当代社会的得失。有时间经常写文章，这样太子就会日益进步，增加见闻、开阔眼界。他的德行就会越来越完美，这真是百姓的洪福啊！

【原典】

窃以良娣^①之选，遍于中国。仰惟圣旨，本求典内，冀防微，慎远虑，臣下所知。暨乎征简人物，则与聘纳相违，监抚二周，未近一士。愚谓内既如彼，外亦宜然者，恐招物议，谓陛下重内而轻外也。古之太子，问安而退，所以广敬于君父；异宫而处，所以分别于嫌疑。今太子一侍天闱，动移旬朔，师傅已下，无由接见。假令供奉有隙，暂还东朝，拜谒既疏，且事俯仰，规谏之道，固所未暇。陛下不可以亲教，宫寀无因以进言，虽有具寮，竟将何补？

伏愿俯循前躅，稍抑下流，弘远大之规，展师友之义，则离徽克茂，帝图斯广，凡在黎元，孰不庆赖！太子温良恭俭。聪明睿哲，含灵所悉，臣岂不知，而浅识勤勤，思效愚忠者，愿沧溟②益润，日月增华也。

太宗乃令泂与岑文本、马周递日往东宫，与皇太子谈论。

【注释】

①良娣：太子之妾。②沧溟：大海。

【译文】

太子嫔妃的选择，我觉得应该遍及全国。而了解陛下的圣旨，在于找出合适的人来掌管太子宫内事务，希望陛下可以防微杜渐，为长远的利益作出慎重的选择，这些是我所知道的。如果是对人才进行选拔，就和娶太子嫔妃有所不同了，太子已经监国抚军两年，却没有接触过一个贤能的人。我以为为太子选妃都这样重视，更何况是选拔人才。不然的话肯定会遭到非议，说陛下重内轻外呀！古代的太子向皇上问安之后就告退了，因而会更加孝顺君父；陛下和太子居住在不同的地方，就是为了避免嫌疑。现如今太子常常侍奉在陛下身边，动辄十多天，没有时间接见太师、太傅等人。太子即便在侍奉的闲暇时间暂时回到东宫，接见和拜访官员的时间也非常少，只能例行公事，对劝谏的事情也没有办法顾及。陛下又不能够亲自教导太子，官员也没有机会进言，朝廷上辅佐的人虽然很多，但是又有什么用呢？

我恳请陛下教导太子能够效仿前人的足迹，将一些不重要的事情稍做放弃，以弘扬远大的志向，使师友切磋的情义和道理得以伸张。这样太子的美誉就会更加旺盛，宏图帝业将会更加宽广，天下的百姓，有谁会不庆幸信赖呢！太子谦逊节俭、性情温和、聪明睿智，所有的人都知道，我怎么可能不知道呢？我才识疏浅，但是希望自己可以仿效古代忠贤的臣子，愿为沧海添一滴水，给日月增一丝光华。

于是太宗下诏令刘泂、岑文本、马周轮流前往东宫与皇太子共同谈论治国道理。

教诫太子诸王第十一
——严管皇家子弟

【原典】

贞观七年，太宗谓太子左庶子于志宁、杜正伦曰："卿等辅导太子，常须为说百姓间利害事。朕年十八，犹在民间，百姓艰难，无不谙练①。及居帝位，每商量处置，或时有乖疏②，得人谏诤，方始觉悟。若无忠谏者为说，何由行得好事？况太子生长深宫，百姓艰难，都不闻见乎！且人主安危所系，不可辄为骄纵。但出敕云，有谏者即斩，必知天下士庶无敢更发直言。故克己励精③，容纳谏诤，卿等常须以此意共其谈说。每见有不是事，宜极言切谏，令有所裨益也。"

【注释】

①谙练：熟练，熟悉。②乖疏：违背礼义，出现疏漏。③克己励精：克制私欲，励精图治。

【译文】

贞观七年，太宗皇帝对太子左庶子于志宁、杜正伦说："你们在辅导太子的同时，也要时常给他讲述民间百姓生活的艰辛。我十八岁的时候还在民间，百姓生活的困苦我是再清楚不过了。即位之后，每当商榷怎样处理事情的时候，难免会出现疏漏，由于得到他人的谏言，才有所觉醒。假如没有忠直的人直言相谏，我又怎么能够为百姓做好事呢？更何况太子从小就成长在深宫之中，百姓的艰难困苦看不见也听不到。而且君主是关系到天下安危的人，更加不能骄奢放纵。只要下达命令，就能够将大胆谏诤的人治罪，这样天下官员百姓就没有人会直言相谏了。因此要时刻克制自己的私欲，励精图治，接纳他人的忠言直谏。你们应该时常将这些道理讲给太子听，每当看到太子有什么做得不对的地方，就要勇敢直谏，使他能有所获益。"

【原典】

贞观十八年，太宗谓侍臣曰："古有胎教世子^①，朕则不暇。但近自建立太子，遇物必有诲谕。见其临食将饭，谓曰：'汝知饭乎？'对曰：'不知。'曰：'凡稼穑艰难，皆出人力，不夺其时，常有此饭。'见其乘马，又谓曰：'汝知马乎？'对曰：'不知。'曰：'能代人劳苦者也，以时消息，不尽其力，则可以常有马也。'见其乘舟，又谓曰：'汝知舟乎？'对曰：'不知。'曰：'舟所以比人君，水所以比黎庶^②，水能载舟，亦能覆舟。尔方为人主，可不畏惧！'见其休于曲木之下，又谓曰：'汝知此树乎？'对曰：'不知。'曰：'此木虽曲，得绳则正，为人君虽无道，受谏则圣。此傅说所言，可以自鉴。'"

【注释】

①古有胎教世子：相传周文王之母，在怀孕期间，"目不视恶色，耳不听淫声，口不出傲言"。生下文王之后，文王聪敏异常。人称文王之母为能胎教。②黎庶：黎民百姓。

【译文】

贞观十八年，太宗皇帝对侍从的大臣们说："古时候有胎教世子的说法，但是我却没有时间思考这件事情。但是自从设立太子以来，遇到任何事情都要抓住机会对他进行教诲晓谕。看到他准备吃饭的时候就会问他：'你知道饭是怎样来的吗？'太子回答说：'不知道。'我说：'依靠农民努力播种、收获才得到的，这些农事都非常艰苦。只有他

们的劳作时间得到保证，才能够有饭吃。'看到他骑马，又问他：'你知道马是用来干什么的吗？'太子回答说：'不知道。'我说：'马是能够代替人劳作的，既要让它劳作又要保证它得到充足的时间休息，不耗尽它的气力，这样的话才会有马骑。'看到他乘船，又问道：'你知道船是怎么行驶的吗？'太子回答说：'不知道。'我说：'君主就好比是船，百姓好比是水，水能够载船，同样也能够将船打翻，不久之后你将会做君主，能不畏惧吗！'我看到太子坐在弯曲的树下，问道：'你知道怎样才能够使弯曲的树木正直吗？'太子回答说：'不知道。'我说：'这树虽然弯曲，但是只要打上墨线就可以直了。虽然有时候君主会做出一些荒谬的事情，但是只要能够接纳谏诤就可以做一个贤明的君主，这是傅说讲的道理，可以对照自己的行为作为鉴戒。'"

【原典】

贞观十年，太宗谓荆王元景、汉王元昌、吴王恪、魏王泰等曰："自汉已来，帝弟帝子，受茅土、居荣贵者甚众，惟东平①及河间王②最有令名，得保其禄位，如楚王玮③之徒，覆亡非一，并为生长富贵，好自骄逸所致。汝等鉴诫，宜熟思之。拣择贤才，为汝师友，须受其谏诤，勿得自专④。我闻以德服物，信非虚说。比尝梦中见一人云虞舜，我不觉竦然敬异，岂不为仰其德也！向若梦见桀、纣，必应斫之。桀、纣虽是天子，今若相唤作桀、纣，人必大怒。颜回、闵子骞⑤、郭林宗、黄叔度⑥，虽是布衣。今若相称赞道类此四贤，必当大喜。故知人之立身，所贵者惟在德行，何必要论荣贵。汝等位列藩王，家食实封，更能克修德行，岂不具美也？且君子小人本无常，行善事则为君子，行恶事则为小人，当须自克励，使善事日闻，勿纵欲肆情，自陷刑戮。"

【注释】

①东平：即东平王刘苍，汉光武帝之子。②河间王：刘德，汉景帝之子。以博学有德著称。③楚王玮：晋武帝之子，曾掌兵权，刚狠好杀，犯罪被斩首。④自专：自以为是，独断专行。⑤颜回、闵子骞：二人都是孔子的学生，以德行著称。⑥郭林宗、黄叔度：二人都是后汉时的高尚之士。

【译文】

贞观十年，太宗皇帝对荆王元景、汉王元昌、吴王恪、魏王泰等王子说："自从汉代以来，帝王的兄弟和儿子享受荣华富贵的非常多，只有东汉的东平和西汉的河间王最有名，他们对于自己的禄位能够很好地保全。例如西晋的楚王司马玮这等奸诈的小人，死亡不止一个，这是由于他们生活在富裕中，骄傲自大、好逸恶劳造成的。你们应当以此为戒，深思熟虑。我为你们选拔贤能的人作为你们的老师，他们的劝告你们一定要听从，千万不能够擅自做主，自以为是。我听闻只有德行才能够让人信服，相信这些都不是胡乱说的。不久前我曾梦到一个叫做虞舜的人，不禁肃然起敬，难道这不是因为我对他品德敬仰的缘故吗？如果当时梦到桀、纣，我一定会愤慨地将他们砍死。虽然桀、纣是天子，如果称他人为桀、纣，此人定会非常生气。颜回、闵子骞、郭林宗、黄叔度等人是平凡的百姓，如今要是大家称赞他人像这四个人，别人一定会非常高兴。由此可以看出，一个人立身处世，最难能可贵的是德行，哪用得着谈及富贵呢？你们位列王公，衣食丰足，更需要加强德行的修养，这岂不是两全其美吗？更何况君子和小人本来就不是固定不变的。你们应当自我约束，自我勉励，使你们的善行日益增长，不要放纵自己的私欲，使自己陷入刑戮之中。"

【原典】

　　贞观十年，太宗谓房玄龄曰："朕历观前代拨乱创业之主，生长民间，皆识达情伪，罕至于败亡。逮乎继世守文之君，生而富贵，不知疾苦，动至夷灭①。朕少小以来，经营多难，备知天下之事，犹恐有所不逮。至于荆王诸弟，生自深宫，识不及远，安能念此哉？朕每一食，便念稼穑之艰难；每一衣，则思纺绩之辛苦，诸弟何能学朕乎？选良佐以为藩弼②，庶其习近善人，得免于愆过尔。"

【注释】

　　①夷灭：灭亡。②藩弼：保护教导辅助之意。

【译文】

　　贞观十年，太宗皇帝对房玄龄说："我看历代平定战乱的帝王，大多都生长在民间，通情达理都能够分辨人情的真假，最后很少有衰败的。到了后来即位的君主，从小就有享不尽的富贵，不了解民间的疾苦，最终导致国家衰败。我从小以来历经了千辛万苦，了解世间很多事情，但仍然害怕自己有什么做的不够的地方。至于像荆王他们这些人，从小长于宫中，见识短浅，怎么会想到这些问题呢？每天一吃饭，我就会想起耕种的艰辛，一穿衣服，就

卷
四

会想到纺线的辛劳，我那些王子兄弟能学我吗？选拔一些贤能的人做他们的老师，使他们习惯和品德高尚的人接近，只有这样他们才能少犯错误。"

【原典】

贞观十一年，太宗谓吴王恪曰："父之爱子，人之常情，非待教训而知也。子能忠孝则善矣。若不遵诲诱，忘弃礼法，必自致刑戮，父虽爱之，将如之何？昔汉武帝既崩，昭帝嗣立，燕王旦素骄纵，诪张①不服，霍光遣一折简诛之，则身死国除。夫为臣子不得不慎。"

【注释】

①诪张：欺诳，狂妄。

【译文】

贞观十一年，太宗皇帝对吴王恪说："父亲疼爱自己的儿女是人之常情，这是不需要学习就可以知道的。儿子能够尽善尽忠就可以了。如果儿子废弃礼法，不遵循教诲，必然会自招惩罚，即使父亲对他疼爱有加，又能够有什么办法呢？汉武帝驾崩之后，昭帝继位，燕王旦一直以来都是高傲自大，从来不愿意服从别人。霍光辅佐昭帝以御书诛杀了他，身亡国灭。因此作为臣子不能不谨慎。"

【原典】

贞观中，皇子年小者多授以都督、刺史，谏议大夫褚遂良上疏谏曰："昔两汉以郡国治人，除郡以外，分立诸子，割土封疆，杂用周制。皇唐郡县，粗依秦法。皇子幼年，或授刺史。陛下岂不以王之骨肉，镇扞四方，圣人造制，道高前古？臣愚见有小未尽。何者？刺史师帅，人仰以安。得一善人，部内苏息①；遇一不善人，阖州劳弊。是以人君爱恤百姓，常为择贤。或称河润九里，京师蒙福；或与人兴咏，生为立祠。汉宣帝云：'与我共治者，惟良二千石乎！'如臣愚见，陛下子内年齿尚幼，未堪临民者，请且留京师，教以经学。一则畏天之威，不敢犯禁；二则观见朝仪，自然成立。因此积习，自知为人，审堪临州。然后遣出。臣谨按汉明、章、和三帝，能友爱子弟。自兹以降，以为准的。封立诸王，虽各有土，年尚幼小者，召留京师，训以礼法，垂以恩惠。迄三帝世，诸王数十百人，惟二王稍恶②，自余皆冲和深粹。惟陛下详察。"太宗嘉纳其言。

【注释】

①苏息：宁息，平安。②二王稍恶：二王指楚王英、广陵思王荆。二王都以谋逆自杀。

【译文】

贞观年间，年纪幼小的皇子都被授以都督、刺史的爵位。谏议大夫褚遂良上疏进谏道："过去两汉治理国家都是采用郡国的方法，除郡国外，还将各王分封为诸侯，划分土地疆界，原袭周代的做法。现如今唐代采用郡县制度，所沿用的却是秦的体制。皇子们年纪尚小，都授以刺史的爵位。难道陛下是想用骨肉亲情来安定四方，觉得圣人制定的制度都非常高明吗？我认为这种方法还有些不足的地方。为什么呢？人们都会仰仗刺史和都督得以安宁。如果遇到好人担任这些职位，那么管辖的范围之内就会安定太平；如果不好的人来担任，整个州县就民生凋敝。因此皇上体恤关爱百姓，就选择贤能的人来担任。有的刺史被称为如同河流一样泽被一方，百姓享受他带来的益处；有的刺史被百姓歌颂赞美，并且立下生祠纪念。汉宣帝说：'凡是与我一起治理国家的，都是享受两千石俸禄有贤能的人。'依照我的想法，陛下皇子中年纪尚小，还不能统领百姓的，暂时留在京城，用经学教导他们。一来他们畏惧您的威严，因此不敢违反纲纪；二来学习朝堂上的礼仪，自然地成长自立。时间久了就会养成习惯，懂得为人处事的道理。符合要求的再将他们派遣到州郡任职。我认为汉明帝、汉章帝、汉和帝三个帝王，能够对子弟友爱，此后，后世就会将它作为标准。被分封的诸王，虽然各有土地，但年龄还小的尚在京师学习礼法，施以恩惠相待。从帝王三代来看，诸王数百人当中，只有两个王不是很好，其他的性格都十分谦和正直。希望陛下详察。"褚遂良的言论得到了太宗的赞扬并且被接纳。

规谏太子第十二
——择贤辅佐太子

【原典】

贞观五年，李百药为太子右庶子。时太子承乾①颇留意典坟，然闲宴之后，嬉戏过度。百药作《赞道赋》以讽焉，其词曰：

下臣侧闻②先圣之格言，尝览载籍之遗则③。伊天地之玄造，洎皇王之建国，曰人纪与人纲，资立言与立德。履之则率性成道，违之则罔念作忒。望兴废如从钧，视吉凶如纠纆。至乃受图膺箓，握镜君临。因万物之思化，以百姓而为心。体大仪之潜运，阅往古于来今。尽为善于乙夜，惜勤劳于寸阴。故能释层冰于瀚海，变寒谷于蹛林。总人灵以胥悦，极穹壤④而怀音。

【注释】

①承乾：字高明，太宗长子。②侧闻：从旁闻知，表示曾有所闻。③遗则：前人遗训。④壤：天地。

【译文】

贞观五年，李百药为太子右庶子。当时太子承乾对三坟五典这些古代典籍颇为留心，但是闲饮宴乐过后，迷于游乐嬉戏做得有点过分。于是李百药就作了一篇《赞道赋》来对这种行为进行讽谏规劝，赋中写道：

我听闻过古时候圣贤遗留下来的格言，曾经也看过典籍上记载的遗训。自从开天辟地以来，君王建国安邦，社会纲纪的建立和巩固都是依靠君主的德性言行。依照制度做事就可以依附本性成就大道，与之相违背就会思想混乱，作恶酿祸。看待历史的兴亡就像是自然的天工造化，观察人世间的吉凶就像是绳索的缠绕纠结。如今我们大唐帝国承受天命，应运而生，秉承清明之道，君临天下。应根据事物不断变化的规律，将百姓时刻放在心中。体会事物暗藏的变化规律，仔细钻研从古至今的历史。为天下尽可能多做好事，珍惜时间。这样浩瀚海洋中的坚冰才能融化，将阴冷的山谷变成祭祀的秋林。让生灵万民欢悦，让天地都沐浴您的恩宠。

【原典】

赫矣圣唐，大哉灵命；时维大始，运钟上圣。天纵皇储，固本居正；机悟宏远，神姿凝映。顾三善而必弘，祇四德而为行。每趋庭而闻礼，常问寝而资敬。奉圣训以周旋，诞天文之明命。迈观乔而望梓，即元龟与明镜。自大道云革，礼教斯起，以正君臣，以笃父子。君臣之礼，父子之亲，尽情义以兼极，谅弘道之在人。岂夏启①与周诵②，亦丹朱③与商均。既雕且琢，温故知新。惟忠与敬，曰孝与仁。则可以下光四海，上烛三辰。昔三王之教子，兼四时以齿学；将交发于中外，乃先之以礼乐。乐以移风易俗，礼以安上化人。非有悦于钟鼓，将宣志以和神。宁有怀于玉帛，将克己而庇身。生于深宫之中，处于群后之上，未深思于王业，不自珍于匕鬯。谓富贵之自然，恃崇高以矜尚，必恣骄狠，动愆④礼让，轻师傅而慢礼仪，狎奸谄而纵淫放。前星之耀遽隐⑤，少阳之道斯谅。虽天下之为家，蹈夷俭之非一。或以才而见升，或见谗而受黜。足可以省厥休咎，观其得失。请粗略而陈之，觊披文而相质⑥。

【注释】

①夏启：传说中夏代国王，姒姓，禹之子。②周诵：即周成王。即位时年幼，由周公旦摄政。③丹朱：相传为尧之子，不肖，唯漫游嗜好。④愆：错误，过失。⑤遽隐：隐藏，失去光芒。⑥相质：判断。

【译文】

我盛唐赫赫天威，承受天命；开创帝业，遇到贤能的人。上天派遣你成为皇位的继承者，居于正位，巩固国家的根本；天资聪颖，光彩照人。凡是善行的事情，就一定将其发扬光大，用四德来规范自己的行为，常常拜见父王汲取教训，侍奉君父问安致敬。依照圣训来对待一切事物，将上天的任命发扬光大，勤勉励行父子之道，以此作为元龟、明镜。自从大道消失以后，礼就兴起来了，这使君臣各得其所，使得父子间的情感更加深厚。君臣间的礼法，父子间的情感，达到情义兼至的地步，重要的是在于人为。怎么能说夏启、周诵和丹朱、商均是一样的呢？你应该不停地反复琢磨旧的知识，从而受到一定的启发来获取新的知识。用忠、敬、孝、仁来治理国家，国家就能够安定与兴盛。过去三王教育子女，用四时之法按年来学习；太子出宫就位之前，都会用礼乐来教育他们。用乐能够改变风俗，用礼可以安定统治、教化众人。学习音乐并不是因为喜欢，而是借它来表明自己的志向，使自己的心神得到安宁。难道学习礼法只是为了玉帛吗？是为了保全自己用它来克制自己的私欲。从小太子长于宫中，居于诸侯之上，假如不能够时常认真思考帝王大业的来之不易，就不会去珍惜，认为富贵天定，高傲自大，必然会骄横无礼，因而使自己的行为不符合礼法规范，生出藐视老师、怠慢礼仪、亲近谄媚的小人而淫乱放纵等可耻行为。假如是这样的话，先王的光芒就会隐没，充满阳光的大道就会阴暗，即使天下表面上是一家，但是所处的安全、危险情况却是不同的。有的人依靠自己的才能得到重用，也有人却可能因为被诬陷而遭到贬谪。从中完全可以看出吉凶祸福，领悟得失成败。过去的历史我粗略地陈述一下，使你从中可以得到公正的判断。

【原典】

在宗周之积德，乃执契而膺期；赖昌、发而作贰，启七百之鸿基。逮扶苏①之副秦，非有亏于闻望，以长嫡之隆重，监偏师于亭障。始祸则金以寒离，厥妖则火不炎上；既树置之违道，见宗祀之遄丧。伊汉氏之长世，固明两之递作。高②惑戚而宠赵③，以天下而为谑。惠结皓而因良，致羽翼于寥廓。景有惭于邓子，成从理之淫虐；终生患于强吴，由发怒于争博。彻居储两，时犹幼冲，防衰年之绝议，识亚夫之矜功，故能恢弘祖业，绍三代之遗风。

【注释】

①扶苏：秦始皇长子。②高：指汉高帝刘邦。③赵：指赵王如意。

【译文】

周代以德服人，于是能把握时机承受天命。依仗文王、武王开创了七百年的基业。扶苏作为秦国的太子，对他的名声并不是有什么贬损的地方，而是作为嫡长子的他却被派往监视守边之军。由此产生祸患，太子被疏远，最后的灾难是太子被杀害。册立君主又违背了正道，秦朝的基业没过多久就衰败了。汉代统治的时间比较长，是由于太子即位的原因。由于高祖皇帝被戚夫人迷惑而偏爱赵王，竟然将国家大事当作玩笑。惠帝用张良的计策结交商山四皓，使得自己羽翼丰满而能够翱翔于万里云空。汉景帝由于侍奉父皇比不上宠臣，造成了邓通的淫乱暴虐，从而一生都以强大的吴国为患，后来在博弈中错杀了吴太子。汉武帝刘彻为太子时，年纪非常小，就能提防晚年不听劝谏而遭到别人的非议，疏远了周亚夫。因而国家的疆土能够巩固拓展，使三代遗风更加明显。

【原典】

贞观中，太子承乾数亏礼度，侈纵日甚，太子左庶子于志宁撰《谏苑》二十卷讽之。是时太子右庶子孔颖达①每犯颜进谏。承乾乳母遂安夫人谓颖达曰："太子长成，何宜屡得面折？"对曰："蒙国厚恩，死无所恨。"谏诤愈切。承乾令撰《孝经义疏》，颖达又因文见意，愈②广规谏之道。太宗并嘉纳之，二人各赐帛五百匹，黄金一斤。

【注释】

①孔颖达：唐经学家。②愈：更加。

【译文】

贞观年间，承乾作为太子屡屡违反礼仪法度，骄奢放纵。太子左庶子于志宁撰写了《谏苑》共二十卷对他进行劝谏。孔颖达当时是太子右庶子，常常因为直言相谏而冒犯君威。遂安夫人是承乾的乳母，她对孔颖达说："如今太子已经长大了，怎么能够当面指责他？"孔颖达回答："我蒙受陛下的厚恩，即使死也没有怨恨。"于是劝谏更加地激烈。承乾命孔颖达撰写《孝经义疏》，孔颖达又通过经文说出自己的建议，得到了更多劝谏的机会。这两个人的做法太宗非常赞赏，各赐予他们帛五百匹，黄金一斤。

【原典】

贞观十三年，太子右庶子张玄素以承乾颇以游畋废学，上书谏曰：臣闻皇天无亲，惟德是辅，苟违天道，人神同弃。然古三驱之礼，非欲教杀，将为百姓除害。故汤罗一面，天下归仁。今苑内娱猎，虽名异游畋，若行之无恒，终亏雅度①。且傅说曰："学不师古，匪说攸闻。"然则弘道在于学古，学古必资师训。既奉恩诏，令孔颖达侍讲，望数存顾问，以补万一。仍博选有名行学士，兼朝夕侍奉。览圣人之遗教②，察既往之行事，日知其所不足，月无忘其所能。此则尽善尽美，夏启、周诵，焉足言哉！夫为人上者，未有不求其善，但以性不胜情，耽惑成乱。耽惑既甚，忠言尽塞，所以臣下苟顺，君道渐亏③。古人有言："勿以小恶而不去，小善而不为。"故知祸福之来，皆起于渐。殿下地居储贰，当须广树嘉猷。既有好畋之淫，何以主斯匕鬯④？慎终如始，犹恐渐衰，始尚不慎，终将安保！

【译文】

贞观十三年，张玄素是太子李承乾的右庶子，他见太子喜欢狩猎，荒废了学业，于是便上书进谏，他说：我听闻上天是不会偏袒任何人的，只会辅佐有品德的人。如果违背了天道，无论是人还是神都会将他遗弃。古代打猎三驱的礼治，并不是想要人杀生，只是为百姓除害而已。因此，商汤将捕捉野兽的四面网撤除了，改用一面网，如此仁义的举动终于赢得了百姓的心。您现在虽然在宫苑之内打猎，这和在野外游猎是不同的，但是如果放纵没有节制，终会有失体统。因此商代贤相傅说说："学习的时候不能够遵照古训，这从来没有听说过。"所以要想弘扬道性必须先学会古代的礼法，要想学习古代礼法就需要老师的教导。如今我奉陛下的旨意教太子读书，让孔颖达讲授学问，是希望您能够了解古代事迹加以学习，以便能够弥补不足的知识。此外还应该选拔一些博学多才的人，朝夕侍奉太子。阅读圣人的遗训，了解历史的变迁，知道亡国的原因，每日都能够发现自己不足的地方，每月都能不忘记自己学会的知识。这样的话就完美了，那么夏启、周诵这样的贤太子又何足称道呢！作为君主，没有人不追求完美的，只是有的时候理智更胜于感情，

沉溺惶惑才造成了昏乱。沉溺惶惑过于厉害，这样的话忠言就会全部堵塞，因而臣子才会苟且偷生、投其所好，损害为君之道。古人说："不要觉得是小的错误就不纠正，也不要由于是小的优点就不去做。"你要知道，祸福都是相依产生的。身为储君，您要树立良好的形象。您那么喜欢狩猎，又怎么能够专心处理政事呢？小心行事，善始善终，尚且担心会逐渐衰退，更何况在开始的时候就不谨慎，最终又如何去保持呢！

【原典】

承乾不纳，玄素又上书谏曰：

臣闻称皇子入学而齿胄者，欲令太子知君臣、父子、尊卑、长幼之道。然君臣之义，父子之亲，尊卑之序，长幼之节，用之方寸之内，弘之四海之外者，皆因行以远闻，假言以光被。伏惟殿下，睿质已隆，尚须学文以饰其表。窃见孔颖达、赵弘智等，非惟宿德鸿儒[①]，亦兼达政要。望令数得侍讲，开释物理，览古论今，增辉睿德[②]。至如骑射畋游，酣歌妓玩，苟悦耳目，终秽心神。渐染既久，必移情性。古人有言："心为万事主，动而无节即乱。"恐殿下败德之源，在于此矣。

承乾览书愈怒，谓玄素曰："庶子患风狂[③]耶？"

【注释】

①宿德鸿儒：很有道德很有学问的人。②睿德：智慧。③患风狂：发疯，精神错乱。

【译文】

张玄素的意见不被太子李承乾所接受，于是他又呈上一篇奏疏：

我听闻皇子入门学习是按照年纪的大小排序，这样是为了使太子知道君臣、父子、尊卑、长幼间的礼仪，然而君臣间的礼义，父子之间的亲情，尊卑的等级，长幼的顺序，要从内心去遵循，使之广大于天下，都要依靠自身的行为使自身闻名久远，依靠语言使其广为流传。如今殿下已经长大了，而且天资聪颖，但还需要学习知识，以此来提高自身的修养。我觉得孔颖达、赵弘智等人，他们不但有很高的德行修养，而且通晓政治之道，还是当今鸿儒，我希望你能够认真听他们教授课程，让他们讲授人情物理，谈古论今，以开阔您的见识。至于射击骑马、美女音乐之类的逸乐，只能够满足一时之娱，最终定会扰乱心智。如果沉溺其中，您的性情必将改变。古人说："心是万事的主宰，如果心无节制地骚动，祸乱必然产生。"我是害怕这些会成为殿下德性败坏的根源啊！

李承乾看了奏书之后更加恼火，对张玄素说："你是害了疯病吗？"

【原典】

十四年，太宗知玄素在东宫频有进谏，擢授银青光禄大夫，行太子左庶子。时承乾尝于宫中击鼓，声闻于外，玄素叩请见，极言切谏。乃出宫内鼓对玄素毁之，遣户奴伺玄素早朝，阴以马挝之，殆至于死。是时承乾好营造亭观，穷极奢侈，费用日广。玄素上书谏曰：

臣以愚蔽^①，窃位两宫，在臣有江海之润，于国无秋毫之益，是用必竭愚诚，思尽臣节者也。伏惟储君之寄，荷戴殊重^②，如其积德不弘，何以嗣守成业？圣上以殿下亲则父子，事兼家国，所应用物不为节限。恩旨未逾六旬，用物已过七万，骄奢之极，孰云过此？龙楼之下，惟聚工匠；望苑之内，不睹贤良。今言孝敬，则阙^③侍膳问竖之礼；语恭顺，则违君父慈训之方；求风声，则无学古好道之实；观举措，则有因缘诛戮之罪。宫臣正士，未尝在侧，群邪淫巧，昵近深宫。爱好者皆游伎杂色，施与者并图画雕镂。在外瞻仰，已有此失；居中隐密，宁可胜计哉！宣猷禁门，不异阛阓^④，朝入暮出，恶声渐远。右庶子赵弘智经明行修，当今善士，臣每请望数召进，与之谈论，庶广徽猷。令旨反有猜嫌，谓臣妄相推引。从善如流，尚恐不逮；饰非拒谏，必是招损。古人云："苦药利病，苦口利行。"伏愿居安思危，日慎一日。

书入，承乾大怒，遣刺客将加屠害，俄^⑤属宫废。

【注释】

①愚蔽：愚钝。②殊重：使命非常重大。③阙：同"缺"。④阛阓：泛指市区街巷。⑤俄：不久。

【译文】

贞观十四年，张玄素在太子东宫频繁进谏这件事情被太宗知道了，于是授予他银青光禄大夫兼任太子左庶子一职。有一次太子击鼓作乐于宫中，声音大得以至于在宫门外面都可以听得见，张玄素要求拜见太子，极力劝谏。太子非常生气，于是就将鼓拿出来当着张玄素的面将它毁坏，又派遣手下等张玄素上早朝的时候，偷偷地用马袭击他，差一点将张玄素置于死地。那时候的李承乾穷奢极欲，营造楼阁，耗资巨大。张玄素又上书进谏：

我身性愚钝，却在朝廷和东宫身兼重要的职位，皇恩浩荡，但是我对于国家却没有一点作用。因此一定要尽职尽责，想要尽到人臣的责任。太子所担任的使命非常重大，如果积德不深厚，又如何能够担当守护基业的大任呢？圣上与您是父子之亲，您的言行关乎国家安危，因此您的日常用度才没有限制。陛下的圣旨颁布不到六十天，但是您宫里面的财物所花费的已经超过七万了，骄奢已经到了无以复加的地步。太子宫殿聚集工匠无数，内苑却看不见半点贤能之臣的踪迹。谈论起孝敬，殿下有违晚辈向长辈问寒问暖的礼节；谈论起恭顺，殿下则与慈父的训导相背离；谈论起名声，殿下也没有好好学习古道的事实；谈论起行为，殿下又凭借权势滥施刑罪。没有忠直的人在身边，而哗众取宠的弄臣却不离左右。您喜欢的都是声色犬马，所赏赐的都是图画雕刻。从表面上来看，殿下就已经犯了如此多的错误；更何况朝中还会有更加隐秘的大事，可能已经数不胜数了。宣布法令的宫门无异于街市，形形色色的人时刻都会在此出入，坏的名声已经相传千里了。赵弘智贵为太子右庶子，德行高尚，精通经术，是当今少有的贤良之才，我时常告诫殿下应经常召见他，和他谈论，可以增进您的美德。而现在殿下对他产生疑虑，觉得用错了人。一个人从善如流，恐怕还来不及，假如将过失加以掩饰，

拒绝进谏，定然招来损失。古人说："良药苦口利于病，忠言逆耳利于行。"希望殿下能够居安思危，小心谨慎。

奏书送入东宫后，李承乾看后恼羞成怒，想派刺客刺杀张玄素。不久后李承乾被废黜。

【原典】

贞观十四年，太子詹事于志宁，以太子承乾广造宫室，奢侈过度，耽好声乐，上书谏曰：

臣闻克俭节用，实弘道之源；崇侈恣情，乃败德之本。是以凌云概日①，戎人于是致讥②；峻宇雕墙③，《夏书》以之作诫④。昔赵盾匡晋，吕望师周，或劝之以节财，或谏之以厚敛。莫不尽忠以佐国，竭诚以奉君，欲使茂实播于无穷，英声被乎物听。咸著简策，用为美谈。且今所居东宫，隋日营建，睹之者尚讥其侈，见之者犹叹甚华。何容于此中更有修造，财帛日费，土木不停，穷斤斧之工，极磨砻⑤之妙？且丁匠官奴入内，比者曾无复监。此等或兄犯国章，或弟罹王法，往来御苑，出入禁闱，钳凿缘其身，槌杵在其手。监门本防非虑，宿卫以备不虞，直长既自不知，千牛又复不见。爪牙在外，厮役在内，所司何以自安，臣下岂容无惧？

【注释】

①凌云概日：形容宫殿高大。②讥：讥笑。③峻宇雕墙：形容殿堂豪华雕丽。④诫：禁戒。⑤磨砻：雕琢。

【译文】

贞观十四年，太子詹事于志宁，由于太子李承乾大肆修建宫室，奢靡没有节制，并且沉溺于声色犬马，于是上书进谏：

我听闻弘扬德性的根本就是克制节俭，败坏品德的根源是穷奢极致。因此秦穆公向西戎人夸耀自己豪华的宫殿，遭到他们的耻笑；《夏书》当中将高楼雕墙作为国家危亡的警戒。过去姜太公辅佐周文王，赵盾匡扶晋灵公，或者规劝他们要节俭财物，或者建议他们免征重税。没有一个人不竭尽全力为君分忧、为国效劳的，希望英名能够流芳千古，功业能够流传无穷；载入史册，成为千古佳话。如今殿下居住的东宫是隋代所建，看到的人已经觉得非常奢侈，都感叹太过于华丽。为何还要浪费钱财，大兴土木，调动一切卓越工匠，雕琢要非常精妙呢？如此多的工匠在东宫出入，而且还没有人监管。

这些人是犯法之人的兄弟，却能够自由出入东宫禁地，他们身上携带有斧凿等器具。守门值班的人是为了防止意外发生，这样的状况负责守卫的直长和千牛都不知道，也没有看到。武官们在宫外，奴隶们在宫内，负责禁卫的部门怎么能够安心，这又怎么能够不让我感到忧虑恐惧呢？

【原典】

又郑、卫之乐，古谓淫声。昔朝歌之乡，回车者墨翟①；夹谷之会，挥剑者孔丘②。先圣既以为非，通贤将以为失。顷闻宫内，屡有鼓声，大乐伎儿，入便不出。闻之者股栗，言之者心战。往年口敕，伏请重寻，圣旨殷勤，明诚恳切。在于殿下，不可不思；至于微臣，不得无惧。

【注释】

①墨翟：墨子，生卒年不详，名翟，汉族，鲁国人，墨家学派的创始人。
②孔丘：孔子，字仲尼，我国古代最伟大的教育家、思想家。

【译文】

另外，郑国、卫国的音乐，从古至今就被称作是亡国的靡靡之音。过去墨子经过商代的朝歌之地，因为这里的地名和他的"非乐"思想不相符，便回车转向；鲁定公与齐侯在峡谷相会，孔子挥剑将戏子斩杀，因为他们用乐舞来蛊惑诸侯。歌舞失去了礼法，古代圣人觉得这样是大逆不道的行为，通达的贤者也认为是过失。现如今，寻欢作乐的鼓乐声常常从东宫传出，歌伎舞伎只见进不见出。听闻这件事情的人都感到双腿发抖，心惊胆战。往年陛下对太子的教谕，请您重新温习。圣旨关注，殷勤有加。作为殿下，您应该好好考虑一下这件事；作为臣子，我也不会感到害怕。

【原典】

臣自驱驰宫阙，已积岁时，犬马尚解识恩，木石犹能知感，臣所有管见，敢不尽言。如鉴以丹诚，则臣有生路；若责其忤旨，则臣是罪人。但悦意取容，臧孙方以疾疢①；犯颜逆耳，《春秋》比之药石②。伏愿停工巧之作，罢久役之人，绝郑、卫之音，斥群小之辈。则三善允备，万国作贞矣。

承乾览书不悦。

【注释】

①疾疢：热病。泛指疾病。②药石：良药。

【译文】

自从我承蒙陛下圣恩，为朝廷效劳已经有很多年。犬马尚且知道报答知遇之恩，木石尚且能够感知情义；我见识短浅，又怎么能够不竭尽全力劝谏。希望您能够明察秋毫，看到我的忠心，那么我就有了生路；假如您对我加以指责，说我违抗旨意，这样我就罪责难逃。只是阿谀逢迎，鲁国大夫臧仲武将它比作疾病；《春秋》里面将冒犯尊严、忠言逆耳比作良药。希望殿下能够停止正在修建的宫殿，将那些久做劳役的人释放，不听郑卫之音，斥退卑鄙小人。这样的话就能够使事君、事父、事长这三种善行完善了，家国天下也将归于中正。

李承乾看过奏书很不高兴。

【原典】

十五年，承乾以务农之时，召驾士等役①，不许分番②，人怀怨苦。又私引突厥群竖入宫。志宁上书谏曰：

臣闻上天盖高，日月光其德；明君至圣，辅佐赞其功。是以周诵升储，见匡毛、毕③；汉盈居震，取资黄、绮④；姬旦抗法于伯禽，贾生陈事于文帝，咸殷勤于端士⑤，皆恳切于正人。历代贤君，莫不丁宁于太子者，良以地膺上嗣，位处储君。善则率土沾其恩，恶则海内罹其祸。近闻仆寺、司驭、驾士、兽医，始自春初，迄兹⑥夏晚，常居内役，不放分番。或家有尊亲，阙于温清；或室有幼弱，绝于抚养。春既废其耕垦，夏又妨其播殖。事乖存育，恐致怨嗟。倘闻天听，后悔何及？又突厥达哥支等，咸是人面兽心，岂得以礼义期，不可以仁信待。心则未识于忠孝，言则莫辩其是非，近之有损于英声，昵之无益于盛德。引之入，人皆惊骇，岂臣庸识，独用不安？殿下必须上副至尊圣情，下允黎元本望，不可轻微恶而不避，无容略小善而不为。理敦杜渐之方，须有防萌之术⑦。屏退不肖，狎近贤良。如此，则善道日隆，德音自远。

承乾大怒，遣刺客张师政、纥干承基就舍杀之。是时丁母忧，起复为詹事⑧。二人潜入其第，见志宁寝处苫庐，竟不忍而止。及承乾败，太宗知其事，深勉劳之。

【注释】

①役：抬轿驾车的力夫。②分番：轮流换班。③毛、毕：毛，毛叔。毕，

郑毕公。④黄、绮：黄，夏黄公。绮，绮里季。⑤端士：真诚正直、品德高尚的人。⑥迄兹：从开始到结束。⑦防萌之术：防微杜渐之道。⑧詹事：官名。

【译文】

　　贞观十五年，在百姓农忙的时候，李承乾摊派杂役，还不许他们轮流换班，百姓心中没有一个人不心生怨恨，苦不堪言。后来他又将突厥童仆私自带入东宫，于是于志宁上书进谏：

　　我听说苍天高远，日月显耀它的德行；圣明的君主，臣下就会帮助他匡扶功业。因此周朝姬诵升为太子，得到了毛叔、郑毕公的鼎力辅佐；西汉的刘盈位居太子，得到夏黄公、绮里季等四位贤士的帮助；周成王有过失，丞相周公旦就鞭打自己的儿子伯禽，以此来告诫成王；汉代贾谊多次上书文帝谈论国家大事，他们都是真诚正直、品德高尚的贤臣。由于太子身为王储，将来要承担帝业，因此历代君王都会再三叮嘱太子。太子行善事，他的恩德百姓都会万分感谢；太子作恶，很容易就会殃及百姓。现在，我听说仆寺、司驭、驾士、兽医等人，从初春到夏末，一直居住在宫内服役，还不让他们轮流换班。他们中有的人父母还健在，但是却得不到很好的侍奉；有的人家中有幼小的儿女，也因此得不到父亲的抚育照料。现如今您这样做，不仅耽误了他们的春耕，又还妨碍了夏种。这与抚养百姓之道是相违背的，久而久之人们就会有怨言。假如将这些怨言传到圣上的耳

中，到时候您后悔也为时已晚。此外，突厥达哥支，这些人大多是人面兽心，对待他们怎么能用仁义诚信呢？在他们心中，根本不知道什么是忠孝，言行是非不分，您和他们接触恐怕会败坏您的英名，对他们加以宠信也对增加您的盛德没有一点儿益处。现在将他们带入宫里，没有人不惊恐万分，怎么会只有我一个人见识平庸，独自忧虑？殿下做任何事情都应该与您至尊的身份相符合，使得自己的愿望和百姓的愿望相符合，勿以恶小而为之，勿以善小而不为。您理应遵守防微杜渐之道。远离小人，任用贤臣。假如能够做到这样，那么美德就可以日益彰显，美名也会广为流传。

李承乾看后大怒，派遣张师政、纥干承基两名刺客去刺杀于志宁。当时于志宁正在为母亲守丧，在丧期还没有结束的时候又被任命为太子詹事。两个刺客偷偷潜入于府，见他睡着草苫、枕着土块为亡亲服丧，最终不忍下手。

后来李承乾劣迹败露，太宗得知这件事情后，勉励慰劳了于志宁。

卷 五

仁义第十三
——仁义治国

【原典】

贞观元年，太宗曰："朕看古来帝王以仁义为治者，国祚延长，任法御人者，虽救弊于一时，败亡亦促。既见前王成事，足是元龟①。今欲专以仁义诚信为治，望革近代之浇薄②也。"黄门侍郎王珪对曰："天下凋丧日久，陛下承其余弊，弘道移风③，万代之福。但非贤不治，惟在得人。"太宗曰："朕思贤之情，岂舍梦寐！"给事中杜正伦进曰："世必有才，随时听用，岂待梦傅说，逢吕尚，然后为治乎？"太宗深纳其言。

【注释】

①元龟：大龟，古代用以占卜。引申为借鉴的意思。②浇薄：刻薄狡诈的社会风气。③移风：遗风。遗留下来的风气习惯。

【译文】

贞观元年，太宗皇帝说："我看古代的君王凡以仁义治理国家的，国家都会长治久安，用严酷的刑罚统治民众的，虽然弊端能够得到一时的挽救，但是不久之后国家就会灭亡。既然前代帝王成事的方法我们已经看到了，就可以将其作为治理国家的典范。我们应该将仁义、诚信作为治理国家的主要方针，希望能够将近代的虚伪之风铲除。"黄门侍郎王珪回答说："天下荒废凋疲已经很长一段时间了，在天下积弊之时陛下统领国家，弘扬古代圣贤的遗风，这是百姓之福。但是如果没有贤能之臣的帮助国家是治理不好的，最重要的还是在于用人得当。"太宗说："我求贤若渴，夜晚做梦都会梦到贤才。"给事中杜正伦说："哪个朝代都有人才，随时等候陛下的发掘任用，哪里还需要去梦傅说，遇吕尚，然后才治理天下呢？"他的话太宗十分赞赏。

【原典】

贞观二年，太宗谓侍臣曰："朕谓乱离之后，风俗难移，比观百姓渐知廉耻，官民奉法，盗贼日稀^①，故知人无常俗，但政有治乱耳。是以为国之道，必须抚之以仁义，示之以威信，因人之心，去其苛刻，不作异端^②，自然安静，公等宜共行斯事也。"

【注释】

①稀：少。②异端：背离道义。

【译文】

贞观二年，太宗皇帝对侍从的大臣们说："我原来认为在离乱之后，很难改变民间的风俗习惯，近来我发现百姓渐渐明白了廉洁和羞耻，民众和官员也都能够遵纪守法，偷盗的人越来越少，才知道民间的风俗习惯没有一成不变的，最关键的地方在将乱纪的事治理好罢了。因此必须用仁义来治理国家抚慰百姓，同时还应该显示出朝廷的威信，顺应民心，将那些苛刻的法令废除，不做背离道义的事情，这样社会自然而然就会安静平定，你们应该一起将这件事情做好。"

【原典】

贞观四年，房玄龄奏言："今阅武库甲仗^①，胜隋日远矣。"太宗曰："饬兵备寇虽是要事，然朕唯欲卿等存心治道，务尽忠贞，使百姓安乐，便是朕之甲仗。隋炀帝岂为甲仗不足，以至灭亡？正由仁义不修，而群下怨叛故也。宜^②识此心。"

【注释】

①甲仗：铠甲兵器。②宜：应该。

【译文】

贞观四年，房玄龄上奏说："近日我到武器库里检查铠甲兵器，发现我们的武器已经远远超过了隋朝。"太宗皇帝说："整修兵器防御寇乱，虽然是十分紧迫的事情，但是我还是希望你们能够将心思都用在如何治理国家上面，各自务必竭尽忠贞，使百姓能够安居乐业，我真正要的铠甲兵器是这个。难道隋朝的灭亡是由于铠甲兵器不足吗？正是由于他不修仁义，群臣才会怨恨叛离他。我的想法你们应该理解啊！"

【原典】

贞观十三年，太宗谓侍臣曰："林深则鸟栖，水广则鱼游，仁义积则物自归之。人皆知畏避灾害，不知行仁义则灾害不生。夫仁义之道，当思之在心，常令相继，若斯须懈怠，去之已远。犹如饮食资身，恒①令腹饱，乃可存其性命。"王珪顿首曰："陛下能知此言，天下幸甚！"

【注释】

①恒：持久。

【译文】

贞观十三年，太宗皇帝对侍从的大臣们说："树林宽广茂盛才会有飞鸟栖息，水域深广就有鱼儿游弋，多施行仁义百姓就会归顺。人们都会害怕而躲避灾难，却不知道施行仁义灾难就可能不会发生。仁义之道，我们一刻也不能忘记，应该将仁义不断地推行下去，有懈怠就会与仁义之道失之交臂。这就像用饮食来滋养身体，只有吃饱肚子，才可以将生命继续维持下去。"王珪叩头说："陛下能够知道这些道理，真是天下的大幸啊！"

忠义第十四
——忠义为人

【原典】

冯立，武德中为东宫率①，甚被隐太子亲遇②。太子之死也，左右多逃散，立叹曰："岂有生受其恩，而死逃其难！"于是率兵犯玄武门，苦战，杀屯营将军敬君弘，谓其徒曰："微以报太子矣。"遂解兵遁于野③。俄而来请罪，太宗数之曰："汝昨者出兵来战，大杀伤吾兵，将何以逃死？"立饮泣而对曰："立出身事主，期之效命，当战之日，无所顾惮④。"因歔欷悲不自胜，太宗慰勉之，授左屯卫中郎将。立谓所亲曰："逢莫大之恩幸而获免，终当以死奉答。"未几，突厥至便桥，率数百骑与虏战于咸阳，杀获甚众，所向皆披靡，太宗闻而嘉叹之。时有齐王元吉府左车骑谢叔方率府兵与立合军拒战，及杀敬君弘、中郎将吕衡，王师不振，秦府护军尉尉迟敬德乃持元吉首以示之，叔方下马号泣，拜辞而遁⑤。明日出首，太宗曰："义士也。"命释之，授右翊卫郎将。

卷
五

【注释】

①东宫率：唐制，在东宫掌兵仗宿卫的官职。②亲遇：亲近敬重。③遁于野：逃往乡野。④顾惮：顾忌害怕。⑤遁：逃走。

【译文】

冯立，唐武德年间东宫统帅，太子李建成对他厚爱有加，太子死后，他以前的随从大多数都逃走了，冯立感叹道："哪有在太子活着的时候蒙受他的恩惠，死了之后各自逃走的道理呢？"于是率领士兵在玄武门与秦王李世民的军队苦战，杀死屯营将军敬君弘，然后对手下随从说："报答太子只有用这些微不足道的事了。"于是将军队解散躲藏起来。没过多久冯立面见太宗李世民请罪，太宗对他说："昨天你率领士兵与我军战斗，我军伤亡惨重，这项死罪你如何能够逃过？"冯立哭着回答："我冯立生来侍奉太子，希望能够为他卖命，因此当时在战斗时我没有想太多。"说完悲痛不已，太宗对他好言安慰，并且封他为左屯卫中郎将。冯立对他的亲信说："遇到如此大的罪过却还可以免除死罪，我定以死报答圣上。"没过多长时间，突厥攻打便桥，冯立亲率一百余名骑兵在咸阳与突厥兵大战，杀死突厥兵众多士兵，所到之处无人能敌，太宗听闻后大加赞叹。当时，齐王李元吉府上左车骑谢叔方带领士兵与冯立并肩作战，等敬君弘、中郎将吕衡被杀，士气低沉，李元吉被秦王府护军军尉尉迟恭杀死，并且拿着他的人头让谢叔方看，谢叔方下马大哭，离开军队逃走，第二天便自首了，太宗说："谢叔方真是仁义。"下令释放谢叔方，并且封他为右翊卫郎将。

【原典】

贞观元年，太宗尝从容言及隋亡之事，慨然叹曰："姚思廉不惧兵刃，以明大节，求诸古人，亦何以加也！"思廉时在洛阳，因寄物三百段，并遗其书曰："想卿忠节之风，故有斯赠。"初，大业末，思廉为隋代王侑①侍读，及义旗克京城时，代王府僚多骇散，惟思廉侍王，不离其侧。兵士将升殿，思廉厉声谓曰："唐公②举义兵，本匡王室，卿等不宜无礼于王！"众服其言，于是稍却，布列阶下。须臾，高祖至，闻而义之，许其扶代王侑至顺阳下，思廉泣拜而去。见者咸叹曰："忠烈之士，仁者有勇，此之谓乎！"

【注释】

①代王侑：隋元德太子之子，炀帝十三年南巡，以侑留守长安，李渊攻克长安，立侑为帝。②唐公：唐高祖起初的封号。

【译文】

贞观元年，太宗曾经谈及隋朝灭亡的事情，感慨地说："姚思廉不顾自己的性命，以此来表明臣子应有的节操，即便将他和古人相比，也没人可以超过他。"姚思廉当时正在洛阳，太宗将三百段丝帛赏赐给他，还写了一封信："怀念你忠直的作风，所以才会馈赠你这些东西。"隋朝末年，姚思廉担任隋代王侑的侍读，当义军攻入京城的时候，代王府中大多数幕僚都逃跑了。只有姚思廉侍奉代王，不离不弃。兵士要到殿上捉拿代王，思廉严厉地叫道："唐公举义兵，本来是要匡复王室，你们这些人在代王面前休得无礼！"众人对他的言行十分敬服，退却后都站在殿堂的台阶下。没过多久，高祖来了，听到他人的陈述之后觉得他很忠义，允许他扶代王侑到顺阳阁，思廉痛哭流涕拜谢而去。听闻这件事的人都不禁感叹地说："真是忠义刚烈的人啊！人们说仁义的人有勇气，不就是说他吗？"

【原典】

贞观二年，将葬故息隐王建成、海陵王元吉，尚书右丞魏征与黄门侍郎王珪请预陪送①。上表曰："臣等昔受命太上，委质东宫，出入龙楼，垂将一纪。前宫结衅宗社，得罪人神，臣等不能死亡，甘从夷戮^②，负其罪戾^③，置录周行^④，徒竭生涯，将何上报？陛下德光四海，道冠前王，陟冈有感^⑤，追怀棠棣，明社稷之大义，申骨肉之深恩，卜葬二王，远期有日。臣等永惟畴昔^⑥，忝曰旧臣^⑦，丧君有君，虽展事君之礼；宿草将列，未申送往之哀。瞻望九原，义深凡百，望于葬日，送至墓所。"太宗义而许之，于是宫府旧僚吏，尽令送葬。

【注释】

①陪送：陪灵送葬的意思。②夷戮：被杀死。③罪戾：罪过。④周行：这里指仕宦的行列。⑤陟冈有感：意谓思念兄弟。⑥畴昔：往昔。⑦忝曰旧臣：有愧于称为旧臣。

【译文】

贞观二年，太宗皇帝将要埋葬息隐王建成、海陵王元吉，尚书右丞魏征与黄门侍郎王珪请求陪灵送葬。向太宗上表说："我等受命于太上皇，在东宫做事将近十二年了，隐太子与皇室中的人勾结叛乱企图谋反，得罪了百姓和神灵，我们都愿意担负罪过、甘愿受罚受死，但是却没有得偿所愿。陛下不但既往不咎，反而还授予官职，臣等应该怎样报答呢？陛下德义广播，道义超过历代国君，想着过去的情义，能够明晓国家大义，念其手足，现在将二王重新安葬。如今离安葬的日子也不远了，作为二位的旧臣，旧君死后又侍奉新君，已施行了侍奉新君的礼节，而旧君的坟上长满了野草，万事已尽，但是我们还未表达送葬的哀思。瞻望墓地，希望能够在安葬的当天可以亲自将二王的灵柩送往墓地。"太宗深感魏征等人的情义，答应了他们。于是太宗下令，凡是二王宫中的官吏都去送葬。

【原典】

贞观五年，太宗谓侍臣曰："忠臣烈士，何代无之，公等知隋朝谁为忠贞？"王珪曰："臣闻太常丞元善达在京留守，见群贼纵横，遂转骑远诣江都，谏炀帝，令还京师。既不受其言，后更涕泣极谏，炀帝怒，乃远使追兵，身死瘴疠之地^①。有虎贲郎中^②独孤盛在江都宿卫，宇文化及起逆，盛惟一身，抗拒而死。"太宗曰："屈突通为隋将，共国家战于潼关，闻京城陷，乃引兵东走。义兵追及于桃林，朕遣其家人往招慰^③，遽杀其奴。又遣其子往，乃云：'我蒙隋家驱使，已事两帝，今者吾死节之秋，汝旧于我家为父子，今则于我家为仇雠。'因射之，其子避走，所领士卒多溃散。通惟一身，向东南恸哭尽哀，曰：'臣荷国恩，任当将帅，智力俱尽，致此败亡，非臣不竭诚于国。'言尽，追兵擒之。太上皇授其官，每托疾固辞④。此之忠节，足可嘉尚⑤。"因敕所司，采访大业中直谏被诛者子孙闻奏。

【译文】

贞观五年，太宗皇帝对侍臣们说："哪一个朝代没有忠臣烈士呢？你们知道隋朝忠孝贞良的人是谁吗？"王珪说："我听说太常丞元善达留守京城，见群贼乘机叛乱，于是到江都，向隋炀帝进谏，让他还师京城。炀帝不听他的规劝，元善达哭着极力劝谏，炀帝大怒，于是将他流放到边塞从军，最后死在瘴疠横行的地方。还有虎贲郎中独孤盛独自一个人在江都作卫士，当宇文化及起兵谋反时，独孤盛一人抗拒而死。"太宗说："屈突通为隋将，在潼关作战，听说京城陷落，便领兵向东逃窜。当我军追到桃林的时候，他的家人被派遣前去招安，他就杀掉他的家奴。后来又派遣他的儿子前往，他说：'我得到隋朝任用，侍奉了两代君王。现如今正是我以死保全名节的时候，在过去我们是父子关系，现如今我们却是仇敌。'于是拿起弓箭想要将他的儿子杀死，他的儿子只好逃走了。最后他带领的士兵全部逃跑了，只剩他一个人，屈突通向东南方向大声痛哭，说：'我承蒙国恩，担任统帅，智能与力量都将全部用尽，今天才会衰败，不是我对国家不忠诚。'说完话，兵士就将他擒住。太上皇授给他官职，他托病拒绝了。有这样的忠义操守，值得嘉奖。"于是下令有关部门，查访在隋炀帝大业年间敢于进谏但是最后被诛杀者的后代子孙，上奏朝廷。

【原典】

贞观八年，先是桂州都督李弘节以清慎①闻，及身殁后，其家卖珠。太宗闻之，乃宣于朝曰："此人生平，宰相皆言其清，今日既然，所举者岂得无罪？必当深理②之，不可舍也。"侍中魏征承间③言曰："陛下生平言此人浊，未见受财之所，今闻其卖珠，将罪举者，臣不知所谓。自圣朝以来，为国尽忠，清贞慎守，终始不渝，屈突通、张道源而已。通子三人来选，有一匹羸马④，道源儿子不能存立，未见一言及之。今弘节为国立功，前后大蒙赏赉，居官殁后，不言贪残，妻子卖珠，未为有罪。审其清者，无所存问，疑其浊者，旁责举人，虽云疾恶不疑，是亦好善不笃。臣窃思度，未见其可，恐有识闻之，必生横议。"太宗抚掌曰："造次不思，遂有此语，方知谈不容易，并勿问之。其屈突通、张道源儿子，宜各与一官。"

【注释】

①清慎：小心为官，清正廉洁。②深理：认真追究。③承间：抓住空隙。④羸马：病弱的马。

【译文】

贞观八年，李弘节任桂州都督，他一直以清廉谨慎闻名，李弘节死后，他的家里要将珠宝变卖。太宗知道这件事情以后，在朝堂上说"这个人还未离世的时候，宰相都说他为官清廉，如今竟然这样，那么当时举荐他的人怎么能没有罪过呢？一定要仔细查证，万万不可掉以轻心呀。"侍中魏征私下对太宗说道："陛下一直说他不清白，但是也没见他接受财物。如今听说他的家人要变卖珠宝，就想要治他的罪。我不知道这是什么原因。圣朝以来，他精忠为国，为官清廉谨慎，从头到尾都没有改变过，只有屈突通、张道源。屈突通三个儿子来应选，但是只有一匹不好的马，张道源的儿子穷得无法维持生计，陛下对这件事情也尚未提及。弘节如今为国家立下汗马功劳，前后受过不少赏赐，弘节死后，也并没有听说过关于他贪婪的言论，他的妻子想要将首饰珠宝变卖，这并没有什么过错。觉得一个人清白的时候什么都好，怀疑一个人不清白的时候，就连推举他的人都要遭殃受到责骂，虽然说痛恨邪恶没有什么过错，但是喜欢善行却也不见得深厚。我暗自思考这种做法，也没有看出这里面有什么值得称赞的地方，我只是担心有学识的人知道这件事情之后会产生不好的言论。"太宗听了拍手称赞道："这件事情是我的疏漏，没有好好思考，说错了话，现在才知道一个人要想不说错话也是一件不容易的事情呀，李弘节的事不要过问了。像屈突通、张道源的儿子，都应该各授予一个官职。"

【原典】

贞观八年，太宗将发诸道①黜陟使②，畿内道③未有其人，太宗亲定，问于房玄龄等曰："此道事最重，谁可充使？"右仆射李靖曰："畿内事大，非魏征莫可。"太宗作色曰："朕今欲向九成宫，亦非小，宁可遣魏征出使？朕每行不欲与其相离者，适为其见朕是非得失。公等能正朕不？何因辄有所言，大非道理^④。"乃即令李靖充使。

【注释】

①诸道：唐分天下为十道：一曰关内，二曰河南，三曰河东，四曰河北，五曰山南，六曰陇右，七曰淮南，八曰江南，九曰剑南，十曰岭南。②黜陟使：皇帝特派到各道去考察官吏好坏，给予升降的大员。③畿内道：唐建都的地方，即关内道。④大非道理：太没有道理。

【译文】

贞观八年，太宗准备派遣各道黜陟使，但是唯有关内道这个地方没有找到合适的人前往，太宗决定亲自挑选这方面的人选，太宗皇帝问房玄龄："关内道这个地方的事务至关重要，谁可以担当这个重要的任务？"右仆射李靖说："关内道的事务重大，恐怕只有魏征才可以。"太宗严肃地说："我要到九成宫，这也并不是什么小事情，怎能派魏征出使？我每次出行的时候都不想和他分开，是为了让他观察我有什么做得不好的地方。你们能够指出我的过错吗？为什么说出这样的话来，实在是太没有道理了。"于是命令李靖担任关内道黜陟使。

【原典】

贞观十一年，太宗行至汉太尉杨震^①墓，伤其以忠非命，亲为文以祭之。房玄龄进曰："杨震虽当年夭枉，数百年后方遇圣明，停舆驻跸，亲降神作，可谓虽死犹生，没而不朽，不觉助伯起幸赖欣跃于九泉之下矣。伏读天文，且感且慰，凡百君子，焉敢不勖励名节，知为善之有效！"

【注释】

①杨震：东汉弘农华阴（今属陕西）人，字伯起。少好学，博览群书，当时称为"关西孔子"。

【译文】

贞观十一年，太宗来到汉太尉杨震墓，为他的忠贞而死于非命感到非常痛惜，亲自撰文祭奠他。房玄龄进言道："当年杨震死得非常冤枉，直到百年之后才能够遇到圣明的君主，君主停下高贵的车马，和神明一起拜祭他，这正所谓虽死犹生。他在九泉之下定会感到十分欣慰。拜读陛下的祭文，既感动，又欣慰。但凡有节操的君子，怎敢不勉励名节，明白行善终会有好报。"

【原典】

贞观十一年，太宗谓侍臣曰："狄人杀卫懿公，尽食其肉，独留其肝。懿公之臣弘演呼天大哭，自出其肝，而内懿公之肝于其腹中。今觅此人，恐不可得。"特进魏征对曰："昔豫让为智伯①报仇，欲刺赵襄子②，襄子执而获之，谓之曰：'子昔事范、中行氏③乎？智伯尽灭之，子乃委质智伯，不为报仇；今即为智伯报仇，何也？'让答曰：'臣昔事范、中行，范、中行以众人遇我，我以众人报之。智伯以国士④遇我，我以国士报之。'在君礼之而已。亦何谓无人焉？"

【注释】

①智伯：名瑶，号襄子，晋智宣子之后，为韩、赵、魏所灭。文中提到的豫让是智伯之臣。②赵襄子：名无恤，晋赵简子之后。③范、中行氏：春秋之世，晋有范氏、中行氏、智氏、韩氏、魏氏、赵氏，称为六卿。春秋末年，六卿日强，各据采地，互相攻伐。④国士：旧称一国杰出的人物。

【译文】

贞观十一年，太宗皇帝对侍臣们说："夷狄杀死卫懿公，将他身上所有的肉都吃了，只剩下他的心肝。懿公的臣子弘演知道这件事情之后放声大哭，用刀取出自己的心肝，然后将懿公的心肝放在自己的腹中。如今要想找到像这样的人，恐怕不是那么简单的事情了。"特进魏征回禀道："古代豫让为智伯报仇，想刺杀赵襄子，襄子抓获了他，对他说：'你曾经在范氏、中行氏的

名下做臣子，但是智伯将他们全都杀了，你还投靠他，你不为你的主人报仇；现如今却要为智伯报仇，这到底是为何呢？'豫让回答说：'在我辅佐范氏和中行氏的时候，他们对待我就像个普通人，因此我也会用普通人报答人的方法报答他。智伯却以贤士的礼节对待我，我定然也会用贤士的方式报答他。'这所有的一切都取决于国君对臣子的态度，怎么能说没有这种人呢？"

【原典】

贞观十二年，太宗幸蒲州，因诏曰："隋故鹰击郎将①尧君素②，往在大业，受任河东，固守忠义，克终臣节。虽桀犬吠尧③，有乖倒戈之志，疾风劲草，实表岁寒之心。爰践兹境，追怀往事，宜锡宠命，以申劝奖。可追赠蒲州刺史，仍访其子孙以闻。"

【注释】

①鹰击郎将：隋制，亲侍置鹰扬府，设鹰扬郎将之职，后将副将改为鹰击郎将。②尧君素：魏郡人。隋炀帝为晋王时，尧君素守侍左右。③桀犬吠尧：桀为夏代暴君，他养的狗也会向尧这样圣明之君狂吠，因为它只听命于自己的主子，不问谁善谁恶。

【译文】

贞观十二年，太宗游幸蒲州，下诏说："隋朝已经死去的鹰击郎将尧君素，大业年间奉命守护黄河以东地区，尽忠职守，恪守忠义。虽然他明珠暗投，违背了弃恶投明的做法，但是大风之中才能够看到劲草，寒冷的冬天松柏才得以显现，他对隋朝始终表现出一片忠心。现在重蹈旧境，回想起来应该给予他奖励。可以将他追封为蒲州刺史，并查访他的子孙情况报上来。"

【原典】

贞观十二年，太宗谓中书侍郎岑文本曰："梁、陈名臣，有谁可称？复有子弟堪招引否？"文本奏言："隋师入陈，百司奔散，莫有留者，惟尚书仆射袁宪独在其主之傍。王世充将受隋禅，群僚表请劝进，宪子国子司业承家，忧愤成疾，此乃父子，足称忠烈。承家的兒子，今为朝臣，情志雅操，克继先风。由是召拜晋王友，兼令侍读，寻授弘文馆①学士。

【注释】

①弘文馆：唐武德四年置修文馆于门下省。

【译文】

贞观十二年，太宗皇帝对中书侍郎岑文本说："梁、陈两朝中比较有威望的大臣，谁是值得称颂的呢？他们的子孙后代还有能够推荐任用的吗？"岑文本启奏道："隋军攻入陈朝的时候，陈朝的大臣们都慌忙逃跑，没有人留下来，只有尚书仆射袁宪独自一个人陪伴在他君主的身旁。王世充将要接受隋越王杨侗的禅让，所有的大臣都上谏劝他当皇帝，当时只有袁宪之子袁承家以生病为借口没有在劝进表上签名。这对父子可称为忠烈。袁承家的弟弟袁承序，现任建昌县令，为官清廉，情操雅正，继承了父兄的风骨。"于是将袁承序召进并任命为晋王友，让他陪侍指导晋王读书，不久后升为弘文馆学士。

【原典】

贞观十五年，诏曰："朕听朝之暇，观前史，每览前贤佐时，忠臣徇国，何尝不想见其人，废书钦叹！至于近代以来，年岁非远，然其胤绪①，或当见存，纵未能显加旌表②，无容弃之遐裔③。其周、隋二代名臣及忠节子孙，有贞观已来犯罪配流者，宜令所司具录奏闻。"于是多从矜宥④。

【注释】

①胤绪：后代，后嗣。②旌表：旧时对所谓忠孝节义之人，用立牌坊、赐匾额等方式加以表彰叫做"旌表"。③遐裔：僻远之地。④矜宥：怜悯宽宥。

【译文】

贞观十五年，太宗皇帝下诏说："我处理完政事后的空闲时间就会阅读前朝史书，每当看到古代治理国家有贤臣的辅佐，忠义的臣子以死为国效命，我真想立即就与他们见面，然而只能掩卷叹息！近代以来，距离现在并不算远，这些忠烈的后代有的还健在，虽然没能对他们加以表彰，但也没有遗弃他们。周、隋两代名臣和以忠尽节的臣子的后代，在贞观以后犯罪的都被发配流放了，命令负责的人将他们的情况整理好之后再上报。"于是对这些人从轻发落，并予以抚慰。

孝友第十五
——赞扬"孝"臣

【原典】

司空房玄龄事继母，能以色养^①，恭谨过人。其母病，请医人至门，必迎拜垂泣。及居丧，尤甚柴毁^②。太宗命散骑常侍刘洎就加宽譬，遗寝床、粥食、盐菜。

【注释】

①色养：顺承脸色，态度亲切。②柴毁：面容憔悴、骨瘦如柴的样子。

【译文】

司空房玄龄侍奉继母，能顺承继母的脸色，恭敬谦谨超过一般人。继母生病的时候，他每次请大夫上门都会流泪拜见。房玄龄在守丧期间更是悲伤过度，骨瘦如柴。太宗命令散骑常侍刘洎前去劝解安慰，并且还为他送去寝床、粥食和盐菜。

【原典】

虞世南，初仕隋，历起居舍人^①。宇文化及杀逆之际，其兄世基时为内史侍郎，将被诛，世南抱持号泣，请以身代死，化及竟不纳。世南自此哀毁骨立者数载，时人称重焉。

【注释】

①起居舍人：隋制，负责记录帝王言行的官职。

【译文】

虞世南起初在隋朝做官，担任起居舍人一职。当隋炀帝被宇文化及杀害时，他的哥哥虞世基任内史侍郎，将被一同诛杀时，虞世南看到这种情况，抱着哥哥失声痛哭，一再请求让自己代替哥哥去死，宇文化及没有应允。此后好几年，虞世南都悲痛万分，消瘦得只剩骨架，他的这种品行被当时的人所尊重推崇。

【原典】

韩王元嘉①，贞观初，为潞州刺史。时年十五，在州闻太妃②有疾，便涕泣不食，及至京师发丧，哀毁过礼。太宗嘉其至性，屡慰勉之。元嘉闺门修整，有类寒素士大夫，与其弟鲁哀王灵夔③甚相友爱，兄弟集见，如布衣之礼。其修身洁己，内外如一，当代诸王莫能及者。

【注释】

①元嘉：唐高祖第十一子。少年好学，藏书万卷。②太妃：韩王李元嘉之母。③灵夔：唐高祖第十九子，韩王李元嘉的同母弟弟。

【译文】

在贞观初年，韩王李元嘉担任潞州刺史一职。当时他十五岁，在潞州听闻他的母亲生病，于是痛哭流涕，吃不下饭，后来到京城为母发丧，他的悲伤超过了丧礼的礼仪。太宗皇帝称赞他至情至性，时常劝勉安慰他。李元嘉的家中十分简洁朴素，就像寒门士大夫的家一样，他和他的弟弟鲁哀王李灵夔手足情深，每次两人相见时就像普通百姓一样亲切随便。他如此洁身自好，内外如一，当时诸王没有人比得上。

【原典】

霍王元轨①，武德中，初封为吴王。贞观七年，为寿州刺史，属高祖崩，去职，毁瘠过礼。自后常衣布服，示有终身之戚。太宗尝问侍臣曰："朕子弟孰贤？"侍中魏征对曰："臣愚暗，不尽知其能，惟吴王数与臣言，臣未尝不自失。"太宗曰："卿以为前代谁比？"征曰："经学文雅，亦汉之间、平②，至如孝行，乃古之曾、闵③也。"由是宠遇弥厚，因令妻征女焉。

【注释】

①元轨：唐高祖第十四子。好读书，多才艺。②间、平：汉河间献王刘德、东平献王刘苍。③曾、闵：指孔子弟子曾参和闵子骞。

【译文】

在武德年间，霍王李元轨被封为吴王。贞观七年，担任寿州刺史一职，唐高祖死后，他辞去官职。此后时常身着粗布衣服，以此来表示对高祖的怀念和悲戚。太宗皇帝曾经问侍臣："皇族中，谁最贤德？"魏征回禀道："我愚钝，对他们还不能够完全了解。我曾与许多皇叔交谈过，只有吴王和我的几次交谈，使我感到汗颜。"太宗皇帝说："你会将他与前朝哪位贤人相比呢？"魏征说："他的经学和文雅，可以与汉代河间献王刘德、东平献王刘苍相比。谈论起孝道，他可和古代的曾参、闵子骞相媲美。"此后，李元轨深得太宗的宠爱信任，并且将魏征的女儿嫁给了他。

【原典】

贞观中，有突厥史行昌直玄武门，食而舍肉，人问其故，曰："归以奉母。"太宗闻而叹曰："仁孝之性，岂隔华夷^①？"赐尚乘马一匹，诏令给其母肉料。

【注释】

①华夷：汉人和夷人。

【译文】

贞观年间，有个名叫史行昌的突厥人在玄武门做看守，吃饭的时候偏偏只将肉留下来不吃，有人问他是什么缘故，他回答说："带回家给他母亲吃。"太宗听到这件事情之后感叹地说："仁孝之本性，怎么可以分为汉人和夷人呢？"于是皇上下令赐他一匹马，并诏令给他母亲送去肉食。

公平第十六
——处事公正

【原典】

太宗初即位，中书令房玄龄奏言："秦府旧左右未得官者，并怨前宫及齐府左右处分之先己。"太宗曰："古称至公者，盖谓平恕无私。丹朱、商均，子也，而尧、舜废之[1]。管叔、蔡叔，兄弟也，而周公诛之[2]。故知君人者，以天下为公，无私于物。昔诸葛孔明，小国之相，犹曰吾心如称，不能为人作轻重，况我今治大国乎？朕与公等衣食出于百姓，此则人力已奉于上，而上恩未被于下，今所以择贤才者，盖为求安百姓也。用人但问堪否，岂以新故异情？凡一面尚且相亲，况旧人而顿忘也！才若不堪，亦岂以旧人而先用？今不论其能不能，而直言其嗟怨[3]，岂是至公之道耶？"

【注释】

①丹朱、商均，子也，而尧、舜废之：尧知道儿子丹朱不肖，不足授天下，所以将帝位传给了舜。舜之子商均亦不肖，舜就将帝位传给了禹。②管叔、蔡叔，兄弟也，而周公诛之：管叔名鲜，蔡叔名度，都是文王的儿子。后因挟商纣之子武庚作乱，周公便杀了管叔，流放了蔡叔。③嗟怨：怨言。

【译文】

太宗皇帝刚即位时，中书令房玄龄上奏说："秦王府的那些旧臣没有做上官的，他们对陛下都十分埋怨，说前太子宫和齐王府的部下都在他们之前授予了官职。"太宗说："古代所说的大公无私，指的是宽容公正而无私心。丹朱、商均，他们是尧、舜的儿子，但是他们却被尧、舜废黜了。管叔、蔡叔是周公的兄弟，但是他们却被周公杀死。由此可知，君主治理百姓应该以天下为公，不能存有私心。从前诸葛孔明，只是蜀国的丞相，他还说'我的心就像秤那样公平，不能够由于人而轻重有别'。更何况我现在治理一个泱泱大国呢？我们的衣食都来自百姓，这就是说，百姓的人力已奉献给了朝廷，但是我们的恩泽却没有遍及民间，现在朝廷要选择贤能的人，就是要安抚百姓。任用人才的时候只是询问是否有能力胜任，怎么能够因新旧、亲疏关系去区别对待呢？凡是初次见过面的人就会感到亲切，更何况是旧部，怎么会忘掉呢？假如能力不能够胜任，怎能因为是旧的下属就破格任用呢？如果你们不问他们能否胜任，反而只说他们有怨言，这难道就是至公之道吗？"

【原典】

贞观元年，有上封事者，请秦府旧兵并授以武职，追入宿卫①。太宗谓曰："朕以天下为家，不能私于一物，惟有才行是任，岂以新旧为差？况古人云：'兵犹火也，弗戢②将自焚。'汝之此意，非益政理。"

【注释】

①宿卫：官中的侍卫。②弗戢：不能自制。

【译文】

贞观元年，有人上书将秦府旧部都授予官职，补充到宫中做侍卫。太宗说："我以天下为家，不能偏私于一人。只要是有能力就会得到任用，怎么能够由于新旧关系而有所分别呢？况且古人说：'士兵就像火一样，如果不能自制就会将自己烧死。'你的提议对国家的治理没有什么益处。"

【原典】

贞观元年，吏部尚书长孙无忌尝被召，不解佩刀入东上阁门，出阁门后，监门校尉始觉。尚书右仆射封德彝议，以监门校尉不觉，罪当死，无忌误带刀入，徒二年，罚铜二十斤，太宗从之。大理少卿戴胄驳曰："校尉不觉，无忌带刀入内，同为误耳。夫臣子之于尊极，不得称误，准律①云：'供御汤药、饮食、舟船，误不如法者，皆死。'陛下若录其功，非宪司所决；若当据法，罚铜未为得理。"太宗曰："法者非朕一人之法，乃天下之法，何得以无忌国之亲戚，便欲挠法②耶？"更令定议。德彝执议如初，太宗将从其议，胄又驳奏曰："校尉缘无忌以致罪，于法当轻，若论其过误，则为情一也，而生死顿殊，敢以固请。"太宗乃免校尉之死。

是时，朝廷大开选举，或有诈伪阶资者，太宗令其自首，不首，罪至于死。俄③有诈伪者事泄，胄据法断流以奏之。太宗曰："朕初下敕，不首者

144

死，今断从法，是示天下以不信矣。"胄曰："陛下当即杀之，非臣所及，既付所司，臣不敢亏法。"太宗曰："卿自守法，而令朕失信耶？"胄曰："法者，国家所以布大信于天下，言者，当时喜怒之所发耳。陛下发一朝之忿④，而许杀之，既知不可，而置之以法，此乃忍小忿而存大信，臣窃为陛下惜之。"太宗曰："朕法有所失，卿能正之，朕复何忧也！"

【注释】

①准律：法律规定。②挠法：徇私枉法。③俄：不久。④忿：不满。

【译文】

贞观元年，吏部尚书长孙无忌被皇帝召见，没有解下挂在腰间的佩刀就向东走上阁门，走出阁门后，监门校尉才发现。尚书右仆射封德彝认为，因为监门校尉没有发觉，严重失职，罪当处死，无忌误带佩刀入宫，应判刑两年，罚铜二十斤。他的建议太宗听从了。大理少卿戴胄反驳道："无忌带刀进入，监门校尉没有发觉，同样是失误，臣子位于极度尊贵的地位，这样不算失误，按照律法上说的：'供给皇上汤药，饮食，舟船，因失误而不能够遵循法规的人，都应当处死。'如果皇上想要将功折罪从轻处理的话，这件事情司法部门是不能决定的；如果依照律法，罚铜不符合法理。"太宗说："法律并不是我一个人的，是天下的法律，怎能由于无忌是皇亲国戚就随便改变法律呢？"命令臣子们重新订立议案。德彝坚持他原来的想法，太宗想要听从他的建议，胄又驳斥道："校尉由于无忌的原因引来杀身之祸，依照法律应当从轻发落。如果论他们的过失，情节是相同的。而判刑却有生与死的差别，所以我请求改判。"于是，太宗免除了监门校尉的罪。

当时，朝廷大开举荐之路，有人伪造简历，太宗让作假的人自首，如果不自首，就判处死罪。不久，有人因作假而不自首，败露后依法判他流放，并上奏太宗。太宗说："我已经下令，不自首就是死罪，现在依照法律决断，这样就等于向天下告知政府没有信用。"戴胄说："皇上要求立即将他们斩杀，那不是我能够做到的，如今已经交由司法解决，我不敢不按照法来执行。"太宗说："你自己守法，现在却想要我失信于天下吗？"戴胄说："法律是国家用来向天下人布道他的大信用的，说话只是说话的时候喜怒的表现而已，皇上发泄一时的愤恨，而许诺杀他们，明知道不可以，才又把他们交由司法部门来处理，这是隐忍小的愤恨而存留大的信用，我觉得皇上应该倍加珍惜它。"太宗说："我执法有失误的地方你能够纠正，我还有什么可以担忧呢？"

【原典】

贞观二年，太宗谓房玄龄等曰："朕比见隋代遗老，咸称高颍^①善为相者，遂观其本传，可谓公平正直，尤识治体，隋室安危，系其存没。炀帝无道，枉见诛夷，何尝不想见此人，废书钦叹！又汉、魏已来，诸葛亮为丞相，亦甚平直，尝表废廖立、李严于南中，立闻亮卒，泣曰：'吾其左衽矣！'严闻亮卒，发病而死。故陈寿^②称：'亮之为政，开诚心，布公道，尽忠益时者，虽仇必赏；犯法怠慢者，虽亲必罚。'卿等岂可不企慕及之？朕今每慕前代帝王之善者，卿等亦可慕宰相之贤者，若如是，则荣名高位，可以长守。"玄龄对曰："臣闻治国要道，在于公平正直，故《尚书》云：'无偏无党，王道荡荡。无党无偏，王道平平。'又孔子称'举直错诸枉，则民服'，今圣虑所尚，诚足以极政教之源，尽至公之要，囊括区宇^③，化成天下。"太宗曰："此直朕之所怀，岂有与卿等言之而不行也？"

【注释】

①高颍：隋渤海祷（今河北景县）人，一名敏，字昭玄。②陈寿：西晋史学家。字承祚，安汉（今四川南充北）人。入晋后，历任著作郎、治书侍御史。③区宇：天地。

【译文】

贞观二年，太宗皇帝对房玄龄等人说："近日来，隋朝的旧部前来觐见，他们都称赞高颍是做宰相的人才，于是我就翻看他的本传。这个人真可谓是忠正，能识大体，尤其是在治理国家方面特别出色。他的生死关乎隋朝的安危。但是可惜的是遇到像隋炀帝这样昏庸无道的君王，最后冤枉致死。我又何尝不想见到这样的人呢？就连读书的时候也会将书放下来为他钦仰、叹息。再者，汉、魏以来，诸葛亮做丞相，也是十分正直公平的，他曾经上表把廖立、李严罢官放逐到南中，后来廖立听到诸葛亮逝世，哭着说：'我们大概要亡国了！'李严听闻诸葛亮逝世，不久后也发病而死。所以陈寿称：'诸葛亮执政，开诚布公，尽忠职守，在那时候做了很多对国家有益的事情，虽然是仇人但是也一定奖赏，对违犯法纪玩忽职守的人，即使是身边亲近的人也必须受到惩罚。'你们难道不仰慕学习他们吗？现在我经常仰慕历代贤能的君王，那些贤德的宰相你们也可仰慕，假如能够做到这样，荣耀的名声和高贵的地位就能够长久保持了。"房玄龄对答道："臣听闻治理国家最关键的确实在于公平正直，因此《尚书》说：'不结党营私，王道就会浩荡，'除此之外，孔子还说：'举荐忠直有才能的人而将邪恶的人废弃，百姓就会诚心归顺。'如今圣上推崇的治国原则，确实体现出政教的根本，极尽至公的要义，可以用来囊括宇宙，教化天下。"太宗说："你说的正是我所想的，但是我怎能只说说而不去付诸行动呢？"

【原典】

长乐公主^①，文德皇后所生也。贞观六年将出降，敕所司资送，倍于长公主。魏征奏言："昔汉明帝欲封其子，帝曰：'朕子岂得同于先帝子乎？可半楚、淮阳王。'前史以为美谈。天子姊妹为长公主，天子之女为公主，既加长字，良以尊于公主也，情虽有殊，义无等别。若令公主之礼有过长公主，理恐不可。实愿陛下思之。"太宗称善。乃以其言告后，后叹曰："尝闻陛下敬重魏征，殊未知其故，而今闻其谏，乃能以义制人主之情，真社稷臣矣！妾与陛下结发为夫妻，曲蒙礼敬，情义深重，每将有言，必俟颜色，尚不敢轻犯威严，况在臣下，情疏礼隔^②？故韩非谓之说难，东方朔称其不易，良有以也。忠言逆耳而利于行，有国有家者深所要急，纳之则世治，杜之则政乱，诚愿陛下详之，则天下幸甚！"因请遣中使^③赍帛五百匹，诣征宅以赐之。

【注释】

①长乐公主：太宗第五女，封长乐郡。②情疏礼隔：情谊疏远、礼仪相隔。③中使：官名。

【译文】

长乐公主是太宗文德皇后所生。贞观六年将要出嫁，太宗当时下令给公主陪送的财礼要比高祖永嘉长公主出嫁时高出一倍。于是魏征上奏说："以前东汉明帝准备封赏他的儿子，说道：'我的儿子怎么可以与先帝的儿子封赏一样多呢？按照先帝的儿子楚王、淮阳王的一半去封赏吧。'以前的史家以此作为美谈。现如今皇帝的姐妹称为长公主，女儿称为公主，既然前面多了个长字，身份肯定要比公主尊贵，虽然在感情上不尽相同，但是道理是一样的，没有什么差别。假如公主的出嫁礼节逾越了长公主，道理上来说是不妥当的，望陛下三思。"太宗十分赞同。于是把这些话告诉了皇后，皇后赞叹道："曾经听说您对魏征非常敬重，但是对于其中的缘由知道得很少，现在听到他进谏的这番话，可见他能够用道义来抑制帝王的私欲，正可谓是社稷的忠臣啊！我和你结发为妻，承蒙您的敬重，情深意重，每当有话要说，也要观察您的言语神色，实在是不敢触犯您的威严，更何况是作为臣子，与陛下情谊疏远、礼仪相隔呢？因此韩非子将此称为'说难'，东方朔将其称为'不易'，还是有道理的。忠言逆耳利于行，这对于一个君王来说十分重要，如果采纳这些忠正的言语，国家就可以长治久安，如果杜绝这些忠言，国家就会产生混乱，我希望您认真体会这其中的道理，这样就是国家之大幸了。"于是，长孙皇后请求太宗派遣中使带五百匹锦帛，送到魏征家中赏赐他。

【原典】

贞观十一年，时屡有阉宦①充外使，妄有奏，事发，太宗怒。魏征进曰："阉竖虽微，狎近②左右，时有言语，轻而易信，浸润之谮，为患特深。今日之明，必无此虑，为子孙教，不可不杜绝其源。"太宗曰："非卿，朕安得闻此语？自今已后，充使宜停。"魏征因上疏曰：

臣闻为人君者，在乎善善而恶恶，近君子而远小人。善善明，则君子进矣；恶恶著，则小人退矣。近君子，则朝无秕政；远小人，则听不私邪。小人非无小善，君子非无小过。君子小过，盖白玉之微瑕；小人小善，乃铅刀之一割。铅刀一割，良工之所不重，小善不足以掩众恶也；白玉微瑕，善贾之所不弃，小疵不足以妨大美也。善小人之小善，谓之善善，恶君子之小过，谓之恶恶，此则蒿兰同嗅③，玉石不分，屈原所以沉江，卞和所以泣血者也。既识玉石之分，又辨蒿兰之臭，善善而不能进，恶恶而不能去，此郭氏所以为墟④，史鱼所以遗恨⑤也。

【注释】

①阉宦：宦官。②狎近：习熟亲近。③蒿兰同嗅：蒿，蒿草，有臭味。比喻善恶不分。④郭氏所以为墟：郭国本是春秋时期的一个小国，被齐桓公所灭。⑤史鱼所以遗恨：春秋时卫国大夫史鱼临死前因未能规劝君王进贤而抱恨。

【译文】

贞观十一年，当时经常有宦官外出担任使者，他们欺瞒朝廷，胡乱上报情况，事情败露之后，太宗十分恼火。魏征说："虽然宦官卑微，但是他们时常在天子身边侍奉，经常发表言论，天子很容易就会轻信，慢慢地就会造成很大的危害。现在陛下圣明，可以无此顾虑，为了子孙后代着想，这种祸患不能不断绝。"太宗皇帝说："如果不是你，我怎么会听到如此恳切的建议呢？从今以后，宦官不可再担任使者。"事情过后，魏征又写了一篇奏书，进献太宗皇帝：

我听闻君主贵在训斥恶事，表扬善事，亲近君子，远离小人。如果善事能够得到发扬，那么君子就会效劳国家；训斥恶事，那么小人就不敢猖狂。亲近君子，朝中就不会有劣政，远离小人，就必不会偏听。小人也未必一点优点都没有，君子也不可能不犯错误，君子小小的失误就好比玉上的瑕疵。小人那一点优点就好比铅刀上最锋利的地方。能工巧匠对于铅刀上那一点锋利的地方是不会加以重视的，小优点也不足以掩盖许多的缺点。白玉微瑕，也不会被好的商人嫌弃，小小的斑点不会妨碍白玉整体的美丽。对小人的优点加以赞扬，就会觉得这是对善的正确判断；对君子的过失加以贬斥，就会觉得这是对恶的正确判断，这就好比认为兰花和蒿草的气味是相同的，白玉和顽石的质地一样，是美丑不分，善恶不辨，这也是卞和吐血、屈原投江自尽的原因。如果对玉石能够区别，又能分辨蒿兰的气味，但还是不能够进善退恶，也是不明智的，这也是历史上史鱼之所以抱恨终生、郭国之所以被齐国所灭的原因。

【原典】

陛下聪明神武，天姿英睿，志存泛爱，引纳多途，好善而不甚择人，疾恶而未能远佞。又出言无隐，疾恶太深，闻人之善或未全信，闻人之恶以为必然。虽有独见之明，犹恐理或未尽。何则？君子扬人之善，小人讦人之恶，闻恶必信，则小人之道长矣，闻善或疑，则君子之道消矣。为国家者，急于进君子而退小人，乃使君子道消，小人道长，则君臣失序，上下否隔，乱亡不恤，将何以治乎？且世俗常人，心无远虑，情在告讦，好言朋党。夫以善相成谓之同德，以恶相济谓之朋党，今则清浊共流，善恶无别，以告讦为诚直，以同德为朋党。以之为朋党，则谓事无可信；以之为诚直，则谓言皆可取。此君恩所以不结于下，臣忠所以不达于上。大臣不能辩正，小臣莫之敢论，远近承风，混然成俗①，非国家之福，非为治之道。适足以长奸邪，乱视听，使人君不知所信，臣下不得相安，若不远虑，深绝其源，则后患未之息也。今之幸而未败者，由乎君有远虑，虽失之于始，必得之于终故也。若时逢少隳②，往而不返，虽欲悔之，必无所及。既不可以传诸后嗣，复何以垂法将来？且夫进善黜恶，施于人者也；以古作鉴，施于己者也。鉴貌在乎止水，鉴己在乎哲人。能以古之哲王鉴于己之行事，则貌之妍丑宛然在目，事之善恶自得于心，无劳司过之史，不假刍荛③之议。巍巍之功日著，赫赫之名弥远。为人君者不可务乎？

【注释】

①俗：风气。②隳：毁坏。③刍荛：割草打柴的人，这里代指百姓。

【译文】

陛下聪明神武，天资英睿，对百姓爱护有加，广开言路，还可以利用各种途径选拔人才，但是陛下喜欢贤能的人却不太擅长选择贤能的人，痛恨邪恶，却没有远离这类人。而且陛下言语毫不避讳，疾恶如仇，听到善行的时候不能够全部相信，听到恶劣的行为就认为一定如此。虽有远见卓识，但是微臣害怕陛下会有什么做得不妥当的地方。为什么呢？君子常常对他人的善行加以称赞，而小人则常常对他人不顺眼的地方加以诋毁，假如听到什么不好的行为就非常相信，这样就会助长小人的气焰。听到善行就去怀疑，这样就会使得君子失望。为了国家的利益，急于进用君子而斥退小人，君子最后反而受到怀疑，小人得志，这样的话君臣之间就会失去秩序，上下隔阂，导致国家混乱，哪里还称得上政治清明呢？并且，世俗的人往往喜欢搬弄是非，缺乏深思熟虑。一般而言，我们将竭尽全力做好事称作同德，把一起做坏事的人称为同党。但如今清浊同流，善恶没有差别，将那些奸诈谄媚的人当做正直诚实的人，把同心同德的人称作朋党。被称作朋党的人，他们的行为就得不到他人的信任。被称作诚实正直的人，他们做的一切都能够得到他人的信任。这就是陛下的恩德为什么没有在臣子中间广为散布，臣子的忠诚没有传达到朝廷上的原因。身处高位的大臣们不敢对朝廷的偏差加以纠正，身处低位的大臣又不敢将其指出来，这样的做法渐渐就形成一种风气，对国家来说非常有害，这样就会助长奸邪，扰乱视听，如果不将这种风气的根源断绝，将贻害无穷。值得高兴的是现在国家还未出现什么大的祸害，这完全归功于陛下的深谋远虑，虽然现在的国政有所偏差，但是必然能够改正。假如现在遇到小的危害不加以制止，任由其发展，发展到最后一定悔之莫及。这样的话，社稷不能传给后代，又拿什么作为后世的楷模呢？惩恶扬善，有利于人，以古为鉴，有利于己。要用平静的水面才可以清楚地照出自己的样貌；要以以前的圣哲作借鉴才能够照出自己的德行。能够用古代的圣君贤王为自己的借鉴，那么自己行为的善恶就一目了然，又何需史官来判断，何须百姓们的议论，君王自然会有显著的功绩，声名远扬。这不正是国君所追求的吗？

【原典】

臣闻道德之厚，莫尚于轩、唐，仁义之隆，莫彰于舜、禹。欲继轩、唐之风，将追舜、禹之迹，必镇之以道德，弘之以仁义，举善而任之，择善而从之。不择善任能，而委之俗吏，既无远度，必失大体。惟奉三尺之律，以绳四海之人，欲求垂拱无为，不可得也。故圣哲君临，移风易俗，不资严刑峻法，在仁义而已，故非仁无以广施，非义无以正身。惠下以仁，正身以义，则其政不严而治，其教不肃而成矣。然则仁义，治之本也；刑罚，治之末也。为治之有刑罚，犹执御之有鞭策也，人皆从化，而刑罚无所施；马尽其力，则有鞭策无所用。由此言之，刑罚不可致治，亦已明矣。故《潜夫论》曰："人君之治莫大于道德教化也。民有性、有情、有化、有俗。情性者，心也，本也；化俗者，行也，末也。是以上君抚世，先其本而后其末，顺其心而履其行。心情苟正，则奸慝①无所生，邪意无所载矣。是故上圣无不务治民心，故曰：'听讼，吾犹人也，必也使无讼乎？'道之以礼，务厚其性而明其惰。民相爱，则无相伤害之意；动思义，则无畜奸邪之心。若此，非律令之所理也，此乃教化之所致也。圣人甚尊德礼而卑刑罚，故舜先敕契以敬敷五教②，而后任咎繇以五刑③也。凡立法者，非以司民短而诛过误也，乃以防奸恶而救祸患，检淫邪而内正道。民蒙善化，则人有士君子之心；被恶政，则人有怀奸乱之虑。故善化之养民，犹工之为曲蘖④也。六合之民，犹一荫也，黔首之属，犹豆麦也，变化云为，在将者耳！遭良吏，则怀忠信而履仁厚；遇恶吏，则怀奸邪而行浅薄。忠厚积，则致太平；浅薄积，则致危亡。是以圣帝明王，皆敦德化而薄威刑也。德者，所以循己也，威者，所以治人也。民之生也，犹铄金在炉，方圆薄厚，随溶制耳！是故世之善恶，俗之薄厚，皆在于君。世之主诚能使六合之内、举世之人，感忠厚之情而无浅薄之恶，各奉公正之心，而无奸险之虑，则醇酽之俗，复见于兹矣。"后王虽未能遵，专尚仁义，当慎刑恤典，哀敬无私，故管子曰："圣君任法不任智，任公不任私。"故王天下，治国家。

【注释】

①奸慝：奸诈邪恶。②五教：古代指父子有亲，君臣有义，夫妇有别，长幼有序，朋友有信。③五刑：古代指墨、劓、剕、宫、大辟五刑。④曲蘖：发酵的曲子。

【译文】

我听闻，如果论道德的高尚，没人可以超过黄帝、尧帝；论仁义的深厚，也没人能超过舜帝、大禹，如果要继承黄帝、唐尧的风范，追上虞舜、夏禹的功绩，只有推行仁义道德，择善而从。假如不能够选拔有才能的臣子，将事情交由平庸的人来处理，他们没有宽广的胸怀和长远的眼光，就定会将国家的颜面丧失殆尽。如果以严酷的刑法来控制百姓，要想无为而治，是不可能的。因此，贤能的君主治理国家不会用严酷的刑法，他会移风易俗，推行"仁义"二字，没有"仁"，自己的德政就无法推行于天下；没有"义"，就无法端正自身。用"仁"向天下的百姓施行恩惠，用"义"来端正自身，这样一来，国家就可以不使用严酷的刑法而达到安定太平，教化就可以不严峻而有所成就。治理国家的根本是仁义，刑罚只是治理国家的辅助手段。治理国家用刑罚就好比赶马车用鞭子，如果百姓都被教化，那么刑罚就没有地方可施行了；马自然而然尽力奔跑，那么鞭子就没有用了。这样看来，刑罚不能使国家太平，这是非常明显的道理。因此王符在《潜夫论》中写道："君王的治国之道没有比道德教化更重要的了。百姓有自己的情感、本性、行为、风俗。本性、情感是根本；行为、风俗是枝节。百姓本性是好的，一个贤能的君主在治理国家时能顺应民心，有什么不好的行为就加以矫正。这样就不会产生奸邪之念。因此圣人没有不致力于关注和教化民心的，所以说：'为了让百姓满意就应该顺从民意，听百姓的心声。'君主教化百姓用礼，使他们本性淳厚，明白他们的心愿。百姓互相爱护，坚守仁义之道，这样就不会相互怀疑伤害。这一切不需要刑罚也可以做到，这都是施行教化所得到的。圣人轻视刑罚，崇尚道德礼仪，因此舜命令契推行五教，后来又命令䅊设置了五种酷刑。之所以立法，不是为了对百姓的短处和错误进行制裁，而是为了防范邪恶，对祸乱进行补救，对邪恶进行约束，使他们都走上正道。百姓受到好的教化，就会怀有君子之心；受到恶政的统治，就会生出邪恶的念头。因此好的教化会有利于民，就好比酿酒工匠手中的曲蘖一样。百姓就好比正在温室里有待发酵的豆麦，如何变化发展完全取决于执政者的善恶啊！遇到好的官吏，就心怀仁义而言行宽厚；遇到坏的官僚，就会心怀奸恶而言行浅薄。如果百姓忠厚，国家就能够安定太平；百姓奸恶，就会导致国家危亡。因此，贤能的君王都会致力于德化，反对严酷的刑罚。德，是用来要求自己的；威，是用来管束别人的。人生在世就像炉中化金一样，铸造出来的东西是什么形状完全取决于模子的形状啊！所以世间的善恶，风俗的厚薄，都取决于君主。治世的君主假如能够使天下百姓都怀有忠厚之情而无浅薄之意，有奉公之善而无奸邪之恶，那么就会出现淳朴的风俗。"虽然后来的帝王不能这样崇尚仁义，但是也应该谨慎地运用刑典，力求公正无私，所以《管子》说："圣君用法度礼仪而不用酷刑奸智，用至公之道而不用营私之心。"因此才能够得到天下，将国家治理好。

【原典】

贞观之初，志存公道，人有所犯，一一于法。纵临时处断或有轻重，但见臣下执论，无不忻然①受纳。民知罪之无私，故甘心而不怨；臣下见言无忤，故尽力以效忠。顷年以来，意渐深刻，虽开三面之网，而察见渊中之鱼，取舍在于爱憎，轻重由乎喜怒。爱之者，罪虽重而强为之辞；恶之者，过虽小而深探其意。法无定科，任情以轻重；人有执论②，疑之以阿伪③。故受罚者无所控告，当官者莫敢正言。不服其心，但穷其口，欲加之罪，其无辞乎！又五品已上有犯，悉令曹司闻奏。本欲察其情状，有所哀矜④；今乃曲求小节，或重其罪，使人攻击惟恨不深。事无量条，求之法外所加，十有六七，故顷年犯者惧上闻，得付法司，以为多幸。告讦无已，穷理不息，君私于上，吏奸于下，求细过而忘大体，行一罚而起众奸，此乃背公平之道，乖⑤泣辜之意，欲其人和讼息，不可得也。

【注释】

①忻然：高兴的样子。②执论：坚持不同意见。③阿伪：私心。④矜：娇纵。⑤乖：背弃。

【译文】

贞观初年，国家的法令一视同仁，如果百姓做了什么违法乱纪的事情，就会按照法令去处理。即便对案件的处理有轻有重，朝廷听到大臣们私下议论，无不欣然采纳。皇帝惩罚他们，百姓都明白这并不是出于私心，因此都甘愿受罚没有怨愤；大臣们看到自己直言相谏没有冒犯龙颜，于是比之前更加尽职尽责。但是近年来，您对于政事的处理越来越严苛，虽然网开三面，但还是过分地审察，时常按照自己的好恶来对事情加以评判、做出取舍、决定赏罚的轻重。面对喜欢的人，即便罪过再大，也会为了给他开脱罪责寻找很多理由；对于自己讨厌的人，即便犯了小错误，也会降罪于他。执法失去了准确的定罪法则，按照自己的好恶和心情来加重或者减轻罪名；如果大臣直言相谏，就会被认为是结党营私，欺瞒圣上。所以受到冤枉的人百口难辩，知道实情的官员也不敢直言。不去想怎么样让他们心服，只是强逼他们闭嘴，这样的话，欲加之罪又何患无辞呢？此外，五品以上的官员犯罪，曹司必须上奏圣上。这样做的本意是想明察真实情况，从而根据情况去减刑；但是如今却是一味探求小节，甚至有些还加重了刑罚，加大了掌管司法的官员对那

些犯法官吏的打击，有的还觉得自己打击的力度不够而感到遗憾。有的人所犯的罪状在法律中并没有重罚的规定，于是就在法律之外寻找理由重罚，十个人当中有六七个都是这样做的，因此，近年来犯罪的官员都害怕被皇帝知道，一旦得知自己被交付司法纠察部门，都认为这是自己侥幸。这致使告讦的人接踵而来，加大治理却不能平息，君主在上面按照私心办事，官吏在下面则心怀欺诈，过于追究细节，不顾大体，对一个人处罚，却引起了众人的营私舞弊，这是与刑罚的公正相违背的，背弃了大禹对罪人哭泣的初衷，这样还希望人们和睦相处，使诉讼平息，是不可能的事情。

【原典】

故《体论》云："夫淫泆盗窃，百姓之所恶也，我从而刑罚之，虽过乎当，百姓不以我为暴者，公也。怨旷饥寒，亦百姓之所恶也，遁①而陷之法，我从而宽宥之，百姓不以我为偏者，公也。我之所重，百姓之所憎也；我之所轻，百姓之所怜也。是故赏轻而劝善，刑省而禁奸。"由此言之，公之于法，无不可也，过轻亦可。私之于法，无可也，过轻则纵奸，过重则伤善，圣人之于法也公矣，然犹惧其未也，而救之以化，此上古所务也。后之治狱②者则不然；未讯罪人，则先为之意，及其讯之，则驱而致之意，谓之能；不探狱之所由，生为之分，而上求人主之微旨以为制，谓之忠。其当官也能，其事上也忠，则名利随而与之，驱而陷之，欲望道化之隆，亦难矣。

【注释】

①遁：逃走。②治狱：审理案件。

【译文】

所以《体论》上说："奸淫盗窃是百姓所痛恨的，我处罚他们是顺从百姓的心意，即便惩罚的过重，百姓也不会觉得残暴，这是我出于公心的缘故。怨旷饥寒也是百姓所痛恨的，为了摆脱这种境遇而触犯法律，我体谅他们而宽大处理，百姓不会认为是偏私，这也是因为我出于公心的缘故。百姓憎恶的事物就会得到法律的重处，百姓所怜惜的就会从轻处罚，所以奖赏微薄却能鼓励善行，减轻刑罚却能禁止奸邪。"这样说来，刑法如果是出于公心，那么就没有什么不可以的，量刑过轻也是可以的。刑法如果是出于私心，就没什么益处了，惩罚太轻就容易助长奸恶，惩罚太重就会伤害善良的人。圣人实施刑法都是出于公心的，但是仍然担心有什么地方做得不够完善，于是就用教化来补救，这是古代的人比较关注的。后世治理刑狱的人却并不这样做；还未将罪犯审讯，就已经自己主观臆断，等到审讯的时候，就将已经想好的罪名强加给他，而且还将这样的行为称为有才能；犯人犯罪的原因不去加以探究，却生硬地将其分类，依照君主的旨意作为处罚标准，而且还将这样的行为称为忠心。为官有才干之名，事主有忠诚之称，那么名利都会随之而来，这些人再驱逐百姓陷入法网，这样的风气长期存在，想使国家的道德教化纯正、隆厚，也是非常困难的事情。

【原典】

凡听讼吏狱，必原父子之亲，立君臣之义，权轻重之序，测浅深之量。悉其聪明，致其忠爱，疑则与众共之。疑则从轻者，所以重之也，故舜命咎繇曰："汝作士，惟刑之恤。"又复加之以三讯，众所善，然后断之。是以为法，参之人情。故《传》曰："小大之狱，虽不能察，必以情。"而世俗拘愚①苛刻之吏，以为情也者，取货者也，立爱憎者也，右亲戚者也，陷怨仇者也。何世俗小吏之情，与夫古人之悬远乎？有司以此情疑之群吏，人主以此情疑之有司，是君臣上下通相疑②也，欲其尽忠立节，难矣。

【注释】

①拘愚：世俗苛刻、不知变通。②相疑：相互猜疑。

【译文】

凡是审理案子，都要按照父子的亲情，依照君臣情分，仔细衡量轻重，测量深浅程度。将自己全部的聪明才智都展现出来，将忠君爱民之心发挥到极点，假如有什么样的疑问就和大家一起讨论。存在疑问就应该从轻量刑，这样才会对刑罚慎重。因此，舜告诫咎繇："作为官吏，你在考虑刑罚轻重的时候要心存怜悯。"按照规定，一件案子要通过群臣、群吏、万民三次审讯，大家都觉得没有什么疑问了，才可以定罪。可见，律法当中也掺杂人情。因此《左传》说："大大小小的案件，有的虽然不能够明察，但是里面一定会有人情的因素。"但是，那些世俗苛刻、不知变通的官吏，认为所谓的人情就是索取行贿，根据个人爱憎去断案，袒护亲人，陷害仇人。为什么这些人的想法和古代的圣贤相差这样大呢？主管部门因为这种人情而怀疑司法官员们，国君又因为这种人情而怀疑主管部门，这样君臣上下就会相互猜疑，还想要群臣树立节操尽忠为国，这是非常难的。

【原典】

凡治狱之情，必本所犯之事以为主，不严讯，不旁求，不贵多端，以见聪明，故律正其举劾之法，参伍①其辞，所以求实也，非所以饰实也，但当参伍明听之耳，不使狱吏锻炼饰理成辞于手。孔子曰："古之听狱，求所以生之也；今之听狱，求所以杀之也。"故析言以破律，任案以成法，执左道以必加也。又《淮南子》曰："沣水之深十仞，金铁在焉，则形见于外。非不深且清，而鱼鳖莫之归也。"故为上者以苛为察，以功为明，以刻下为忠，以讦多为功，譬犹广革，大则大矣，裂之道也。夫赏宜从重，罚宜从轻，君居其厚，百王通制。刑之轻重，恩之厚薄，见思与见疾，其可同日言哉！且法，国之权衡也，时之准绳也。权衡所以定轻重，准绳所以正曲直，今作法贵其宽平，罪人欲其严酷，喜怒肆志②，高下在心，是则舍准绳以正曲直，弃权衡而定轻重者也，不亦惑哉？诸葛孔明，小国之相，犹曰："吾心如秤，不能为人作轻重。"况万乘之主，当可封之日，而任心弃法，取怨于人乎！

【注释】

①参伍：交互错杂，综合比较。②肆志：随心所欲。

【译文】

不管处理什么样的案件，都一定要以犯罪的事实为主，不可以严刑逼供，不能节外生枝，不能以牵连的头绪多来显示审判者的聪明。因此对于那些检举弹劾的法律要加以修正，是为了弄清事情的真相，广泛地查证，而不是想方设法将实情掩盖；多方调查，听取意见，是为了不让徇私舞弊的奸计得逞。孔子说："古人审理案子，为的是给被告的人寻求以生的理由，而现在呢，是千方百计将其置于死地。"所以，随心所欲地解释法律，无论什么案件都定罪，强加罪名的状况就会出现。《淮南子》上写道："沣水有十仞深，就算将金铁放在水中也可以看见。如果水非常浅或者浑浊，就连鱼也不会在里面生存。"因此，作为上司，将苛刻认为是明察，将求功当做明智，将刻薄下属当做是忠心，把诽谤他人当功劳，这就好比一张大皮，虽然非常大，但是为了制造用品就必须将它裁开使用。赏赐应该从重，处罚应该从轻，君主应当以宽厚为怀，这是历代以来君主治理国家的方法。刑罚的轻重，恩遇的厚寡，被人感念还是嫉恨，这两种做法的效果怎么能够相提并论呢？法律就好比是国家的天平和准绳，天平是用来称重量的，准绳是用来测定曲直的。法律贵在宽大公平，将人判罪是非常残酷的事情，而现在都是由人们的喜怒来决定法律的轻重。这就好比将天平抛开来衡量轻重，舍掉准绳来端正曲直，这怎么能够让人没有疑惑呢？诸葛亮只是小国的丞相，他还说："我的心中就有一杆秤，衡量的标准不能因人而有所改变。"更何况大国的君主呢？天下安定太平的时候，怎么能够放任法律的不公，而让百姓心生怨恨呢？

【原典】

又时有小事，不欲人闻，则暴作威怒，以弭谤议。若所为是也，闻于外其何伤？若所以非也，虽掩之何益？故谚曰："欲人不知，莫若不为；欲人不闻，莫若勿言。"为之而欲人不知，言之而欲人不闻，此犹捕雀而掩目，盗钟而掩耳者，只以取消，将何益乎？臣又闻之，无常乱之国，无不可治之民者。夫君之善恶由乎化之薄厚，故禹、汤以之治，桀、纣以之乱；文、武以之安，幽、厉以之危。是以古之哲王，尽己而不以尤人，求身而不以责下。故曰："禹、汤罪己，其兴也勃焉；桀、纣罪人，其亡也忽焉。"为之无已，深乖恻隐之情，实启奸邪之路。温舒恨于曩日①，臣亦欲惜不用，非所不闻也。臣闻尧有敢谏之鼓，舜有诽谤之木，汤有司过之史，武有戒慎之铭。此则听之于无形，求之于未有，虚心以待下，庶下情之达上，上下无私，君臣合德者也。魏武帝云："有德之君乐闻逆耳之言。犯颜之诤，亲忠臣，厚谏士，斥谗慝，远佞人者，诚欲全身保国，远避灭亡者也。"凡百君子，膺期统运②，纵未能上下无私，君臣合德，可不全身保国，远避灭亡乎？然自古圣哲之君，功成事立，未有不资同心，予违汝弼③者也。

【注释】

①曩日：以往的时日。②膺期统运：治理天下。③予违汝弼：我违背了纲纪法制，你来匡正辅弼。

【译文】

陛下有的时候做一些小事情不想让他人知道，于是就以权力和威严压人，以这样的方法消除舆论。事情只要做得对，让百姓知道又能怎么样呢？如果做得不对，掩盖起来又有什么用呢？因此谚语说："若要人不知，除非己莫为；如果想要别人听不见，除非自己不去说。"自己明明做了却又不想让人知道，就好比将眼睛遮住去捕捉麻雀，将耳朵堵住去偷盗铃铛，自己认为神不知，鬼不觉，其实这样的举动可笑之极，又有什么好处呢？我又听说，没有永远动荡的国家，没有不能治理的百姓，君主的善恶是依据教化的厚薄来决定的，因此，大禹、商汤时天下太平，夏桀、商纣时天下大乱；周文王、周武王时天下安定祥和，周幽王、周厉王时战乱不堪。古代贤明的君主，竭尽全力却不去埋怨他人，严于律己不苟责臣下。所以说："大禹、商汤责备自己，因此国家兴旺；夏桀、商纣怪罪别人，因此国家衰亡。"太多的苛责是与恻隐之心相违的，其实这是为奸邪敞开了方便之门。汉代温舒曾上书说狱吏太残酷，可惜的是却没有被采纳，我听说过尧专门设置了进谏用的锣鼓，大禹竖立了提意见用的木头，商汤有专门处罚官吏过错的史富，周武王在盘碟、盆盖、桌几上面写着警示自己的铭文，这样做是防微杜渐，虚心接纳各方面建议的表现。魏武帝曹操说："贤能的君主喜欢听到逆耳的忠言，他们厚待进谏的臣子，亲近忠臣，远离小人，是希望保全自身和国家，避免灭亡。"凡是承受天命君临天下的国君，即使做不到君臣同德、上下一心，难道就不想保全自己和国家，避免灭亡吗？从古至今的圣明君主，能够功成名就、建立伟业的，没有不依靠君臣上下同心同德、改正错误、虚心纳谏的。

【原典】

昔在贞观之初，侧身励行①，谦以受物。盖闻善必改，时有小过，引纳忠规，每听直言，喜形颜色。故凡在忠烈，咸竭其辞。自顷年海内无虞，远夷慑服，志意盈满，事异厥初，高谈疾邪，而喜闻顺旨之说；空论忠谠②，而不悦逆耳之言。私嬖③之径渐开，至公之道日塞，往来行路，咸知之矣。邦之兴衰，实由斯道。为人上者，可不勉乎？臣数年以来，每奉明旨，深惧群臣莫肯尽言。臣切思之，自比来人或上书，事有得失，惟见述其所短，未有称其所长。又天居自高，龙鳞难犯，在于造次，不敢尽言，时有所陈，不能尽意，更思重竭，其道无因。且所言当理，未必加于宠秩，意或乖忤，将有耻辱随之，莫能尽节，实由于此。虽左右近侍，朝夕阶墀④，事或犯颜，咸怀顾望，况疏远不接，将何以极其忠款哉？又时或宣言云："臣下见事，只可来道，何因所言，即望我用？"此乃拒谏之辞，诚非纳忠之意。何以言之？犯主严颜，献可替否，所以成主之美，匡主之过。若主听则惑，事有不行，使其尽忠谠之言，竭股肱之力，犹恐临时恐惧，莫肯效其诚款。若如明诏所道，便是许其面从，而又责其尽言，进退将何所据？欲必使乎致谏，在乎好之而已。故齐桓好服紫，而合境无异色；楚王好细腰，而后宫多饿死。夫以耳目之玩，人犹死而不违，况圣明之君求忠正之士，千里斯应⑤，信不为难。若徒有其言，而内无其实，欲其必至，不可得也。

【译文】

以前在贞观初期，陛下兢兢业业亲力亲为，虚怀若谷，以谦虚之心对待他人。因为您闻善必行，有的时候即便会犯下小错误，都可以采纳忠臣的规谏，每当听到直言良谏，都会十分高兴。因此只要是忠烈之士，都会竭尽所能进谏。如今四海升平，外族降服，陛下志得意满，处理政事和以前大不相同了。即使口中高谈阔论自己是怎样痛恨邪恶，但是却喜欢听到阿谀奉承的言辞。嘴里说着要大力赞扬敢于直言相谏的行为，但是却厌恶听逆耳的言辞。渐渐地起了私心，公道日消，路上来往的普通百姓，都知道了这种变化。自古以来国家的繁荣与衰亡，无不是这样而开始的。作为至高无上的君主，怎能不小心警惕呢？这么多年以来，我每次接到圣上的旨意，都十分担心大臣们不能竭尽忠诚直言国政的得失。这个问题我也认真思考过，近日来发现大臣们的上书都不敢畅所欲言。如果所说的事情和您的想法有出入，您就只会批评他的缺点，而不见表扬他的优点。您拥有至高无上的地位，龙鳞难犯，臣子有机会也不敢轻率进言，即便有时上书，也不会将全部意见都表达出来，之后再想进言却找不到合适的机会了。而且就算自己说的有道理，也不会得到嘉奖或者是升官的机会；一旦忤逆圣意，就会惹上杀身之祸。大臣们不敢直言相谏，有可能就是因为这个。即使您左右的侍从，与您朝夕相处，但是一想到触犯龙颜的事情都会心怀顾虑，更何况是一些被日渐疏远的臣子，怎么可能会竭尽忠恳之意劝谏呢？您曾经宣称："大臣们如果有什么意见，尽管直言相劝，但是为何什么意见都要我采纳呢？"其实这是拒绝进谏的言辞，并不是接纳忠言的意思。为什么这样说呢？臣子冒着触犯龙颜的危险进谏，实际上是在成就君王的美名，纠正君王的过失。假如君王一听见直谏心里就不高兴，提出的意见也未必能够采纳，即便让臣子畅所欲言，竭尽全力辅佐帮助，仍然会担心他会恐惧而不能尽忠。如果像陛下的诏书那样，一方面想要大臣顺从自己，一方面又希望大臣能够直言敢谏，这样的话臣子就不知道应该用什么样的标准来进退。想要臣下大胆进谏，最重要的就是君主是不是真的喜欢这样做。所以，齐桓公过去喜欢穿紫色的衣服，最后国中的臣民就没有再穿过其他颜色的衣服。楚王喜欢细腰的美女，结果后宫中的嫔妃都由于节食而饿死了。像这些供耳目之娱的行为，国人宁愿豁出性命去追求，更何况是贤明的君主征召天下忠诚中正之士，那些忠诚中正之士不远千里来应招，这并不是什么困难的事情。假如只是空谈，而没有实际行动，想要听到臣下的忠言，这是不可能的事情。

【原典】

太宗手诏曰：

省前后讽谕，皆切至之意，固所望于卿也。朕昔在衡门①，尚惟童幼，未渐师保之训，罕闻先达之言。值隋主分崩，万邦涂炭，慄慄②黔黎，庇身无所。朕自二九之年，有怀拯溺，发愤投袂，便提干戈，蒙犯霜露，东西征伐，日不暇给，居无宁岁。降苍昊之灵，禀庙堂之略，义旗所指，触向平夷。弱水、流沙，并通轺轩之使；被发左衽，皆为衣冠之域。正朔所班，无远不届。及恭承宝历，寅奉帝图，垂拱无为，氛埃靖息③，于兹十有余年，斯盖股肱罄帷幄之谋，爪牙竭熊罴之力，协德同心，以致于此。自惟寡薄，厚享斯休，每以抚大神器，忧深责重，常惧万机多旷，四聪不达，战战兢兢，坐以待旦。询于公卿，以至隶皂，推以赤心。庶几明赖，一动以钟石；淳风至德，永传于竹帛。克播鸿名，常为称首。朕以虚薄，多惭往代，若不任舟楫，岂得济彼巨川？不藉盐梅，安得调夫五味？赐绢三百匹。

【注释】

①衡门：寒舍陋室，这里是自谦之词。②慄慄：恐惧的样子。③氛埃靖息：天下太平。

【译文】

太宗看过之后，亲手写诏书答复道：

你前后几次讽喻的奏疏我已经认真地看完了，情真意切，这原本就是我对你寄予厚望的地方。当初我生长在民间，在很小的时候没得到有老师的训诫，那些先哲的至理名言也很少听到。正遇到隋炀帝荒淫无道，生灵涂炭，天灾人祸，百姓流离失所，隋代分崩离析。我十八岁的时候就怀有拯济天下之心，投身军旅，手持刀枪，不畏寒暑，东征西讨，劳碌终日，没有过一天安宁的日子。有幸得到上天的庇佑，遵守庙堂的韬略，使义军所到之处都能够所向披靡。弱水、流沙这些比较偏远的地方都派遣使者前来进贡；风俗习惯大相径庭的异族，也都身穿华夏服装。国家法律颁布之后，没有不能到达的地方。我登上皇位继承先帝留下的基业，休养生息，崇尚无为而治，海内平安，尘埃不起，至今已十多年了。这些全部都仰仗众位大臣运筹帷幄之谋，善战武将竭尽骁勇，戮力同心，才能够取得如此辉煌的功绩。我是个寡德少能的人，却还能够享受如此荣耀，所以每当想起身兼重任，对政治的得失总是心怀忧虑，不能兼听四方民众的疾苦，因此常常战战兢兢，夜不能寐。我经常询问公卿大臣，甚至下臣小吏，对人推心置腹，以希望自己能够耳聪目明，希望做出一番名传千古的功绩，将其刻于钟鼎碑石之上；让我们大唐的德行，能够永垂史册。我一直将你当做能够协助我传播盛名伟业的第一人。我德行微薄，愧对前世圣君明主，假如不能够依靠贤臣的辅佐，又如何建功立业呢？就好比如果不使用船和浆，又怎么能够渡过大江大河？我如果不依赖你们做的盐和梅，怎能调出五味？为此，赐予你绢三百匹以示嘉奖。

诚信第十七
——待人以诚

【原典】

贞观初，有上书请去佞臣者，太宗谓曰："朕之所任，皆以为贤，卿知佞^①者谁耶？"对曰："臣居草泽，不的知佞者，请陛下佯怒以试群臣，若能不畏雷霆，直言进谏，则是正人，顺情阿旨，则是佞人。"太宗谓封德彝曰："流水清浊，在其源也。君者政源，人庶犹水，君自为诈，欲臣下行直，是犹源浊而望水清，理不可得。朕常以魏武帝多诡诈，深鄙其为人，如此，岂可堪为教令？"谓上书人曰："朕欲使大信行于天下，不欲以诈道训俗^②，卿言虽善，朕所不取也。"

【注释】

①佞：佞臣。②训俗：教化民众。

【译文】

贞观初年，有人曾经上书请求斥退太宗身边的奸佞小人，太宗对上书的人说："我所任用的人，都觉得他们是贤能的人，你知道佞臣是谁吗？"那人回答说："我住在民间，看不出谁是佞臣。陛下您可以假装震怒，以此来试探身边的臣子，假如谁还能够触犯龙颜直言相谏，就是贤能的人。假如一心只知道顺从陛下，不分事情的曲直一味地迎合皇上的意见，这样的人就是佞邪的人。"太宗对封德彝说："流水是清澈还是浑浊，关键在于水的源头。君主就好比是施政的源头，臣民是流水，君主自行欺诈妄为，却要臣下行为正直，这就像是水的源头都浑浊了却希望流水清澈，这是不可能的事情。魏武帝曹操言行多诡诈，因此我看不起他的为人，如今想让我也这样，这不是效仿他吗？这并不是实行政治教化的办法！"于是太宗又对上书的人说："我要使诚信行于天下，你的这个方法虽然很好，但是我不想用诈骗的行为教化社会大众，因此我不能够采纳。"

【原典】

贞观十年，魏征上疏曰：臣闻为国之基，必资于德礼，君之所保，惟在于诚信。诚信立则下无二心，德礼形则远人斯格①。然则德礼诚信，国之大纲，在于君臣父子，不可斯须②而废也。故孔子曰："君使臣以礼，臣事君以忠。"又曰："自古皆有死，民无信不立。"文子曰："同言而信，信在言前；同令而行，诚在令外。"然而言而不信，言无信也；令而不从，令无诚也。不信之言，无诚之令，为上则败德，为下则危身，虽在颠沛之中，君子之所不为也。

【注释】

①格：来，至。意谓信服，归顺。②斯须：须臾，一会儿。

【译文】

贞观十年，魏征上疏说：

臣听闻道德和礼教是国家的基础；君主的地位有所保障，在于诚实信用。有了诚信，就不会产生二心。治理国家施行德政，就算再遥远的百姓也会归顺。因此，德、礼、诚、信是国家的纲领，贯穿在君臣、父子关系中，一刻也不能偏废。所以孔子说："君主对臣子以礼相待，臣子对君主就会忠心耿耿。"还说："一个人终有一死，不能够得到百姓的信任，国家就无法长远。"文子说："如果你说出来的话得到别人的信任，是因为在这之前就已经取信于人；发出来的命令能够得以执行，是因为命令之中含有诚意。"说了之后却不去做，这是言而无信；接受了命令却不执行，这就是没有诚意，君主如果是这样，就会败坏名声，如果是臣下，就会危及生命。因此，即便是处境艰难，身不由己，君子也不会做出有失诚信的事情。

【原典】

自王道休明①，十有余载，威加海外，万国来庭，仓廪日积，土地日广，然而道德未益厚，仁义未益博者，何哉？由乎待下之情未尽于诚信，虽有善始之勤，未睹克终之美故也。昔贞观之始，乃闻善惊叹，暨八九年间，犹悦以从谏。自兹厥后，渐恶直言，虽或勉强有所容，非复曩时之豁如②。謇谔之辈③，稍避龙鳞；便佞之徒，肆其巧辩。谓同心者为擅权，谓忠谠者为诽谤。谓之为朋党，虽忠信而可疑；谓之为至公，虽矫伪而无咎。强直者畏擅权之议，忠说者虑诽谤之尤。正臣不得尽其言，大臣莫能与之争。荧惑视听，郁于大道，妨政损德，其在此乎？故孔子曰"恶利口之覆邦家者"，盖为此也。

【注释】

①休明：原意是美而明，这里是太平盛世的意思。②豁如：豁然旷达，聪明大度。③謇谔之辈：忠诚正直、敢于直言的人。

【译文】

自从陛下登基，实行王道，已有十多年了，神威遍及四方，各个国家的使臣前来朝拜，国家粮仓日益充实，国土日益宽广。然而，我认为如今道德和仁义仍然不笃厚，为什么呢？是因为朝廷对待臣子的态度还不够诚信，虽然陛下在贞观初期勤于政务，有一个很好的开始，但是却没有做到善始善终。贞观初年，陛下听到什么好的意见就会十分高兴，到贞观八、九年间，对于意见仍然乐于接受。但是从那之后，您渐渐厌恶直言，即便有的时候能够勉强接受，也不像以前那般纳谏如流了。因此贤能的臣子也怕触犯龙颜，渐渐地不敢直言相谏；而那些奸佞小人，则大肆发挥他们巧舌如簧的本领。他们诬陷与朝廷同心同德的人是滥用职权，中伤直言进谏的人是在诽谤朝政。说一个人结党营私，即便中正忠诚也会遭到怀疑；说一个人大公无私，即使他

弄虚作假也不会遭受责备。因此正直刚强的人害怕被冠以玩忽职守的罪名，忠诚正直的人担心诽谤朝廷的恶名。于是忠臣的想法就不能够得到完全陈述，朝廷重臣也不能与之争辩是非。君主被蒙蔽视听，扰乱了国家纲纪，妨政害德的原因就在这里吧？所以孔子说："厌恶那些口齿伶俐毁灭国家和家庭的人。"说的大概就是现在这样的状况啊。

【原典】

且君子小人，貌同心异。君子掩人之恶，扬人之善，临难无苟免，杀身以成仁。小人不耻不仁，不畏不义，惟利之所在，危人自安。夫苟在危人，则何所不至？今欲将求致治，必委之于君子；事有得失，或访之于小人。其待君子也则敬而疏，遇小人也必轻而狎。狎则言无不尽，疏则情不上通。是则毁誉①在于小人，刑罚加于君子，实兴丧之所在，可不慎哉！此乃孙卿所谓"使智者谋之，与愚者论之，使修洁之士行之，与污鄙之人疑之，欲其成功，可得乎哉？"夫中智之人，岂无小惠？然才非经国②，虑不及远，虽竭力尽诚，犹未免于倾败；况内怀奸利，承颜顺旨，其为祸患，不亦深乎？夫立直木而疑影之不直，虽竭精神，劳思虑，其不得亦已明矣。

【注释】

①毁誉：诋毁或赞誉。②经国：治理国家。

【译文】

况且君子和小人，外表一致，内心不一。君子对他人的缺点能够宽容，赞扬别人好的地方，危难的时候绝对不会苟且偷生，为了成就仁义的美德即使是牺牲性命也在所不辞。小人不知羞耻，不讲仁德，不知敬畏，不遵守信义，只会唯利是图，自己苟安于世却将他人诬陷于危险境地。如果将别人推向危险的境地，那么还有什么事情是他做不出来的？如今，治理国家的重任落在君主的身上，可是如果政务有所偏差，就向小人打探情况。对君子虽然尊敬却很疏远。对待小人，轻视却又亲近。亲近小人，那么小人就会口蜜腹剑；疏远君子，君主就不会得到实情。因此，对人诋毁赞誉的权利实际掌握在小人手中，君子总是受到处罚，而这与国家的安危是息息相关的，陛下能不慎重对待吗？诚如孙卿所说的："让有才能的人去谋划，那么就会遭到愚蠢人的议论；让品德高尚的人实行，那么就会引起卑鄙人的怀疑，还想要事情能够成功，这怎么可能呢？"中等智能的人，他们虽然有能力，但是都不是治理国家的人才，缺乏深谋远虑，即便竭尽全力了，最终也难免会失败。更何况处处心怀奸邪私利，处处阿谀逢迎的小人呢，难道这些人不是国家的祸患吗？竖立直木，却怀疑它的影子不直，即使耗尽脑力也不能看到歪斜的影子，这个道理是非常明确的。

【原典】

夫君能尽礼，臣得竭忠，必在于内外无私，上下相信，上不信，则无以使下，下不信，则无以事上，信之为道大矣。昔齐桓公问于管仲曰："吾欲使酒腐于爵，肉腐于俎，得无害霸乎？"管仲曰："此极非其善者，然亦无害于霸也。"桓公曰："如何而害霸乎？"管仲曰："不能知人，害霸也；知而不能任，害霸也；任而不能信，害霸也；既信而又使小人参之，害霸也。"晋中行穆伯攻鼓，经年而弗能下，馈间伦曰："鼓之啬夫^①，间伦知之。请无疲士大夫，而鼓可得。"穆伯不应，左右曰："不折一戟，不伤一卒，而鼓可得，君奚为不取？"穆伯曰："间伦之为人也，佞而不仁，若使间伦下之，吾可以不赏之乎？若赏之，是赏佞人也。佞人得志，是使晋国之士舍仁而为佞。虽得鼓，将何用之？"夫穆伯，列国之大夫，管仲，霸者之良佐，犹能慎于信任、远避佞人也如此，况乎为四海之大君，应千龄之上圣，而可使巍巍^②至德之盛，将有所间乎？

【注释】

①啬夫：掌诉讼赋税的地方官。②巍巍：雄壮的样子。

【译文】

如要君王尊礼，臣下尽忠，就必须内外无私，君臣之间互相信任。治理国家信任是非常重要的。在过去，齐桓公对管仲说："我想让肉在锅中腐烂，酒在酒器中变质，这样做对治理国家没有什么害处吧？"管仲说："这样做虽然不好，但是对治理国家也没有害处。"齐桓公问："那么什么对国家来说是有害的呢？"管仲说："对人才不能够识别，对人才不能适当地任用，任用了又不去信任，信任又让小人掺和在其中，这些对国家都是有害的。"晋国的中行穆伯攻打鼓这个地方，经过了一年都没有攻打下来，馈间伦说："这里的百姓我是知道的，不用兴师动众、出兵打仗我就可以得到这个地方。"穆伯不理他，左右的官员说："不用一兵一卒就可以得到鼓地，馈间伦的意见你为何不听从呢？"穆伯说："馈间伦的为人狡猾奸诈。他如果夺得了鼓地，我可以不赏他吗？如果赏赐了他，岂不是赏赐了奸邪小人吗？如果让小人得志，那就等于是让晋国的百姓放弃仁义而宣扬奸邪。即便得到了鼓地又有什么用呢？"穆伯，是战国时的大夫，管仲，是霸主的得力助手，他们都可以如此重视信用，远离小人，更何况是德冠千古的圣明君主，怎么能够有损于巍巍盛德呢？

【原典】

若欲令君子小人是非不杂，必怀之以德，待之以信，厉之以义，节之以礼，然后善善而恶恶，审罚而明赏。则小人绝其私佞，君子自强不息，无为之治，何远之有？善善而不能进，恶恶而不能去，罚不及于有罪，赏不加于有功，则危亡之期，或未可保，永锡祚胤^①，将何望哉！

太宗览疏叹曰："若不遇公，何由得闻此语！"

【注释】

①永锡祚胤：锡，赐。祚，皇位。胤，子孙后代。这里的意思是把帝位长久传下去。

【译文】

要使君子小人判然有别，是非分明，君主必须用恩德来安抚他们，用诚信来对待他们，用礼仪来节制他们，用道义来勉励他们。然后对于他们好的地方加以赞扬，摒除劣迹，谨慎处罚，明白赏赐。如果做到这样，小人就会没有地方藏躲，君子就会自强不息，那么就离推行无为而治的治国方针不远了。假如赞扬善行却不能将其发扬下去，摒弃劣迹却不能将其杜绝，刑罚不能够治有罪的人，有功的人得不到赏赐，那么离危亡的期限也不远了，永远使子孙后代享受昌盛国运、永享太平，还有什么指望呢？

太宗皇帝看了奏疏，感叹道："如果没有魏征，像这样的肺腑之言我怎么可能听到呢？"

【原典】

太宗尝谓长孙无忌等曰："朕即位之初，有上书者非一，或言人主必须威权独任，不得委任群下；或欲耀兵振武，慑服四夷。惟有魏征劝朕'偃革兴文，布德施惠，中国既安，远人自服'。朕从此语，天下大宁，绝域君长，皆来朝贡，九夷①重译，相望于道。凡此等事，皆魏征之力也。朕任用岂不得人？"征拜谢曰："陛下圣德自天，留心政术。实以庸短，承受不暇，岂有益于圣明？"

【注释】

①九夷：各个少数民族。

【译文】

太宗皇帝对长孙无忌等大臣说："我刚即位不久，有很多大臣上书建议，他们有的让我独揽大权，不要重用臣下；有的让我加强兵力，以此让远方的异族威慑臣服。只有魏征规劝我减少武治，将重点放在文治，广施道德仁义，他说只要安定了中原，远方的异族必然也会归顺。他的建议我采纳了，现如今远方异族的首领每年都会前来朝贡，各个少数民族派人前来源源不断。这所有的一切都要归功于魏征。我难道不是用人有道吗？"魏征拜谢说："这是因为陛下圣德，勤于政务所致，我才疏学浅，承受圣意尚且力不从心，又怎么能够对您有如此大的帮助呢？"

【原典】

贞观十七年，太宗谓侍臣曰："《传》称'去食存信'，孔子曰：'民无信不立。'昔项羽既入咸阳，已制天下，向能力行仁信，谁夺耶？"房玄龄对曰："仁、义、礼、智、信，谓之五常，废一不可。能勤行之，甚有裨益。殷纣狎侮①五常，武王夺之；项氏以无信为汉高祖所夺，诚②如圣旨。"

【注释】

①狎侮：违反。②诚：的确。

【译文】

贞观十七年，太宗皇帝对侍从的大臣们说："《左传》上说：'即便是不要粮食也要让百姓能够信任国家。'孔子说：'如果得不到百姓的信任，便不能立国。'之前，楚霸王项羽攻入咸阳，控制了天下，如果他能够推行仁政，谁能和他去争夺天下呢？"房玄龄回答说："仁、义、礼、智、信，称为五常，这五个方面任何一项都不能废弃，如果他努力推行这五常，对国家大有好处。殷纣王违反五常，被周武王灭掉，由于项羽不讲诚信，最后被汉高祖夺了天下。陛下之言极是。"

卷 六

俭约第十八

——不可铺张浪费

【原典】

贞观元年，太宗谓侍臣曰："自古帝王凡有兴造，必须贵顺物情①。昔大禹凿九山②，通九江③，用人力极广，而无怨讟者，物情所欲，而众所共有故也。秦始皇营建宫室，而人多谤议者，为徇其私欲，不与众共故也。朕今欲造一殿，材木已具，远想秦皇之事，遂不复作也。古人云：'不作无益害有益。''不见可欲，使民心不乱'。固知见可欲，其心必乱矣。至如雕镂器物，珠玉服玩，若恣其骄奢，则危亡之期可立待也。自王公以下，第宅、车服、婚嫁、丧葬，准品秩④不合服用者，宜一切禁断。"由是二十年间，风俗简朴，衣无锦绣，财帛富饶，无饥寒之弊。

【注释】

①贵顺物情：顺乎事理人情。②九山：指九州之山。③九江：传说夏禹治水，疏通九江。具体所指，历来说法不一。④品秩：品级身份。

【译文】

贞观元年，太宗对侍臣说："自古帝王凡是有兴土木的大事，就一定会以人力物资来衡量事情的利弊。当初大禹凿九山，通九江所用到的人力非常多，但是却没有人抱怨，修建成功之后百姓可以享受成果。秦始皇修建宫殿，百姓却十分反对，因为这是为了满足他自己的私欲，不能够和百姓一起享受。现在我想要修建一座宫殿，工具材木都已经准备好了，但是仔细想想秦始皇的事情，所以打算放弃。古人曾说：'没有好处的事情不去做，只做有益处的事情。''不显耀可以引起贪欲的财货，免得会扰乱百姓清净的心思。'因此，去显耀财富，他的心就会污浊。就好比雕镂器物，珠玉服玩，如果只知道享受，那么离灭亡的日子就不远了。自王公及之下，如果第宅、丧葬、车服、婚嫁装饰过于豪华，便一切都停止供应并查处。"因此二十年来，风俗简朴，衣服没有锦绣，财产富饶，没有发生饥寒之苦。

【原典】

贞观二年，公卿奏曰："依《礼记》，季夏之月，可以居台榭。今夏暑未退，秋霖①方始，宫中卑湿②，请营一阁以居之。"太宗曰："朕有气疾，岂宜下湿？若遂来请，糜费③良多。昔汉文将起露台，而惜十家之产，朕德不逮于汉帝，而所费过之，岂为人父母之道也？"固请至于再三，竟不许。

【注释】

①秋霖：即秋雨。②卑湿：潮湿。③糜费：耗费过度。

【译文】

贞观二年，公卿上奏说："《礼记》里面记载，六月正值夏天，可以居住在凉台，可是现在夏天暑气没有退却，秋天的凉气才刚开始，宫中湿热，潮气很重，因此想要为您修建一座暖阁。"太宗说："朕有哮喘病，难道就不怕潮湿？假如修建的话恐怕会浪费许多人力物力。以前汉文帝想修建露台，由于怜惜相当于十户百姓家产，所以放弃了这个想法，我的功德比不上汉文帝，却比他还要浪费，难道这是为民父母的道理吗？"所以再三上书，但是太宗始终没有答应。

【原典】

贞观四年，太宗谓侍臣曰："崇饰宫宇，游赏池台，帝王之所欲，百姓之所不欲。帝王所欲者放逸①，百姓所不欲者劳弊。孔子云：'有一言可以终身行之者，其恕乎！己所不欲，勿施于人。'劳弊之事，诚不可施于百姓。朕尊为帝王，富有四海，每事由己，诚能自节，若百姓不欲，必能顺其情也。"魏征曰："陛下本怜百姓，每节己以顺人。臣闻'以欲从人者昌，以人乐己者亡'。隋炀帝志在无厌，惟好奢侈，所司每有供奉营造，小不称意，则有峻罚严刑②。上之所好，下必有甚，竞为无限③，遂至灭亡。此非书籍所传，亦陛下目所亲见。为其无道，故天命陛下代之。陛下若以为足，今日不啻足矣；若以为不足，更万倍过此，亦不足。"太宗曰："公所奏对甚善。非公，朕安得闻此言？"

【译文】

贞观四年，太宗皇帝对侍从的大臣说："用华丽来装饰宫殿，游览、观赏池台，是帝王想做的事情，但这确是百姓不希望的。君王想要这样做是因为享乐，百姓不希望这样做是这样会给他们造成劳弊。孔子说：'有一句话，可以终身施行的话，那就是"恕"！自己不愿意做的事情，不应该强加到别人身上。劳亡弊端之事，实在不能加到百姓的头上。'我贵为君主，富有四海，每件事情都可以自己做决定，假如能够做到自我约束，凡是百姓不希望的事，我一定能顺应民心。"魏征说："陛下勤政爱民，为了顺应百姓的要求来约束自己。我听说：'为别人着想的人能康健，只为自己着想的人不能长存。'隋炀帝喜欢奢侈贪得无厌，主管官员一旦有大工程，稍微有什么地方不满意，就会动用严刑。上级喜欢的，下级就千方百计奉承，长此以往就会导致灭亡，不仅书中记载，陛下亲眼也看到过。炀帝暴虐，所以陛下顺应天命取代了他。如果陛下能够从中汲取教训，如今就不会是这样了。如果不知足，事情就会比这更加严重。"太宗说："爱卿说的极是！如果不是你，我又怎么能够听到这番忠言？"

【原典】

贞观十六年，太宗谓侍臣曰："朕近读《刘聪①传》，聪将为刘后起凤仪殿，廷尉②陈元达③切谏，聪大怒，命斩之。刘后手疏启请，辞情甚切，聪怒乃解，而甚愧之。人之读书，欲广闻见以自益耳，朕见此事，可以为深诫。比者欲造一殿，仍构重阁，今于蓝田④采木，并已备具，远想聪事，斯作遂止。"

【注释】

①刘聪：十六国时期汉国国君。②廷尉：狱官。③陈元达：字长宏，本姓高，因生月妨父，改姓陈。刘聪时官至御史大夫。④蓝田：县名。在陕西省渭河平原南缘。

【译文】

贞观十六年，太宗皇帝对侍从的大臣们说："我近日来阅读《刘聪传》，书中说刘聪准备给刘皇后修建一座华丽的宫殿，廷尉陈元达对此痛切地陈词，直言相谏希望他不要这样做，刘聪听后大怒，于是下令将陈元达斩首。后来，刘皇后亲自写下了奏疏替陈元达求情，在言辞和道理上都十分恳切，刘聪的怒气才平息下来，并且心中感到非常惭愧。人们读书是希望增长自己的见识，使自己受益，我看到这件事，可以作为借鉴。近来我想修建一座宫殿，并且将楼层加高，现在从蓝田采伐木料，都已准备齐全。但是一想起刘聪这件事，就将这项工程停止了。"

【原典】

贞观十一年，诏曰："朕闻死者终也，欲物之反真①也；葬者藏也，欲令人之不得见也。上古垂风，未闻于封树；后世贻则②，乃备于棺椁。讥僭侈者，非爱其厚费；美俭薄者，实贵其无危。是以唐尧，圣帝也，谷林有通树③之说；秦穆，明君也，橐泉无丘陇之处。仲尼，孝子也，防墓不坟④；延陵，慈父也，嬴、博可隐。斯皆怀无穷之虑，成独决⑤之明，乃便体⑥于九泉，非徇名⑦于百代也。泊乎阖闾违礼⑧，珠玉为凫雁⑨；始皇无度，水银为江海；季孙擅鲁，敛以玙璠；桓魋专宋，葬以石椁，莫不因多藏以速祸，由有利而招辱。玄庐既发，致焚如于夜台；黄肠再开，同暴骸于中野。详思曩事，岂不悲哉？由此观之，奢侈者可以为戒，节俭者可以为师矣。朕居四海之尊，承百王之弊，未明思化，中宵战惕。虽送往之典详诸仪制，失礼之禁著在刑书，而勋戚之家多流遁于习俗，闾阎⑩之内或侈靡而伤风，以厚葬为奉终，以高坟为行孝，遂使衣衾棺椁极雕刻之华，灵輀冥器穷金玉之饰。富者越法度以相尚，贫者破资产而不逮，徒伤教义，无益泉壤，为害既深，宜为惩革。其王公以下，爰及⑪黎庶，自今以后，送葬之具有不依令式者，仰州府县官明加检察，随状科罪。在京五品以上及勋戚家⑫，仍录奏闻。"

【注释】

①反真：本意是去其外饰，还其本真。这里是死后灵魂升天的意思。②贻则：遗留下来的习俗。③通树：树丧是古代一种丧葬方法。通树即从简丧葬之意。④防墓不坟：孔子合葬父母亲于防这个地方，只有墓穴而没有坟丘。古时穴地为墓，堆土为坟。⑤独决：即操守。⑥便体：死后安适。⑦徇名：博取名望。⑧阖闾违礼：指吴王阖闾死后葬于虎丘山下，动用十万人治丧，"穿土为川，积壤为丘，铜棺三重，湖池六尺，以黄金珠玉为凫雁"。⑨凫雁：像鸭子似的鸟。这里指用黄金珠玉做成假鸟，作为陪葬之物。⑩间阎：民间。⑪爱及：直至。⑫戚家：皇亲贵族。

【译文】

贞观十一年，太宗皇帝下令说："我听闻，死是人生的终结，让人回归到自然，葬就是将人收藏起来，让别人看不见自己。古时候的风俗并没有堆坟立碑。到了后世才会在葬礼仪式上讲究。葬礼奢侈，有人对其讥刺，这并不是对钱财吝惜，而是因为要倡导节俭薄葬，以免祸害自己和子孙。因此，唐尧非常圣明，死了之后安葬在谷林，只在坟边栽上树木作为标记。秦穆公是明君，去世后安葬在橐泉，同样也未修建高大的陵墓。孔子是孝子，他的双亲死后将其安葬在防，只有墓穴而不堆坟。延陵是慈父，他本可以在嬴、博两地之间埋葬他的儿子。因为他看得比较长远，因此没有这样做，他想让儿子的尸体安然地埋在地下，并不是想要获得后世的称赞。与之相反，吴王阖闾违背礼制，用珠宝美玉做成野鸭大雁，作为陪葬用品。秦始皇荒淫没有节制，坟墓中有水银做的江河大海。季孙在鲁国擅政，他用玛瑙之类的美玉装殓尸体。桓魋在宋国专权，墓葬建造石椁。正是由于这些人在墓里埋藏了大量的金银财宝才会招致灾祸，由于墓中有利可图而招来掘墓之辱。有的坟墓在发掘之后，陪葬的物品都被焚烧，有的棺椁被打开，让尸骸暴露在旷野。仔细想一想这些事情，怎么会不让人感到悲哀。这样看来，荒淫奢侈的人我们可以引为鉴戒，节俭的人可以为人师。我居于四海之尊，承接百王之弊，如果不知道怎么才能够教化百姓，就算睡到半夜也会为之恐惧忧虑。现在丧葬的法规、对违礼的处罚，虽然都在仪制中已经有详细的记载，也写在了刑法里，但是还会有很多皇亲贵族至今还在沿袭着陈旧的习俗，民间也有很多百姓在葬礼时奢侈靡费，伤风败俗，用高坟来表示孝道，用厚葬来供奉死者，衣衾棺椁力求雕刻华丽，灵车冥器尽用金玉装饰。富有的人家相互炫耀破坏法度，困苦的人家就算倾家荡产也要互相攀比，这样做对教化没有一点儿好处并且有伤风俗，这样已经造成很大的危害了，现在，对此应予惩治革除。从王公到普通百姓各州府的官员要严格检查，如果葬礼不能够按照律令就根据情节的轻重定罪。朝中皇亲贵族和五品以上官员违反，要将他们的罪状写下来上奏朝廷。"

【原典】

岑文本为中书令，宅卑湿，无帷帐之饰。有劝其营产业者，文本叹曰："吾本汉南一布衣耳，竟无汗马之劳，徒以文墨致位中书令，斯亦极矣。荷①俸禄之重，为惧已多，更得言产业乎？"言者叹息而退。

户部尚书戴胄卒②，太宗以其居宅弊陋，祭享③无所，令有司特为之造庙。

温彦博为尚书右仆射，家贫无正寝，及薨，殡于旁室。太宗闻而嗟叹，遽命所司为造，当厚加赗赠。

魏征宅内，先无正堂。及遇疾，太宗时欲造小殿，而辍其材为征营构，五日而就。遣中使赍素褥布被④而赐之，以遂其所尚。

【注释】

①荷：负担。②卒：去世。③祭享：吊唁祭拜。④素褥布被：素布被褥。

【译文】

岑文本担任中书令一职，但是他居住的房子却很低矮而且潮湿，宅子里也没有帷帐装饰。曾经有人劝他买房置地，文本叹息道："我原本只是汉水南边的一个普通百姓，也没有立下什么功劳，仅仅只凭着一点文墨，就身居中书令一职，对此我已经非常满足了，我享有这么高的俸禄，已经让我感到羞愧，还买房置地干什么呢？"听到他这番话，劝他的人叹息着离开了。

户部尚书戴胄去世后，太宗看见他居住的地方非常简陋，也没有地方吊唁祭拜，于是就下令为他修建祭拜之庙。

温彦博官居尚书右仆射，但是家中贫困没有正室，他去世后，只能在旁屋祭奠。太宗叹息不已，下令为他营造祭庙，又赏赐给他的家人厚重的物资。

魏征居住的地方开始的时候没有正堂。一次他生病，当时太宗正在修建小型的宫殿，于是就停下工程，用这些材料为魏征修建了正堂，只用了五天就完成了，太宗还下令赠送给他一些喜欢的素布被褥，以成全他节俭的志向。

谦让第十九
——为人谦逊礼让

【原典】

贞观二年，太宗谓侍臣曰："人言作天子则得自尊崇，无所畏惧，朕则以为正合自守谦恭，常怀畏惧。昔舜诫禹曰：'汝惟不矜，天下莫与汝争能；汝惟不伐^①，天下莫与汝争功。'又《易》曰：'人道恶盈而好谦。'凡为天子，若惟自尊崇，不守谦恭者，在身倘有不是之事，谁肯犯颜谏奏？朕每思出一言，行一事，必上畏皇天，下惧群臣。天高听卑，何得不畏？群公卿士，皆见瞻仰^②，何得不惧？以此思之，但知常谦常惧，犹恐不称天心及百姓意也。"魏征曰："古人云：'靡不有初，鲜克有终。'愿陛下守此常谦常惧之道，日慎一日，则宗社永固，无倾覆矣。唐、虞所以太平，实用此法。"

【注释】

①伐：自我夸耀功劳。②瞻仰：这里是怀着敬畏的心情注视。

【译文】

贞观二年，太宗皇帝对侍从的大臣们说："人们说，贵为天子就会自认为崇高尊贵，没有什么事情是可以让自己害怕的，但是我认为恰恰相反，作为天子更应该谨慎谦逊，时常心怀畏惧。从前，舜告诫禹说：'只要你不骄傲，天下就没有人会与你争贤能，你只要不自夸，天下就没有人和你争功劳。'《易经》上说：'厌恶自满而以谦逊为贵是君子为人的准则。'如果天子总是觉得自己崇高尊贵，不能保持谦逊恭谨的态度，假如自己犯了错误，还会有谁去冒犯龙颜向他提出意见呢？我时常在想，君王说的每句话做的每件事，必定要上畏皇天、下惧群臣。虽然天很高，但是却可以听见地上的议论，怎能不畏惧天呢？文武百官都在下面注视着我，这让人怎么能够不感到畏惧呢？所以，君王即便常常怀有谦逊恐惧之心，恐怕还是不能称上天之心和百姓之意啊。"魏征接着说："古人讲：'做任何事情都会有开始，但是很少有人能够做到善始善终。'希望陛下能够将常谦常惧的准则永远保持下去，一天比一天更谨慎，这样国家的政权就会得到巩固，不会倾覆。唐尧、虞舜之世之所以天下太平，实际上就是用的这个方法。"

【原典】

贞观三年，太宗问给事中孔颖达曰："《论语》云：'以能问于不能，以多问于寡，有若无，实若虚。'何谓也？"颖达对曰："圣人设教，欲人谦光①。己虽有能，不自矜大，仍就不能之人求访能事。己之才艺虽多，犹病以为少，仍就寡少之人更求所益。己之虽有，其状若无，己之虽实，其容若虚。非惟匹庶②，帝王之德，亦当如此。夫帝王内蕴神明，外须玄默③，使深不可知。故《易》称'以蒙养正；以明夷莅众'。若其位居尊极，炫耀聪明，以才陵人，饰非拒谏，则上下情隔，君臣道乖。自古灭亡，莫不由此也。"太宗曰："《易》云：'劳谦，君子有终，吉。'诚如卿言。"诏赐物二百段。

【注释】

①谦光：因谦虚而愈有光辉。②匹庶：平民百姓。③玄默：深沉静默。

【译文】

贞观三年，太宗皇帝问给事中孔颖达："《论语》里讲：'有才能的人向无才能的人请教，知识多的人向知识少的人请教，这样，有才能的人好像显得没有才能，而知识渊博的人就会显得非常无知。'这句话是什么意思呢？"孔颖达回答说："圣人实行教化，要求每个人都谦逊退让，有才能的人不骄傲自大，他依然向没有才能的人请教。虽然自己已经十分有才艺，但还是觉得自己懂的太少，依旧向才艺寡少的人学习更多的知识。虽然自己有知识，但是却不显露，自己心中很充实，但是表面上却好像很空虚。这不仅仅只是对百姓的要求，帝王的德行也应该是这样。帝王内心蕴藏神明，外表必须沉默，让人觉得高深莫测。因此《周易》上讲'要表现得蒙昧无知来自养正道，不显露明智以盛气凌人。'帝王如果居于崇高的地位，就炫耀自己的聪明，欺凌别人，掩饰自己的过错，拒绝诤谏，那么情感就会被隔阂，君臣之间的原则就会被抛弃，从古至今国家的灭亡，都是这样造成的。"太宗十分赞同地说：《周易》上讲：'如果君子能够将勤劳谦逊的品质保持到底，就会降临好的事情。'你说的和这句话是一样的意思啊。"于是下诏赏赐孔颖达绢帛二百段。

【原典】

河间王孝恭，武德初封为赵郡王，累授东南道行台尚书左仆射。孝恭既讨平萧铣、辅公祏，遂领江、淮及岭南、北，皆统摄之。专制一方，威名甚著，累迁礼部尚书。孝恭性惟退让，无骄矜自伐之色。时有特进江夏王道宗，尤以将略①驰名，兼好学，敬慕贤士，动修礼让，太宗并加亲待。诸宗室中，惟孝恭、道宗莫与为比，一代宗英②云。

【注释】

①将略：精通武事，雄才大略。②一代宗英：宗室中出类拔萃的人物。

【译文】

河间王李孝恭，在武德初年被封为赵郡王，后来又升任东南道行台尚书左仆射。他统治了长江、淮河以及岭南、岭北地区，因此威名远扬，没过多长时间他又迁任礼部尚书。尽管是这样，李孝恭也没有丝毫骄傲自大的习气，性格谦逊忍让。当时，特进江夏王李道宗，以统兵打仗闻名，爱惜人才，博学多闻，并且礼贤下士，为此太宗非常器重他。李孝恭、李道宗二人的德才在大唐宗室中无人可比，是一代英杰。

仁恻第二十
——常怀恻隐之心

【原典】

贞观初，太宗谓侍臣曰："妇人幽闭深宫，情实可愍①。隋氏末年，求采无已，至于离宫别馆，非幸御之所，多聚宫人。此皆竭人财力，朕所不取。且洒扫之余，更何所用？今将出之，任求伉俪，非独以省费，兼以息人，亦各得遂其情性。"于是后宫及掖庭②前后所出三千余人。

【注释】

①愍：哀怜，可怜。②掖庭：皇宫中的旁舍，宫嫔所住之地。

【译文】

贞观初年，太宗皇帝对侍从的大臣们说："被禁闭在深宫里的妇女实在是太可怜了。隋代末年，隋炀帝不停地去挑选宫女，修建宫殿，在不是君王住的地方也置放了很多宫女。这都是耗竭百姓财力的行为，我是不会这样做的。更何况这些妇女除了打扫宫室之外，还会有什么用处呢？如今我准备把她们放出去，任凭她们选择配偶，这样不仅能够节省支出，还能够减轻百姓的负担，宫女自己也会满意。"于是将后宫及掖庭内三千多宫女放出宫外。

【原典】

贞观二年，关中旱，大饥。太宗谓侍臣曰："水旱不调，皆为人君失德。朕德之不修，天当责朕，百姓何罪，而多遭困穷！闻有鬻男女者，朕甚愍焉。"乃遣御史大夫杜淹①巡检，出御府金宝赎之，还其父母。

【注释】

①杜淹：字执礼，杜如晦的叔父。

【译文】

贞观二年，关中大旱，百姓五谷不收，发生了饥荒。太宗皇帝对侍臣说："水旱不调，这都是由于君主治国无道造成的。我没有修养品德，受到老天的惩罚是应该的，但是百姓有什么罪过呢，却遭到这样的困境！听闻有许多百姓卖儿卖女，对此我非常怜悯啊。"于是，派御史大夫杜淹出京巡视，用御府的资财替很多卖身者赎了身，并将他们送还父母家。

【原典】

贞观七年，襄州都督张公谨卒。太宗闻而嗟悼①，出次发哀②，有司奏言："准《阴阳书》云：'日在辰，不可哭泣。'此亦流俗所忌。"太宗曰："君臣之义，同于父子，情发于中，安避辰日？"遂哭之。

【注释】

①嗟悼：悲悼。②出次发哀：到郊外致以哀悼。

【译文】

贞观七年，襄州都督张公谨去世，太宗知道这件事情后非常悲伤，想要前去悼唁。有关部门上书说："根据《阴阳书》的说法：'辰日这一天是不能哭泣。'在民间这也是要避讳的。"太宗皇帝说："君臣间的情义就好比父子一样，悲伤之情发自内心，又怎能避讳辰日呢？"于是痛哭不已。

【原典】

贞观十九年，太宗征高丽，次定州，有兵士到者，帝御州城北门楼抚慰之。有从卒一人病，不能进。诏至床前，问其所苦，仍敕州县医疗之。是以将士莫不欣然愿从。及大军回次柳城，诏集前后战亡人骸骨，设太牢致祭，亲临，哭之尽哀，军人无不洒泣。兵士观祭者，归家以言，其父母曰："吾儿之丧，天子哭之，死无所恨。"太宗征辽东，攻白岩城，右卫大将军李思摩[①]为流矢所中，帝亲为吮血，将士莫不感励。

【注释】

①李思摩：颉利族人。与秦王结为兄弟，赐姓李，为化州都督。

【译文】

贞观十九年，太宗皇帝征战高丽，在定州驻扎，太宗在御州北门城上对每一个行军前来的士兵都要安抚慰问。有一个士兵生病不能来，太宗便写下诏书询问他的病情，还让当地的大夫给他医治。因此无论是士兵还是将军都愿意为朝廷尽忠报国。之后，大军在柳城驻扎，太宗下诏将所有牺牲将士的遗骨都收集起来，供奉牛、羊、猪，以太牢的仪式进行祭奠，太宗还亲自前往祭拜，痛哭失声，极其哀恸，所有在场的将士都受到感染，流下热泪。生还的士兵回到家乡之后，将这些情况告知了死难者的父母，这些老人们说："我的儿子死了，天子还为他哭泣，真是死而无憾啊。"太宗皇帝征战辽东时，在攻打白岩城的战役中，右卫大将军李思摩被乱箭射中，太宗还亲自为他吸去污血，将士们都深受感动和激励。

慎所好第二十一
——不可玩物丧志

【原典】

贞观二年，太宗谓侍臣曰："古人云'君犹器也，人犹水也，方圆在于器，不在于水'。故尧、舜率天下以仁，而人从之；桀、纣率天下以暴，而人从之。下之所行，皆从上之所好。至如梁武帝父子志尚浮华，惟好释氏、老氏之教；武帝末年，频幸同泰寺，亲讲佛经，百僚皆大冠高履，乘车扈从①，终日谈论苦空②，未尝以军国典章为意。及侯景率兵向阙，尚书郎以下，多不解乘马，狼狈步走，死者相继于道路。武帝及简文卒被侯景幽逼而死。孝元帝③在于江陵，为万纽于谨所围，帝犹讲《老子》不辍④，百僚皆戎服以听。俄而城陷，君臣俱被囚挚。庾信⑤亦叹其如此，及作《哀江南赋》，乃云：'宰衡⑥以干戈为儿戏，缙绅⑦以清谈为庙略。'此事亦足为鉴戒。朕今所好者，惟在尧、舜之道，周、孔之教，以为如鸟有翼，如鱼依水，失之必死，不可暂无耳。"

【注释】

①扈从：皇帝出巡时护驾侍从。②苦空：指佛教教义。③孝元帝：名绎，梁武帝第七子，起兵讨侯景，即帝位。④不辍：不停止。⑤庾信：字子山，因受封"开府仪同三司"，故人称"庾开府"，南阳新野（今属河南）人。⑥宰衡：本是汉平帝时加于王莽的称号。后泛指宰相。⑦缙绅：古代官员垂绅（束腰大带）插（缙）笏（手板）。故缙绅为官僚士大夫的代称。

【译文】

贞观二年，太宗对侍臣说："古人说'君主就好比是容器，百姓就好比是水，水是什么样的形状取决于容器，而不是在于水。'因此，尧舜以仁义治天下，百姓就会随他行善；桀纣以残暴治天下，百姓就会跟随他作恶。上边所喜欢的下边就会跟随。梁武帝父子崇尚浮华，只喜欢释迦牟尼、老子的教义。梁武帝晚年，经常到同泰寺亲自给百官讲解佛经，百官都带大帽，穿高靴，乘车跟随皇上，整日谈论着苦呀空呀那套佛家教义，从来不把军机国务典章制度放在心上。等到侯景率兵攻向京城，很多尚书郎以下的官员都不会骑马，狼狈不堪地徒步逃跑了，许多人都死在了路上。最后侯景将梁武帝和简文帝囚禁逼死。梁孝元帝在江陵被万纽于谨领兵包围，还在不断地讲《老子》，百官都穿着军服听讲，没过多长时间江陵城被攻陷，君臣都被囚禁。庾信也叹息他们这个做法，后来作《哀江南赋》，就说道：'宰相把战争当做小孩游戏，官吏把清谈当做朝政策略。'这些事情足以作为借鉴。现在我喜欢唐尧、虞舜的法则，周公、孔子的教谕，觉得就像鱼儿靠水鸟有翅膀一样，一旦失去就会死亡，不能片刻没有。"

【原典】

贞观二年，太宗谓侍臣曰："神仙事本是虚妄，空有其名。秦始皇非分①爱好，为方士所诈，乃遣童男童女数千人，随其入海求神仙。方士避秦苛虐，因留不归，始皇犹海侧踟蹰②以待之，还至沙丘而死。汉武帝为求神仙，乃将女嫁道术之人，事既无验，便行诛戮。据此二事，神仙不烦妄求也。"

【注释】

①非分：背乎常理。②踟蹰：来回徘徊。

【译文】

贞观二年，太宗皇帝对侍从的大臣们说："本来神仙就是荒诞虚无的，只是空有其名罢了。但是秦始皇却非常喜欢仙术，结果他被方士欺诈，竟派童男童女几千人和方士一同入海去求神仙，为了逃避秦的苛政暴虐，方士留居海中不再回来，而始皇在海边徘徊等待他们，归途中病死在沙丘。汉武帝为了求得神仙，竟然将自己的女儿下嫁给卖弄道术的人，他们的说法不灵验，就把方士杀掉。从中可以看出，神仙是不能乱求的。"

【原典】

贞观四年，太宗曰："隋炀帝性好猜防，专信邪道，大忌胡人，乃至谓胡床为交床，胡瓜为黄瓜，筑长城以避胡。又诛戮李金才，及诸李殆尽，卒何所益？终被宇文化及使令狐行达①杀之。且君天下者，惟须正身修德而已，此外虚事，不足在怀。"

【注释】

①令狐行达：令狐，复姓，行达为名。当时任校尉之职。

【译文】

贞观四年，太宗皇帝说："隋炀帝生性多疑，只听信邪门歪道，他对胡人相当提防，甚至胡床称作交床，将胡瓜称作黄瓜，还修筑长城抵御胡人。他又听信方士的邪说，说姓李的人要篡权夺位，于是就将姓李的人几乎杀尽，还杀死了大将军李金才，但是这有什么用呢？到最后还是被大臣宇文化及派遣令狐行达杀死。作为君王只需修养品德，让自己做到公正无私，其他都是虚浮之事，又何必挂念在心上。"

【原典】

贞观七年，工部尚书段纶奏进巧人杨思齐至。太宗令试，纶遣①造傀儡戏具。太宗谓纶曰："所进巧匠，将供国事，卿令先造此物，是岂②百工相戒无作奇巧之意耶？"乃诏削纶阶级，并禁断③此戏。

【注释】

①遣：命令。②岂：疑问词，无意义。③禁断：禁止。

【译文】

贞观七年，工部尚书段纶上奏说要引荐能工巧匠杨思齐入朝。于是太宗下令试试他有什么才能，段纶就让杨思齐做木偶戏的戏具。太宗皇帝对段纶说："你所推荐的人必须有益于国家，现在你让他做这些，不是鼓励百工做奇巧的戏具供人娱乐吗？"于是下诏将段纶贬官，并且命令禁止了这种游戏。

慎言语第二十二
——说话不随意

【原典】

贞观二年，太宗谓侍臣曰："朕每日坐朝，欲出一言，即思此一言于百姓有利益否，所以不敢多言。"给事中兼知起居事杜正伦进曰："君举必书，言存左史。臣职当兼修起居注^①，不敢不尽愚直。陛下若一言乖于道理，则千载累^②于圣德，非止当今损于百姓，愿陛下慎之。"太宗大悦^③，赐彩百段。

【注释】

①注：记录。②累：积攒。③悦：高兴的样子。

【译文】

贞观二年，太宗皇帝对侍从的大臣们说："每天我坐朝理政，在说每一句话之前都应该想想对百姓有什么益处，因此我不敢随便多说。"给事中兼起居注史官杜正伦进言道："君王做什么事情、说什么样的话都需要记录在起居注里。我的职责就是兼修起居注，因此不敢不尽职尽责。如果陛下说了一句违背常理的话，那么，这不仅会对当今的百姓造成损害，即便是在千年之后都会损害陛下的圣德，希望陛下慎重。"太宗皇帝听后非常高兴，赏赐他彩色绢帛一百段。

【原典】

贞观八年，太宗谓侍臣曰："言语者，君子之枢机^①，谈何容易？凡在众庶，一言不善，则人记之，成其耻累，况是万乘之主？不可出言有所乖失。其所亏损至大，岂同匹夫？我常以此为戒。隋炀帝初幸甘泉宫，泉石称意，而怪无萤火，敕云^②：'捉取多少于宫中照夜。'所司遽遣数千人采拾^③，送五百舆^④于宫侧，小事尚尔，况其大乎？"魏征对曰："人君居四海之尊，若有亏失，古人以为如日月之蚀⑤，人皆见之，实如陛下所戒慎。"

【注释】

①枢机：重要的方面。②敕云：下令说。③采拾：捕捉。④舆：代指车。
⑤蚀：残缺。

【译文】

贞观八年，太宗皇帝对侍从的大臣们说："言语是体现一个君王德行最
重要的方面，所以说话怎么能够草率随意呢？庶民百姓，一句话讲错了，就
会容易被别人记住，遭到别人的耻笑，更何况是一国之君呢？君主绝对不能
够说出什么不妥当的言语。这样做损害是非常大的，君主岂能与普通百姓相
比？我常以此为戒。隋炀帝刚到甘泉宫的时候，宫中山水泉石让他称心如意，
但是他却说没有萤火虫，便下令说：'捕捉一些萤火虫到宫里来，以供晚上照
明用。'于是，主管部门就派遣几千人去捕捉，全国各地共送来五百车萤火虫
到宫中。小事情尚且如此，更何况大事？"魏征回禀道："君主身居高位，如
果行为有什么损失，古人认为如同日食和月食那样，每个人都可以看见。陛
下的确应该有所警戒啊。"

【原典】

贞观十六年，太宗每与公卿言及古道，必诘难往复。散骑常侍刘洎上书
谏曰："帝王之与凡庶，圣哲之与庸愚，上下相悬，拟伦斯绝。是知以至愚而
对至圣，以极卑而对极尊，徒思自强，不可得也。陛下降恩旨，假慈颜，凝
旒①以听其言，虚襟以纳其说，犹恐群下未敢对扬，况动神机，纵天辩，饰
辞以折其理，援古以排其议，欲令凡庶何阶应答？臣闻皇天以无言为贵，圣
人以不言为德，老子称'大辩若讷'，庄生称'至道无文'，此皆不欲烦也。
是以齐侯读书，轮扁窃议②，汉皇慕古，长孺陈讥③，此亦不欲劳也。且多
记则损心，多语则损气，心气内损，形神外劳，初虽不觉，后必为累。须为
社稷自爱，岂为性好自伤乎？窃以今日升平，皆陛下力行所至。欲其长久，
匪由辩博，但当忘彼爱憎，慎兹取舍，每事敦朴，无非至公，若贞观之初，
则可矣。至如秦政强辩，失人心于自矜，魏文宏材，亏众望于虚说。此才辩
之累，皎然可知。伏愿略兹雄辩，浩然养气，简彼缃图④，淡焉怡悦⑤，固
万寿于南岳，齐百姓于东户，则天下幸甚，皇恩斯毕。"太宗手诏答曰："非
虑无以临下，非言无以述虑。比有谈论，遂至烦多。轻物骄人，恐由兹道。

形神心气，非此为劳。今闻谠言，虚怀以改。”

【译文】

贞观十六年，每次太宗与大臣们谈论起古代治理国家的方法，就定会责备辩论。散骑常侍刘洎也时常上书说出自己的看法：“帝王和平民，圣哲和凡夫，一上一下，简直是天壤之别，是不能相提并论的。因此，我们知道非常愚蠢的人想要成为圣人，地位卑下的人想要成为尊贵的人，这都是不可能的事情。陛下降下圣旨，大发慈悲，虚心接受臣下们的意见，但是仍然担忧臣下不敢直言相谏，更何况陛下要求臣下谈论天人之际，旁征博引，还要文辞华丽，一般的凡夫俗子如何应对呢？臣听说苍天把不说话看做尊贵，圣人把不说话看做美德。老子认为‘真正善辩的人像是言语迟钝一样’，庄子认为‘大的道理不需要用文采去修饰’，这些都是不希望多说话的意思。因此，齐桓公读书，轮扁私下议论，觉得这是徒劳没有用处的，汉武帝仰慕古风尊崇儒学，汲黯讥讽说这是外表施行仁义而内心欲望过多，这是不希望他们耗费精神。而且事情记多了就会有损心思，话说多了就会损伤元气。在内损伤心思、元气，在外损伤形体、精神，就算开始的时候没有察觉，将来也一定会受到牵连。为了国家应该爱惜自己，怎么能为了兴趣损伤自己呢？现在天下升平，都是陛下精心治理国家才实现的。要想它永远这样保持下去，依靠雄辩是不可能实现的；只能够将那些爱憎之情忘掉，对现实进行谨慎取舍，无论做什么事情都应该踏踏实实，一心为公，和贞观初年一样就可以了。秦始皇善于强辩，因为自傲而失去人心；魏文帝富有辩才，因为言语空洞而失去声望。这些都是口才和雄辩带来的损害，结局是不言而喻的。望陛下能减少与人产生争执，而要修养浩然正气；少看些古代书籍，而要恬淡轻松。自己像南山一样长寿，把国家治理得像东户时代一样太平，这就是天下的大幸了，您的恩德也会遍及天下。”太宗亲笔，写诏书批复说：“不思考就不能统御臣子，不说话就不能阐述自己的想法。近日来和臣子交流谈论过于频繁，因此可能会产生轻视别人的骄傲态度。身体、精神、心思和元气，倒不怕劳累。今天听到你忠直的言辞，我定会虚心改正。”

杜谗邪第二十三
——不能轻信谗言

【原典】

贞观初，太宗谓侍臣曰："朕观前代，谗佞之徒，皆国之蟊贼也。或巧言令色，朋党比周。若暗主庸君，莫不以之迷惑，忠臣孝子所以泣血衔冤。故丛兰欲茂，秋风败之；王者欲明，谗人蔽之。此事著于史籍，不能具道。至如齐、隋间谗谮事，耳目所接者，略与公等言之。斛律明月①，齐朝良将，威震敌国，周家每岁斫汾河冰，虑齐兵之西渡。及明月被祖孝征谗构伏诛，周人始有吞齐之意。高颎②有经国大才，为隋文帝赞成霸业，知国政者二十余载，天下赖以安宁。文帝惟妇言是听，特令摈斥。及为炀帝所杀，刑政由是衰坏。又隋太子勇③抚军监国，凡二十年间，固亦早有定分。杨素欺主罔上，贼害良善，使父子之道一朝灭于天性，逆乱之源，自此开矣。隋文既混淆嫡庶，竟祸及其身，社稷寻亦覆败。古人云'世乱则谗胜'，诚非妄言。朕每防微杜渐，用绝谗构之端，犹恐心力所不至，或不能觉悟。前史云：'猛兽处山林，藜藿④为之不采；直臣立朝廷，奸邪为之寝谋。'此实朕所望于群公也。"魏征曰："《礼》云：'戒慎乎其所不睹，恐惧乎其所不闻。'《诗》云：'恺悌君子，无信谗言。谗言罔极，交乱四国。'又孔子曰：'恶利口之覆邦家'，盖为此也。臣尝观自古有国有家者，若曲受谗谮，妄害忠良，必宗庙丘墟，市朝霜露矣。愿陛下深慎之！"

【注释】

①斛律明月：斛律，复姓。明月是字，名光。②高颎：又名高敏，隋朝开国重臣，被封为渤海郡公。③隋太子勇：杨勇，隋文帝长子。④藜藿：野菜。

【译文】

贞观初年，太宗对侍臣说："我考察了历代以来的历史，了解凡是搬弄是非、阿谀奉承的人都是危害国家的根源。他们巧言令色，结党营私。君王如果昏庸无能，就很容易被他们所蒙蔽，正直的人就会遭到排挤，蒙受不白之冤。所以虽然兰花开得茂盛，却被秋风摧折；君主希望自己圣明，却被谄媚的小人所迷惑。这样的事情在历代数不胜数。现在我把在齐代、隋代年间我所知道的小人的奸邪行径，简单地说给你们听听。齐朝有位良将名为斛律明月，他的威望让敌国闻风丧胆，每年周朝的人都要将汾河上的冰粉碎，因为畏惧齐朝的兵马西渡来犯，将他们一举歼灭。最后孝征用谗言加害斛律明月将他杀害，于是周朝的人想要将齐吞并。隋代的高颎有治国的雄才大略，辅佐隋文帝成就了霸业，他参政二十多年，天下安定太平。后来隋文帝听信妇人的谗言，高颎遭到冷落，最终隋炀帝将他杀害，隋朝国政也开始衰败了。此外，隋太子杨勇指挥兵士，治理国家，达二十年之久，他早已是当仁不让

的太子。但是杨素欺骗君主，残害忠良，散布谣言说太子无能，于是隋文帝将太子废掉，隋朝灭亡的种子也因此而埋下。隋文帝混淆了嫡出与庶出，结果殃及自身，没过多久就将社稷拱手让人。古人说：'世道混乱，那么谗言就会当道。'这话的确中肯。我时常在想应该防微杜渐，杜绝谗言的根源，只怕是心有余而力不足，自己不能觉悟。史书说：'如果猛兽时常出没在山林间，野草就不会被人采摘；忠正的臣子处于朝廷之中，阴险谄媚的小人就只能够偷偷筹划他的诡计。'这句话其实就是我对你们的期望啊。"魏征说："《礼记》上写道：'自己不能够亲眼看见的事情、不能够亲耳听到的事情要警觉。'《诗经》上说：'坦荡的君子不要听信谗言。谗言会迷惑人，更会扰乱四方邻邦。'另外孔子说：'邪恶善辩的口才会使国家覆灭。'说的就是这个道理啊。自古以来的帝王，如果被谗言蒙蔽，枉杀忠良，就必定国破家亡。希望陛下谨慎啊。"

【原典】

贞观七年，太宗幸①蒲州。刺史赵元楷课父老服黄纱单衣，迎谒路左，盛饰廨宇，修营楼雉以求媚；又潜饲羊百余口、鱼数千头，将馈②贵戚。太宗知，召而数之曰："朕巡省河、洛，经历数州，凡有所须，皆资官物。卿为饲羊养鱼，雕饰院宇，此乃亡隋弊俗，今不可复行。当识朕心，改旧态也。"以元楷在隋邪佞③，故太宗发此言以戒之。元楷惭惧，数日不食而卒。

【注释】

①幸：巡幸。②馈：赠。③邪佞：奸邪谄佞。

【译文】

贞观七年，太宗皇帝巡幸蒲州。蒲州刺史赵元楷督促当地百姓一律穿上黄纱单衣，在路边迎接拜谒，并大肆装饰官署，营建城楼雉堞用来献媚讨好。又私自养了几百头羊、几千条鱼，准备馈送朝廷贵戚。这件事情太宗知道以后，将他召来并训斥道："我此次巡察黄河、洛水一带，历经数州，一旦有什么需要都是官府供给。而你却在这里养羊、喂鱼，雕饰院宇，这些坏习惯都是过去隋朝所有的，现在不能再这样做了，你应该了解我的心意，将这不好的作风改掉。"因为赵元楷过去在隋朝就是个奸邪谄佞的官吏，所以太宗说这一番话来警戒他。赵元楷听后既羞愧又害怕，好几天都没有吃东西，不久就死了。

【原典】

贞观十年，太宗谓侍臣曰："太子保傅，古难其选。成王幼小，以周、召为保傅，左右皆贤，足以长仁，致理太平，称为圣主。及秦之胡亥，始皇所爱，赵高作傅，教以刑法。及其篡也，诛功臣，杀亲戚，酷烈不已，旋踵亦亡。以此而言，人之善恶，诚由近习。朕弱冠①交游，惟柴绍②、窦诞③等，为人既非三益④，及朕居兹宝位，经理天下，虽不及尧、舜之明，庶免乎孙皓、高纬⑤之暴。以此而言，复不由染，何也？"魏征曰："中人可与为善，可与为恶，然上智之人自无所染。陛下受命自天，平定寇乱，救万民之命，理致升平，岂绍、诞之徒能累圣德？但经云：'放郑声，远佞人。'近习之间，尤宜深慎。"太宗曰："善。"

【注释】

①弱冠：古代指男子二十岁左右的年龄。②柴绍：字嗣昌，临汾人。武

德初，拜左翊卫大将军，多次征战，有功勋。③窦诞：外戚。太宗与他交谈，他胡乱答对，后被罢免光禄大夫之职。④三益：孔子认为有益的朋友有三种。同正直的人交朋友，同诚实的人交朋友，同见识广的人交朋友，这是有益的。⑤孙皓、高纬：孙皓，三国吴主，后降于晋。高纬，北齐后主，为北周所虏。

【译文】

贞观十年，太宗皇帝对侍臣说："从古至今太子的老师就很难选择。周成王年幼的时候，周公、召公作为他们的老师，都十分贤明，使周成王成为一代仁君，天下以此获得太平。秦代的皇子胡亥，秦始皇很爱他，便让赵高做他的师父，教授他刑法。胡亥篡位后，诛杀功臣，杀害亲戚，极其残暴，没过多长时间就衰败了。这样看来，一个人的善恶，和他所处的环境息息相关。我二十左右就开始结交名士，深交的就只有柴绍、窦诞二人，但是孔子所说的益友的三个条件他们不具备：正直、宽厚、见多识广。我继位以来，虽然在国家的治理上比不上尧、舜圣明，但也不像三国吴主孙皓，北齐后主高纬那样的暴政。我没有受到身边人的影响，这是为什么呢？"魏征回禀道："中等智慧的人既能够做善事也能够做恶事，如果拥有上等智能的人就不会轻易受到外界影响。陛下顺应天意，平定战乱，救万民于水火之中，使天下太平，柴绍、窦诞这些人怎么能够损害陛下的圣德呢？但是经书上说得好：'拒绝郑国的靡靡之音，远离那些挑拨是非的奸邪小人。'这些外在的影响，也不可不谨慎啊。"听后，太宗皇帝点头称是。

【原典】

尚书左仆射杜如晦奏言："监察御史陈师合上《拔士论》，谓人之思虑^①有限，一人不可总知数职，以论臣等。"太宗谓戴胄曰："朕以至公治天下，今任玄龄、如晦，非为勋旧，以其有才行也。此人妄事毁谤，止欲离间我君臣。昔蜀后主昏弱，齐文宣狂悖^②，然国称治者，以任诸葛亮、杨遵彦不猜之故也。朕今任如晦等，亦复如法。"于是，流陈师合于岭外。

【注释】

①思虑：智慧，能力。②狂悖：狂妄无理。

【译文】

尚书左仆射杜如晦上奏说："监察御史陈师合上奏《拔士论》，说一个人的能力是有限的，不能够身兼数职。我觉得这是在议论我们这些大臣啊。"看

192

过奏书，太宗皇帝对戴胄说："公正是我们推行治理国家的原则，如今我重用房玄龄、杜如晦，并不是因为他们是旧时的功臣，而是由于他们的确是德才兼备，陈师合这个人胡乱议论朝政，就是想要离间我们君臣之间的关系。过去，蜀国后主刘禅昏庸孱弱，齐文宣王狂妄无理，但是在国家的治理上却井然有序，就是因为对于诸葛亮、杨遵彦这些良才的任用他们毫无疑心。现在我任用杜如晦等大臣，也基于此。"于是，把陈师合流放到边远地区。

【原典】

贞观中，太宗谓房玄龄、杜如晦曰："朕闻自古帝王上合天心，以致太平者，皆股肱之力。朕比开直言之路者，庶知冤屈，欲闻谏诤。所有上封事人，多告讦百官，细①无可采。朕历选前王，但有君疑于臣，则下不能上达，欲求尽忠极虑，何可得哉？而无识之人，务行谗毁②，交乱君臣，殊非益国。自今以后，有上书讦人小恶者，当以谗人之罪罪③之。"

【注释】

①细：形容多。②谗毁：专门诽谤他人。③罪罪：第一个"罪"名词，第二个"罪"动词，"加罪"的意思。

【译文】

贞观年间，太宗皇帝对房玄龄、杜如晦说："我听闻从古至今的君王，能够做到顺从天意，使天下获得太平，都要依靠大臣的辅佐。我希望众位大臣能广开言路，申明冤情，让我听到诤言。现如今提意见的人，多数都是告发百官，意见多的让人无法定夺。我发现，历朝历代只要君主怀疑臣下的，那么下面的意见就不会传达到朝廷上面，还想要大臣们尽职尽责是不可能的事情。而无耻小人专门诽谤他人，以此来破坏君臣之间的关系，这对于国家来说是十分不利的。从此以后，凡是有人上书揭发别人的小过失，应当以诽谤之罪论处。"

【原典】

魏征为秘书监，有告征谋反者。太宗曰："魏征，昔吾之雠①，只以忠于所事，吾遂拔而用之，何乃妄生谗构②？"竟不问征，遽斩所告者。

【注释】

①雠：敌人。②谗构：谗言。

【译文】

　　魏征做秘书监的时候，有人告发他谋反。太宗十分气愤地说："魏征过去是我的敌人，他为国尽职尽责，因此我才会提拔任用他，现如今怎么会有这种谗言呢？"最终太宗没有责问魏征，而且立即将告发者处以斩首之刑。

【原典】

　　贞观十六年，太宗谓谏议大夫褚遂良曰："卿知起居，比来记我行事善恶？"遂良曰："史官之设①，君举必书。善既必书，过亦无隐。"太宗曰："朕今勤行三事，亦望史官不书吾恶。一则鉴前代成败事，以为元龟②；二则进用善人，共成政道；三则斥弃群小，不听谗言。吾能守之，终不转也。"

【注释】

　　①设：设置，制度。②元龟：大龟，古代用以占卜。引申为借鉴的意思。

【译文】

　　贞观十六年，太宗皇帝对谏议大夫褚遂良说："近日来你负责撰写起居注，我的所作所为是善是恶？"褚遂良说："朝廷专门设置了史官，会记录您的一举一动。善的既然必须记，过失同时也不会隐瞒。"太宗皇帝说："现如今我在认真做三件事，希望我没有什么过失让官吏记录。一是以古为鉴；二是任用贤臣，共同将国家治理好；三是斥退小人，不听信谗言。这三方面我都会始终坚持下去，不会改变。"

悔过第二十四
——懂得反思

【原典】

　　贞观二年，太宗谓房玄龄曰："为人大须学问。朕往为群凶未定①，东西征讨，躬亲戎事②，不暇读书。比来四海安静，身处殿堂，不能自执书卷，使人读而听之。君臣父子，政教之道，共在书内。古人云："不学，墙面，莅事惟烦。"不徒言也。却思少小时行事，大觉非也。"

①群凶未定：指隋末农民起义军及与唐敌对的各派势力尚未平定。②躬亲戎事：亲自参加征战。

【译文】
贞观二年，太宗皇帝对房玄龄说："做人非常需要学问。我以前因为敌对的各派势力尚未平定，东征西讨，亲自带兵打仗，没有时间读书。近年来四海安定太平，身为君主，即便不能亲自手拿书卷阅读，也应该让别人读给我听。政治教化、君臣父子的伦常的种种道理，都在书里。古人说：'不去学习，就好比面对墙壁，头脑一片空白，遇到什么事情就没有能力解决。'这确实不是句空话，现在回想起小时候的所作所为，觉得做得都不对。"

【原典】
贞观中，太子承乾多不修法度，魏王泰尤以才能为太宗所重，特诏泰移居武德殿。魏征上疏谏曰："魏王既是陛下爱子，须使知定分，常保安全，每事抑其骄奢，不处嫌疑之地也。今移居此殿，使在东宫之西，海陵①昔居，时人以为不可。虽时移事异，犹恐人之多言。又王之本心，亦不宁息。既能以宠为惧，伏愿成人之美。"太宗曰："我几不思量，甚大错误。"遂遣泰归于本第。

【注释】
①海陵：海陵王李元吉，唐太宗弟弟。

【译文】
贞观年间，太子李承乾不讲法

度，因为魏王李泰才华出众，深受太宗的器重，一次，太宗下诏让他搬往武德殿居住。魏征上书劝阻说："既然魏王是陛下的爱子，就应该知道自己的地位和身份，为了保证自身的安全，遇到事情要控制骄傲奢侈的习气，不要居住在招惹是非的地方。如今他搬往武德殿，就位于东宫的西边，过去海陵住在那里，当时的人都认为不合适。虽然现在情形不同，恐怕还会招致闲言闲语。而且魏王内心也不会平静，李泰既然因为受到宠爱而感到害怕，何不退居原处，成人之美呢？"太宗皇帝说："我没有慎重考虑就这样做了，差点酿成大错。"于是就让李泰回到原来的住所居住。

【原典】

贞观十七年，太宗谓侍臣曰："人情之至痛者，莫过乎丧亲也。故孔子云：'三年之丧，天下之通丧，自天子达于庶人也。'又曰：'何必高宗①？古之人皆然。'近代帝王遂行不逮汉文以日易月之制，甚乖于礼典。朕昨见徐幹《中论·复三年丧》篇，义理甚深，恨不早见此书。所行大疏略，但知自咎自责，追悔何及！"因悲泣久之。

【注释】

①高宗：即武丁，商代国君。盘庚弟小乙之子。

【译文】

贞观十七年，太宗皇帝对侍臣说："人情之中亲人的过世是让人最哀痛的事情。因此孔子说：'父母死后，服丧三年这是天下的常理，从天子到平民都是如此。'他又说：'何必只说商代的国君武丁这么做呢？古代人都是这么做的。'可是，近代的帝王实行汉文帝以日代月的短期服丧礼仪，这与古代的礼法是相违背的。昨日我看到徐幹写的《中论·复三年丧》这篇文章，认为他论述的道理十分深刻，可惜的是我没能早点看到它。如今才发现，对于礼法这方面我太疏忽大意了，但是后悔已经来不及了，只能责备自己。"说过之后，便因悲伤过度而哭泣良久。

【原典】

贞观十八年，太宗谓侍臣曰："夫人臣之对帝王，多承意顺旨，甘言①取容。朕今欲闻己过，卿等皆可直言。"散骑常侍刘洎对曰："陛下每与公卿论事，及有上书者，以其不称旨，或面加诘难，无不惭退②，恐非诱进直言之道。"太宗曰："朕亦悔有此问难，当即改之。"

【译文】

贞观十八年，太宗皇帝对侍臣说："臣子对帝王，时常只会顺从君主的心意，说一些好听的话来讨君主的欢心。现在我想听听自己有什么过失，你们尽管指出来吧。"散骑常侍刘洎说："每当陛下与大臣们商讨国事，或看奏疏，如果发现他们的意见不合您的心意，就会露出责备的神情，到最后提出意见的臣子就会面带惭色退朝。臣认为，您这样的态度不是在鼓励大臣提意见。"太宗皇帝说："对此，我也很后悔，从现在起我要改掉这个毛病。"

奢纵第二十五
——不能霸道骄纵

【原典】

贞观十一年，侍御史马周上疏陈时政曰：

臣历睹前代，自夏、殷、周及汉氏之有天下，传祚相继①，多者八百余年②，少者犹四五百年③，皆为积德累业，恩结于人心。岂无僻王④，赖前哲以免尔！自魏、晋以还，降及周、隋，多者不过五六十年，少者才二三十年而亡。良由创业之君不务广恩化，当时仅能自守，后无遗德可思。故传嗣之主政教少衰，一夫大呼而天下土崩矣。今陛下虽以大功定天下，而积德日浅，固当崇禹、汤、文、武之道，广施德化，使恩有余地，为子孙立万代之基。岂欲但令政教无失，以持当年而已！且自古明王圣主虽因人设教，宽猛随时，而大要以节俭于身、恩加于人二者是务。故其下爱之如父母，仰之如日月，敬之如神明，畏之如雷霆。此其所以卜祚遐长⑤而祸乱不作也。

【注释】

①传祚相继：帝位一代一代相传。②多者八百余年：指周传三十七王，历八百六十七年。③少者犹四五百年：史书载，夏从禹至桀共十七君，十四世，有王与无王，共历四百七十一年。殷凡三十一世，历六百二十九年。东西两汉共二十四帝，凡四百二十四年。④僻王：僻，不正。僻王指昏庸之王。⑤卜祚遐长：意谓上天赐予帝位时间长久。

【译文】

贞观十一年，侍御史马周上疏，陈述时政得失说：

我阅读了史书，发现从夏、商、周到汉代，在此期间朝代不断交接更替，最长的延续八百多年，短的也有四五百年，这些朝代都积善积德，赢得了民心。在这里面也有昏庸的君主，有的只不过借鉴前哲教诲才免于灭亡。可是从魏晋以来，到周、隋之时，朝代长的不过五六十年，短的二三十年就衰败了。这都是由于君主不懂得广施恩德，只知道明哲保身，对百姓毫无恩惠可言。因此，君王的政教稍有不慎，又刚好有人趁机造反，天下马上就会土崩瓦解。现在，陛下虽然创下奇功，平定了天下，但是对于百姓的恩惠还是非常少的。所以，应当推崇大禹、商汤、文王、武王之道，广布道德教化，为将来留有余地，为后世的帝王做表率创下稳固的基业。怎能够简单认为只要当今的政治没有过失，保住现有的江山就什么事情也没有了呢？而且，虽然古代君王都根据自己国家的情况制定相应的对策，但是节俭、施恩却是历代政治的根本。只有这样，君主才会得到百姓的爱戴，就如同对待自己的父母那样，仰慕君王如同仰慕日月，尊敬君王就好比敬重神明一样，畏惧君王如同畏惧雷霆。这才是国家长治久安、没有动乱的原因。

【原典】

今百姓承丧乱之后，比于隋时才十分之一。而供官徭役，道路相继，兄去弟还，首尾不绝。远者往来五六千里，春秋冬夏，略无休时。陛下虽每有恩诏，令其减省，而有司作既不废，自然须人，徒行文书，役之如故。臣每访问，四五年来，百姓颇有怨嗟之言，以陛下不存养之。昔唐尧茅茨土阶①，夏禹恶衣菲食②。如此之事，臣知不复可行于今。汉文帝惜百金之费，辍露台之役，集上书囊以为殿帷，所幸夫人衣不曳地③。至景帝以锦绣纂组妨害女工，特诏除之，所以百姓安乐。至孝武帝，虽穷奢极侈，而承文、景遗德，故人心不动。向使高祖之后即有武帝，天下必不能全。此于时代差近，事迹可见。今京师及益州诸处营造供奉器物，并诸王妃主服饰，议者皆不以为俭。臣闻昧旦丕显^④，后世犹怠，作法于理，其弊犹乱。陛下少处民间，知百姓辛苦，前代成败，目所亲见，尚犹如此，而皇太子生长深宫，不更外事，即万岁之后，固圣虑所当忧也。

【注释】

①茅茨土阶：茅屋土台。②恶衣菲食：粗衣淡饭。③曳地：拖在地上，挨着地面。④昧旦丕显：昧旦，黎明、拂晓。丕显，大明。《尚书》赞美周文王"丕显哉，文王谟！"昧旦丕显意谓开国之君德业盛大。

【译文】

　　天下战乱之后，现如今的人口只有隋朝的十分之一。但因为徭役沉重，致使道路上都是服役的人。弟弟就要立即离开，并且往来征程几千里，一年四季一如既往。虽然陛下仁德下令减轻徭役，但是有些计划还是需要不断地征派百姓去服劳役。官府不断下达减轻劳役的文书，但是百姓的现状还是没有多大的改变。我常常去巡访民间疾苦，这四五年来，老百姓之中已有很多抱怨之辞了，他们觉得陛下没有体恤他们的疾苦。过去，舜让官吏住在茅草屋中，大禹以饮食丰美为恶。这些节俭的美德，我知道在当下是不可能推行的。汉文帝爱惜百万资金，停止营造露台，他将大臣们上书用的布囊收集起来作为大殿的帷幕，就连他宠爱的慎夫人的衣裙也不准长得拖到地上。汉景帝认为织锦刺绣会妨碍女工，于是下令将官府的作坊解散了，让他们回去休养生息，安居乐业。汉武帝时，他虽然穷奢极欲，但还是继承了文帝、景帝的遗风，因此民心没有动摇。如果汉高祖之后就是武帝即位，那么汉代的江山是不会保全的。这些状况离现在还不算太远，还了解得很清楚。如今京城和益州等地正在大兴土木，各位王爷、妃嫔的服饰也十分奢华，民间百姓都纷纷议论这太奢侈。臣听说勤奋早起而功业盛大显赫的君主，后代还会因循懈怠；依据实际情况制定法令，时间久了就会出现弊端而产生混乱。陛下小的时候就生长在民间，知道百姓的疾苦。前代的成败也都看在眼中，尚且还是这样做。而太子生长在宫中，养尊处优，不知民间疾苦，将来即位之后，可想而知，情形堪忧啊。

【原典】

臣窃寻往代以来成败之事，但有黎庶怨叛①，聚为盗贼，其国无不即灭，人主虽欲改悔，未有重能安全者。凡修政教，当修之于可修之时，若事变一起，而后悔之，则无益也。故人主每见前代之亡，则知其政教之所由丧，而皆不知其身之有失。是以殷纣笑夏桀之亡，而幽、厉亦笑殷纣之灭。隋帝大业之初，又笑周、齐之失国，然今之视炀帝，亦犹炀帝之视周、齐也。故京房②谓汉元帝云："臣恐后之视今，亦犹今之视古。"此言不可不戒也。

【注释】

①黎庶怨叛：指百姓因生怨恨而反叛。②京房：字君明，汉东郡人。

【译文】

我在私下曾经对历代的国家兴亡成败进行了考察，发现只要百姓心生怨恨，聚众闹事，国家到最后就会灭亡。即使君主后悔，没有能重新安定的。现在改进政治教化，应该在还能够改进的情况下进行，如果发生变故，就来不及了。在一般的情况下，君主会认为前代的灭亡是咎由自取，没有想过自己会不会犯下这样的错误。因此，商纣王嘲笑夏桀的灭亡，周幽王、周厉王嘲笑商纣王的灭亡。隋代开国之时，又讥笑周、齐失掉江山。如今我们也这样评价隋代，殊不知今日看待隋代，犹如隋之视周、齐一样。所以京房对汉元帝说："我害怕后世看待现在，犹如现在看古代啊。"这句话不可不引以为戒。

【原典】

往者贞观之初，率土霜俭①，一匹绢才得粟一斗，而天下帖然②。百姓知陛下甚忧怜之，故人人自安，曾无谤讟。自五六年来，频岁丰稔，一匹绢得十余石粟，而百姓皆以陛下不忧怜之，咸有怨言。又今所营为者，颇多不急之务故也。自古以来，国之兴亡不由蓄积多少，惟在百姓苦乐。且以近事验之，隋家贮洛口仓，而李密因之；东京积布帛，王世充据之；西京府库亦为国家之用，至今未尽。向使洛口、东都无粟帛，即世充、李密未必能聚大众。但贮积者固是国之常事，要当人有余力而后收之。若人劳而强敛③之，竟以资寇，积之无益也。然俭以息人，贞观之初，陛下已躬为之，故今行之不难也。为之一日，则天下知之，式歌且舞矣。若人既劳矣，而用之不息，倘中国被水旱之灾，边方有风尘之警，狂狡因之窃发，则有不可测之事，非徒圣躬旰食晏寝而已。若以陛下之圣明，诚欲励精为政，不烦远求上古之术，但及贞观之初，则天下幸甚。

太宗曰："近令造小随身器物，不意百姓遂有嗟怨④，此则朕之过误。"乃命停之。

卷
六

【注释】

①俭：减产。②帖然：平静的样子。③强敛：强行征收。④怨：埋怨。

【译文】

从前贞观初年，普天下霜灾歉收，一匹绢只能换得粟一斗，但天下平静。百姓知道陛下十分爱怜他们，因此每个人都很安慰，从来没有什么怨言。近五六年来，连年丰收，一匹绢可以换十几石粟，但是百姓却觉得陛下不关爱他们，每个人都有怨言，这是由于徭役太过于繁重，加上现在所做的事情都是无关紧要的事情的原因。从古至今，国家的衰败不是因为财物积蓄的多少，而只在于百姓的苦乐。就拿近代的事情来看，隋朝在洛口仓储藏粮食，却为李密所用；在东京堆积布帛，结果被王世充占有；西京府库的财物也被大唐所用，到现在还没有用完。如果当时洛口仓、东京没有积蓄粟帛，那么李密、王世充几乎不能够召集群众。但是贮积钱粮财物原本是理所应当的事情，重要的是应当等到百姓粮食充足的时候再去征收。如果百姓劳苦不堪，还要去强行搜刮，最终还是帮助了贼寇，所积聚的财物并没什么益处。在贞观初年，实行节俭休养生息，陛下曾经实行过，现在实行起来也不是什么困难的事情。一旦实行，天下都会知道，大家就会载歌载舞。如今百姓困苦不堪，还要不停地役使他们，一旦受到什么灾害，狂悖狡黠的人就会乘机作乱，就将有不可预测的事情发生，那时陛下就不仅仅只是晚进餐迟睡觉那么简单了。假如陛下想要励精图治，不需要采用古时候的方法，只需要做到像贞观初年那样就是百姓的大幸了。

太宗皇帝说："最近命令营造随身的小器物，没有想到百姓会为此而埋怨，这是我的过错。"于是命令停止制造。

贪鄙第二十六
——贪欲是罪恶的源泉

【原典】

贞观初，太宗谓侍臣曰："人有明珠，莫不贵重。若以弹雀，岂非可惜？况人之性命甚于明珠，见金钱财帛不惧刑网^①，径即受纳^②，乃是不惜性命。明珠是身外之物，尚不可弹雀，何况性命之重，乃以博财物耶？群臣若能备尽忠直，益国利人，则官爵立至。皆不能以此道求荣，遂妄受财物，赃贿^③既露，其身亦殒，实可为笑。帝王亦然，恣情放逸，劳役无度，信任群小，疏远忠正，有一于此，岂不灭亡？隋炀帝奢侈自贤，身死匹夫之手，亦为可笑。"

【注释】

①不惧刑网：不害怕刑律法网。②受纳：接受，这里指受贿。③赃贿：赃物，贿赂。

【译文】

贞观初年，太宗皇帝对侍臣们说："人拥有一颗明珠，没有不将其当做是珍宝的，如果将它拿去射鸟雀，这不是非常可惜吗？更何况人的性命比明珠还要宝贵，面对金银钱财却不畏惧法律的惩罚，私自收受，这就是不珍惜自己的性命。明珠乃是身外之物，也不能拿去弹射鸟雀，何况是珍贵的性命，怎么可以用它去换取钱财呢？如果群臣能够做到忠诚正直，利于百姓，有益于国家，这样就能够得到官职爵位。根本不需要用这样的手段去得到钱财。一旦暴露，就会危及自身，确实是可笑的。君王也是如此，放纵自己，没有节制地征用劳役，信任小人，疏远忠诚正直的人，犯有其中一种过错，怎么可能不灭亡呢？隋炀帝奢侈而自认为贤能，最后死在一介匹夫的手中，这也是十分可笑的事情。"

【原典】

贞观二年，太宗谓侍臣曰："朕尝谓贪人不解爱财也。至如内外官五品以上，禄秩优厚，一年所得，其数自多。若受人财贿，不过数万。一朝彰露，禄秩①削夺，此岂是解爱财物？规②小得而大失者也。昔公仪休③性嗜鱼，而不受人鱼，其鱼长存。且为主贪，必丧其国；为臣贪，必亡其身。《诗》云：'大风有隧，贪人败类。'固非谬言也。昔秦惠王④欲伐蜀，不知其径，乃刻五石牛，置金其后，蜀人见之，以为牛能便金。蜀王使五丁力士拖牛入蜀，道成。秦师随而伐之，蜀国遂亡。汉大司农⑤田延年赃贿三千万，事觉自死。如此之流，何可胜记！朕今以蜀王为元龟⑥，卿等亦须以延年为覆辙也。"

【注释】

①禄秩：官吏的俸禄。②规：贪求。③公仪休：公仪，复姓。休，名。战国时鲁相。④秦惠王：即秦惠公。⑤大司农：官名。汉武帝时置大司农，掌钱谷之事。⑥元龟：大龟，古代用以占卜。引申为借鉴的意思。

【译文】

贞观二年，太宗皇帝对侍臣说："我曾经说过，贪婪的人是不会知道怎样爱惜财物的。像五品以上的官员，他们高官厚禄，一年下来得到的钱财数目是非常大的。假如接受他人的贿赂，也不过就几万，一旦暴露，就会被革职，这样的行为哪里是爱惜钱财呢？他们因小失大，得不偿失。在过去，鲁国的丞相公仪休非常喜欢吃鱼，但是别人进献的鱼他从来都不

203

会接受，所以可以长时间享受到鱼的美味。君王贪婪，国家必定会灭亡，臣子贪婪，就会丧失性命。《诗经》上写道：'大风刮得迅猛，贪心的人败坏家族。'所说的一点也不假啊！过去，秦惠王要攻打蜀国，但是对于蜀国的道路他不是很熟悉，于是就命令人刻了五斗石牛，并且将金子放在石头后面。蜀国人看见之后，以为石牛可以屙金子。蜀王就让五个大力士将石牛拖到蜀国去，这样道路就开辟出来了。秦国大军尾随其后，灭掉了蜀国。汉代，大司农田延年接受贿赂三千万，事情败露之后他自杀身亡。像这样的例子数不胜数。我现在以蜀王为警戒，你们也要把田延年当做前车之鉴。"

【原典】

贞观四年，太宗谓公卿曰："朕终日孜孜①，非但忧怜百姓，亦欲使卿等长守富贵。天非不高，地非不厚，朕常兢兢业业，以畏天地。卿等若能小心奉法，常如朕畏天地，非但百姓安宁，自身常得欢乐。古人云：'贤者多财损其志，愚者多财生其过。'此言可为深诫。若徇私贪浊②，非止坏公法，损百姓，纵事未发闻，中心岂不常惧？恐惧既多，亦有因而致死。大丈夫岂得苟贪财物，以害及身命，使子孙每怀愧耻③耶？卿等宜深思此言。"

【注释】

①孜孜：努力的样子。②浊：浑浊，污损。③愧耻：羞耻。

【译文】

贞观四年，太宗对公卿说："朕每天都不敢懈怠，不仅担忧百姓，而且还希望你们能够永远富贵。天非不高，地非不厚，我一直以来谨慎小心敬畏天地。如果你们能够遵守法令，就像朕敬畏天地那样，这样不仅百姓安定，你们自身也会觉得高兴。古人说：'贤能的人钱财多了就会有损他的志向，愚钝的人钱财多了就会产生过错。'这话可以深以为戒。如果徇私贪污，不但是破坏国法，伤害百姓，即便事情没有败露，心中怎么会不害怕呢？恐惧多了，也有因此而导致死亡的。大丈夫怎么能为了钱财而丢了自己的性命，让后代子孙蒙受羞耻呢？你们应该深刻地思考这些话。"

【原典】

贞观六年，右卫将军陈万福自九成宫赴京，违法取驿家麸①数石。太宗赐其麸，令自负出以耻之。

【注释】

①麸：麦麸。

【译文】

贞观六年，右卫将军陈万福从九成宫前往京城，他在驿站人家处违法取得几担麦麸。太宗知道之后就将这些麦麸赏赐给他，命令他自己背出宫，以这样的方式来羞辱他。

【原典】

贞观十年，治书侍御史权万纪上言："宣、饶二州诸山大有银坑，采之极是利益，每岁可得钱数百万贯。"太宗曰："朕贵为天子，是事无所少之。惟须纳嘉言，进善事，有益于百姓者。且国家剩得数百万贯钱，何如得一有才行人？不见卿推贤进善之事，又不能按举不法，震肃权豪①，惟道税鬻银坑以为利益。昔尧、舜抵璧于山林，投珠于渊谷，由是崇名美号，见称千载。后汉桓、灵二帝好利贱义②，为近代庸暗之主。卿遂欲将我比桓、灵耶？"是日敕放令万纪还第③。

【注释】

①震肃权豪：震慑整肃权门豪强。②好利贱义：贪财求利而轻贱礼义。③还第：削官为民。

【译文】

贞观十年，治书侍御史权万纪上书说："宣州、饶州这两个州的大山里埋藏着银矿，如果将其开采出来就会有非常大的益处，每年可向朝廷上缴钱数百万贯。"太宗皇帝说："我贵为天子，知道很多这样的事情。现如今我只需要有利于百姓的忠言，将善行推广。国家增加数百万的钱财又有什么用呢？你不举荐有才能的人，表彰善行，也不揭发奸邪之人，肃清豪强，只知道将钱财的事情上报。过去，尧、舜将玉石扔进山林，将珠宝埋于深渊，赢得了高尚的美名，流芳千古。后汉时，桓帝、灵帝重利轻义，是近世有名的昏聩之君。你现在这样做是将我和他们相比吗？"于是在这天权万纪被太宗削官为民。

【原典】

贞观十六年，太宗谓侍臣曰："古人云：'鸟栖于林，犹恐其不高，复巢

205

于木末；鱼藏于水，犹恐其不深，复穴^①于窟下。然而为人所获者，皆由贪饵故也。'今人臣受任，居高位，食厚禄，当须履忠正，蹈公清，则无灾害，长守富贵矣。古人云：'祸福无门，惟人所召。'然陷其身者，皆为贪冒^②财利，与夫鱼鸟何以异哉？卿等宜思此语为鉴诫。"

【注释】

①穴：洞穴。②贪冒：贪图。

【译文】

贞观十六年，太宗对侍臣说："古人说：'小鸟在树林中休息就担心树木不高，因此将巢搭建在树木的顶端；鱼藏于水中，担心水不够深，因此居于水底洞穴中。但是仍然能够被人捕获的，就是由于贪饵的缘故。'现在大臣受任命，居高位，食厚禄，应该尽职尽责，清廉无私，这样才能避免灾祸，长守富贵啊！古人说：'祸福无门，惟人所召。'那些犯法的人都是由于贪图财利，这与那些鱼、鸟又有什么区别呢？这些话你们应当好好想想，作为借鉴和告诫。"

卷 七

崇儒学第二十七
——推崇儒家思想

【原典】

太宗初践祚，即于正殿之左置弘文馆①，精选天下文儒，令以本官兼署学士，给以五品珍膳②，更日宿直，以听朝之隙引入内殿，讨论坟典③，商略政事，或至夜分乃罢。又诏勋贤三品以上子孙为弘文学生。

【注释】

①弘文馆：唐武德四年置修文馆于门下省。②珍膳：美好的膳食。③坟典："三坟五典"的简称，泛指古书。

【译文】

太宗皇帝刚刚即位不久，就在正殿左侧设置了弘文馆，在天下选拔通晓儒学的人，将他们现任的官职保留，并且兼任弘文馆学士，向他们提供五品官员才能享用的精美的膳食，排定当值的日子，并让他们在宫中歇息留宿。太宗在朝堂听政的闲暇时间，就将他们引进内殿，谈论古代典籍，商议谋划政事，有的时候直到半夜才结束。后来，他又下诏让三品以上的皇亲贵族、贤臣良将的子孙充任弘文馆的学生。

【原典】

贞观二年，诏停周公为先圣，始立孔子庙堂于国学，稽式①旧典，以仲尼为先圣，颜子为先师，两边俎豆干戚②之容，始备于兹矣。是岁大收天下儒士，赐帛给传，令诣京师，擢以不次，布在廊庙者甚众。学生通一大经以上，咸得署吏③。国学增筑学舍四百余间，国子、太学、四门、广文④亦增置生员，其书、算各置博士、学生，以备众艺。太宗又数幸国学，令祭酒、司业、博士⑤讲论，毕，各赐以束帛。四方儒生负书而至者，盖以千数。俄而吐蕃及高昌、高丽、新罗等诸夷酋长，亦遣子弟请入于学。于是国学之内，鼓箧⑥升讲筵者，几至万人，儒学之兴，古昔未有也。

【注释】

①稽式：效法，取法。②俎豆干戚：俎和豆是古代祭祀用的礼器，干和戚是用于祭祀的乐舞之具。③署吏：进入仕途，开始为官。④国子、太学、四门、广文：皆为当时的教学馆所。⑤祭酒、司业、博士：国学的长官和教师名称。⑥鼓箧：据《礼记·学记》注，鼓箧意谓击鼓召集学士，令启箧（书箱）出书以授学。后因称勤学为鼓箧。

【译文】

贞观二年，太宗皇帝下令停止尊崇周公为先圣，在国子监里建立孔子庙堂，翻查典籍按照过去的规定，将孔子尊崇为先圣，颜子为先师。孔子庙里，在供台上放置祭祀用的俎豆、干戚等礼具乐舞之具。这年太宗还招纳大批天下儒士，赐予他们布帛，供他们食宿，将他们全部都聚集到京师。这些人多数都被破格录取升任不同的官职，在朝廷上任官的很多。学者如果能够将一大经以上的经书读通就能够入仕做官。从这以后，国子监增益学舍四百多间，四门学、广文馆、国子学、太学同时也增加了学生的名额。此外，在书学、算学也分别设置了博士和学生，使国学的各种技艺都设置齐备了。太宗还好几次亲临国子监，叫祭酒、司业、博士讲说经术，讲毕，每人赐给帛一束。儒学之盛，全国各地的数千名儒生纷纷前往京城。没过多长时间，吐蕃和高昌、高丽、新罗等族的首领，也派子弟到长安求学。于是国子监之内，带着书箱和登上讲席的，几乎有上万人，像这样大兴儒学自古没有过。

【原典】

贞观十四年诏曰："梁皇侃①、褚仲都②，周熊安生③、沈重④，陈沈文阿⑤、周弘正⑥、张讥⑦，隋何妥⑧、刘炫⑨，并前代名儒，经术可纪，加以所在学徒，多行其讲疏，宜加优赏，以劝后生，可访其子孙见在者，录姓名奏闻。"二十一年诏曰："左丘明⑩、卜子夏、公羊高、穀梁赤、伏胜、高堂生⑪、戴圣、毛苌、孔安国、刘向、郑众、杜子春、马融、卢植、郑玄、服虔、何休、王肃、王弼、杜预、范宁等二十有一人，并用其书，垂于国胄，既行其道，理合褒崇。自今有事于太学，可并配享尼父庙堂。"其尊儒重道如此。

【注释】

①皇侃：梁散骑侍郎，明《三礼》。②褚仲都：明《周易》。③熊安生：字植之，长乐人，为国子博士。④沈重：字子厚，通《春秋》群书，为《五经》博士。⑤沈文阿：字国卫，通《三礼》《春秋》，为《五经》博士。⑥周弘正：字思行，晋周觊之后，为国子博士。⑦张讥：字直言，武城人，为国子博士。⑧何妥：字栖凤，西城人，为国子祭酒。⑨刘炫：字光明，河间人，为太学博士。⑩左丘明：左丘，复姓。明，名。著《春秋左传》。⑪高堂生：鲁人，为前汉博士，治《仪礼》。

【译文】

贞观十四年，太宗皇帝下诏说："梁代的皇侃、褚仲都，北周的熊安生、沈重，陈代的沈文阿、周弘正、张讥，隋代的何妥、刘炫，都是前代著名的儒生，他们广收门徒，精通经术，对经书都十分了解，应该赏赐于他们，以鼓励后学之士，还应该寻访他们的后人，将他们的姓名记录下来以后上报朝堂。贞观二十一年，太宗皇帝又下诏说："左丘明、卜子夏、伏胜、高堂生、戴圣、毛苌、孔安国、刘向、郑众、服虔、何休、王肃、王弼、杜预、范宁、马融、卢植、郑玄、公羊高、穀梁赤、杜子春二十一人，他们的经书都被采用，教育太学里的学生，既然遵循他们的学说，对于他们应当褒扬和尊崇。从现在开始，太学里凡举行祭祀之典时，可使他们配享孔子庙堂。"太宗就是这样尊儒重道的。

【原典】

贞观二年，太宗谓侍臣曰："为政之要，惟在得人。用非其才，必难致治。今所任用，必须以德行、学识为本。"谏议大夫王珪曰："人臣若无学业，不能识前言往行，岂堪大任？汉昭帝①时，有人诈称卫太子②，聚观者数万人，众皆致惑。隽不疑③断以蒯聩④之事，昭帝曰：'公卿大臣，当用经术明于古义者，此则固非刀笔俗吏所可比拟。'"上曰："信如卿言。"

【注释】

①汉昭帝：名弗陵，汉武帝的幼子。②卫太子：名据，武帝太子，卫皇后所生。③隽不疑：字曼倩，渤海人，昭帝时为京兆尹。④蒯聩：春秋时卫灵公世子。

【译文】

贞观二年，太宗对侍从的大臣们说："治理国家的关键在于任用合适的人才；用人不当，就很难将国家治理好。现在，人才的任用必须要以德行、学识为本。"谏议大夫王珪说："如果臣子没有才能，不能记住前人的言行，又怎么能够担此大任呢？汉昭帝时，有人冒充卫太子，有好几万人前去围观，对此大家都不知道应该怎么办。之后，大臣隽不疑用古代蒯聩的先例来处理，将那个人逮捕。对此，汉昭帝说：'公卿大臣要通晓经术、懂得古义的人来担任，这并不是俗吏之辈就能够与之相比的。'"太宗说："确实像你所说的那样。"

【原典】

贞观四年，太宗以经籍去圣久远，文字讹谬，诏前中书侍郎颜师古^①于秘书省考定五经。及功毕，复诏尚书左仆射房玄龄集诸儒重加详议。时诸儒传习师说，舛谬已久，皆共非之，异端蜂起。而师古辄引晋、宋以来古本，随方晓答，援据^②详明，皆出其意表，诸儒莫不叹服。太宗称善者久之，赐帛五百匹，加授通直散骑常侍，颁其所定书于天下，令学者习焉。太宗又以文学多门，章句繁杂，诏师古与国子祭酒孔颖达等诸儒，撰定^③五经疏义，凡一百八十卷，名曰《五经正义》，付国学施行。

【注释】

①颜师古：唐训诂学家。②援据：引经据典。③撰定：撰写。

【译文】

贞观四年，太宗觉得现在离古代圣人的时代已经很远了，圣人的经典在后世流传的过程中出现了许多失误，要想考证非常困难。于是，太宗下令前中书侍郎颜师古在秘书省考订《五经》。考订完成之后，又下令尚书左仆射房玄龄将儒生召集起来再次仔细讨论、审定。当时，这些儒生拘泥于旧说，而这些旧说错乱讹误相传已久，颜师古的考订他们都不同意，一时之间，各种各样的议论蜂拥而起。但是，颜师古引用晋、宋以来古本，对他们提出的不同见解，引经据典，详细地加以说明，让所有的儒生赞叹不已。颜师古的学识也得到了太宗的称赞，赏赐给他帛五百匹，加授他为通直散骑常侍，将他考订的经书颁行天下，让读书人都来学习。后来，太宗皇帝又因为经术师承不同，解释各异，下令颜师古和国子祭酒孔颖达共同撰写《五经》的疏义，总共一百八十卷，名为《五经正义》，交付国子监作教材使用。

【原典】

太宗尝谓中书令岑文本曰："夫人虽禀定性，必须博学以成其道，亦犹蜃性含水，待月光而水垂①；木性怀火，待燧动而焰发；人性含灵，待学成而为美。是以苏秦刺股②，董生③垂帷。不勤道艺，则其名不立。"文本对曰："夫人性相近，情则迁移，必须以学饬情，以成其性。《礼》云：'玉不琢不成器，人不学不知道。'所以古人勤于学问，谓之懿德④。"

【注释】

①蜃性含水，待月光而水垂：蜃，大蛤蜊。传说海上有月光时蜃吐气如楼阁之状。②苏秦刺股：相传苏秦读书刻苦，欲睡时就用锥子刺自己的大腿。③董生：即董仲舒。西汉哲学家，今文经学大师。④懿德：美德。

【译文】

太宗皇帝曾对中书令岑文本说："虽然人有一定的天性，但是一定要有博学才能够有所成就。就好比蜃的本性含有水，要想吐水就必须见到月光；木的本性含有火，要想发出火光就必须敲打燧石。人的本性含有灵气，要想美好完善就必须通过学习。因此，有苏秦刺股读书，董仲舒放下帷帐讲学的美谈。不勤奋于道艺，功名是不会树立的。"岑文本回答说："人的本性非常相近，但是爱好却有所差别，这就需要用学习来修养情趣，使本性完善。《礼记》说：'玉石没有经过雕刻就不可能成为器具，人不通过学习就不会懂得道理。'因此古人以勤于学习为美德。"

文史第二十八
——治国以史为鉴

【原典】

贞观初，太宗谓监修国史房玄龄曰："比见前、后《汉史》载录扬雄①《甘泉》《羽猎》，司马相如②《子虚》《上林》，班固③《两都》等赋，此既文体浮华，无益劝诫，何假书之史策？其有上书论事，词理切直，可裨于政理者，朕从与不从皆须备载。"

【注释】

①扬雄：字子云，蜀郡成都人。西汉辞赋家。②司马相如：字长卿，蜀郡成都（今属四川）人。西汉辞赋家。③班固：东汉史学家、文学家。汉明帝时为校书郎，善作赋。

【译文】

贞观初年，太宗皇帝对监修国史的官员房玄龄说："我发现《汉书》《后汉书》记录有扬雄的《甘泉赋》《羽猎赋》，司马相如的《上林赋》《子虚赋》，班固的《两都赋》，这些文章辞藻华丽，对于君王的劝诫是没有益处的，为什么还要记载在史书上呢？今后，如果有人上书议政，只要是言辞中肯，对国家治理有利，不管我是不是采纳，都必须记载在史书上。"

【原典】

贞观十一年，著作佐郎邓隆表请编次太宗文章为集。太宗谓曰："朕若制事出令，有益于人者，史则书之，足为不朽。若事不师古，乱政害物，虽有词藻，终贻后代笑，非所须也。只如梁武帝父子及陈后主①、隋炀帝，亦大有文集，而所为多不法，宗社皆须臾倾覆。凡人主惟在德行，何必要事文章耶？"竟不许。

【注释】

①陈后主：陈叔宝，字元秀。南朝陈的最后一个皇帝。后为隋兵俘虏，病死在洛阳。

【译文】

贞观十一年，著作佐郎邓隆上书请求把太宗的文章编成文集。太宗说："如果我的这些诏书和命令有益于百姓，史书上都已经记载，足以流传千古了。如果我的命令不遵循古训，扰乱了政务，即便言辞华丽，也会让后人贻笑，这不是我所希望的。像梁武帝父子、陈后主、隋炀帝，他们都有文集传世，但是他们的行为是不可取的，最终断送了社稷江山。君主圣明与否，关键在于他的品性和行为，何必一定要留文章流传后世呢？"太宗最终没有应允。

【原典】

贞观十三年，褚遂良为谏议大夫，兼知①起居注。太宗问曰："卿比知起居，书何等事？大抵于人君得观见否？朕欲见此注记者，将却观所为得失以自警戒耳。"遂良曰："今之起居，古之左、右史，以记人君言行，善恶毕书，庶几人主不为非法，不闻帝王躬②自观史。"太宗曰："朕有不善。卿必记耶？"遂良曰："臣闻守道不如守官，臣职当载笔，何不书之？"黄门侍郎刘洎进曰："人君有过失，如日月之蚀③，人皆见之。设令遂良不记，天下之人皆记之矣。"

【注释】

①兼知：负责撰写。②躬：亲自。③蚀：日食、月食。

【译文】

贞观十三年，褚遂良担任谏议大夫一职，兼任负责撰写帝王言行的起居注。一次，太宗皇帝问他："在起居注中，你都写了些什么呢？我可不可以看一看？用帝王的得失来警戒自己。"褚遂良劝阻说："现在的起居注，就是记录帝王的言行，分为左史和右史，不管是好的或者是不好的地方全都记录下来，是希望君王不要做出什么不利于国家的事情，我从未听说君王自己要看关于自己史书的。"太宗皇帝说："我有不好的言行，你们都记录下来了吗？"褚遂良说："常言道，坚守道义不如尽忠职守。记录历史是我的职责，怎么会不将所有的事情都记录下来呢？"黄门侍郎刘洎说："君王有什么过失，就好比日月有日食、月食一样，每个人都可以看见。即便褚遂良没有记录，百姓也都会知道。"

【原典】

贞观十四年，太宗谓房玄龄曰："朕每观前代史书，彰善瘅恶①，足为将来规诫。不知自古当代国史，何因不令帝王亲见之？"对曰："国史既善恶必书，庶几人主不为非法。止应畏有忤旨，故不得见也。"太宗曰："朕意殊不同古人。今欲自看国史者，盖有善事，固不须论；若有不善，亦欲以为鉴诫，使得自修改耳。卿可撰录进来。"玄龄等遂删略国史为编年体，撰高祖、太宗实录各二十卷，表上之。太宗见六月四日事②，语多微文③，乃谓玄龄曰："昔周公诛管、蔡而周室安，季友鸩叔牙④而鲁国宁。朕之所为，义同此类，盖所以安社稷，利万民耳。史官执笔，何烦有隐？宜即改削浮词，直书其事。"侍中魏徵奏曰："臣闻人主位居尊极，无所忌惮。惟有国史，用为惩恶劝善，书不以实，后嗣何观？陛下今遣史官正其辞，雅合至公之道。"

卷
七

【注释】

①彰善瘅恶：表彰美善，指斥丑恶。②六月四日事：即玄武门之变。③微文：委婉隐晦的文辞。④季友鸩叔牙：春秋时鲁庄公有三个弟弟，长者庆父，次者叔牙，再次季友。庄公打算让儿子继位，叔牙却说应让庆父嗣位，季友奉庄公之命，让人用毒酒将叔牙杀死。

【译文】

贞观十四年，太宗皇帝对房玄龄说："我每次翻看前朝的史书，都会以惩恶扬善来警戒后人。但是我不明白的是，自古以来当朝的国史为什么君王不能亲自看到？"房玄龄回答说："国史既然善恶必书，可以警戒帝王不做非法的事情。只是担心君王看过之后会有什么意见相抵触的地方，因此才不让君王看见。"太宗说："我的想法与古人是不同的，如今想要亲自看看国史，如果有做得好的地方不必多说什么，如果做得不好我就会引为鉴戒，并加以改正。你们把撰写好的国史送过来吧。"于是房玄龄等人就将国史中的一些地方删减整理，按照一定的日期编排好，撰写成高祖和太宗的《实录》各二十卷，上表呈献。太宗看见六月四日记录的玄武门之变写得很含蓄，就对房玄龄说："从前，周公东征诛杀管叔、蔡叔，从而使周室得以安定。季友用毒药杀死叔牙，鲁国才得到安宁。我所做的和古代人做的道理一样，都是为了国家着想，以利万民。史官执笔，何须隐晦？你们应该立即将虚饰的词语删除，把这件事从头到尾写清楚。"事后，侍中魏徵上奏说："我听闻，君主身居高位，没有什么可畏惧的，只有国史，足以惩恶劝善，假如没有真实记录，这样后世看什么呢？陛下如今叫史官修正《实录》，很符合公正的道理。"

礼乐第二十九
——做人的纲常伦理

【原典】

太宗初即位，谓侍臣曰："准《礼》，名，终将讳之。前古帝王，亦不生讳其名^①，故周文王名昌，《周诗》云：'克昌厥后。'春秋时鲁庄公名同，十六年《经》书：'齐侯、宋公同盟于幽。'惟近代诸帝，妄为节制，特令生避其讳，理非通允^②，宜有改张。"因诏曰："依《礼》，二名义不偏讳，尼父达圣，非无前指。近世以来，曲为节制，两字兼避，废阙已多，率意而行，有违经语。今宜依据礼典，务从简约，仰效先哲^③，垂法将来，其官号人名，及公私文籍，有'世'及'民'两字不连读，并不须避。"

【注释】

①生讳其名：活着的时候就避讳其名字。②通允：通达妥当。③先哲：先代圣哲。

【译文】

太宗皇帝在刚即位的时候曾经对侍臣们说："根据《周礼》的规定，君王的名字都要有所避讳，但是古代君王对这些并不避讳，周文王叫昌，但《周诗》中写了'攻克姬昌之后'这样的诗句。春秋时，鲁庄公名叫同，庄公十六年《春秋经》记载着：'齐侯、宋公在幽地结为同盟。'只是到了后来，君王们才会制定许多禁忌，说要对君王的名字进行避讳。我觉得这样做毫无道理，应该改变。"于是下诏说："按照《礼记》，人的名字可以是两个字的，两个字只要不重复，就不需要避讳，孔子是通达事理的圣人，以前不是没有指出过这种事。近世以来，世人多加禁忌，生出很多避讳，这不符合《礼记》中的规定。现在应该遵循经典，从简约出发，效仿先哲，规范后世。官员的称谓、姓名，公私的文章书籍，只要'世'和'民'两个字不会连读，就没有必要避讳。"

【原典】

贞观二年，中书舍人高季辅上疏曰："窃见密王元晓①等俱是懿亲，陛下友爱之怀，义高古昔，分以车服，委以藩维，须依礼仪，以副瞻望②。比见帝子拜诸叔，诸叔亦即答拜，王爵既同，家人有礼，岂合如此颠倒昭穆③？伏愿一垂训诫，永循彝则④。"太宗乃诏元晓等，不得答吴王恪、魏王泰兄弟拜。

【注释】

①元晓：高祖第二十一子。②瞻望：仰望。③昭穆：古时宗庙牌位按辈次排列，左为昭，右为穆。这里指辈分。④彝则：古时指人与人之间的伦理道德关系。

【译文】

贞观二年，中书舍人高季辅上疏说："我私下看到，密王李元晓他们都是皇亲国戚，对于他们陛下太过于仁爱，甚至超过了古代的君王，满怀关心友爱之情，可谓前无古人，但像陛下分配兵马委以重任这些大事情，仍需遵照礼仪的规范，以让天下人臣服。我见皇子们拜见叔父的时候，叔父们也马上回礼。每个家庭的礼数都是不一样的，即使是帝王家也应如此，怎么能够将上下的顺序颠倒了呢？希望陛下严加训诫，永远遵循世人留下的礼仪。"于是太宗下令李元晓等人，对吴王李恪、魏王李泰不用再回礼。

【原典】

贞观四年，太宗谓侍臣曰："比闻京城士庶居父母丧者，乃有信巫书之言，辰日不哭，以此辞于吊问，拘忌辍哀①，败俗伤风，极乖人理。宜令州县教导，齐之以礼典。"

【注释】

①辍哀：停止悲哀。

【译文】

贞观四年，太宗皇帝对侍臣说："我听闻京城的百姓在为父母守丧期间听信巫师的妖言，在辰日这天不哭，同时他们也谢绝别人来哀悼慰问，不允许悲伤，这样的做法是伤风败俗、违背人情的。现在下令让各州县教导百姓，全部按照正规的礼仪去做。"

【原典】

贞观五年，太宗谓侍臣曰："佛道设教，本行善事，岂遣僧尼道士等妄自尊崇，坐受父母之拜，损害风俗，悖①乱礼经？宜即禁断，仍令致拜于父母。"

【注释】

①悖：违反。

【译文】

贞观五年，太宗皇帝对侍臣说："广行善事这原本就是佛教、道教徒应该做的事情，怎么能让和尚、尼姑、道士等人妄自尊大，坐着接受父母的跪拜礼呢？这样的话就会让礼法混乱，损害民风民俗，如今下令将这样的行为立即禁止，仍然让他们跪拜自己的父母。"

【原典】

贞观六年，太宗谓尚书左仆射房玄龄曰："比有山东崔、卢、李、郑四姓，虽累叶陵迟①，犹恃其旧地，好自矜大，称为士大夫。每嫁女他族，必广索聘财，以多为贵，论数定约，同于市贾②，甚损风俗，有紊礼经。既轻重失宜，理须改革。"乃诏吏部尚书高士廉、御史大夫韦挺、中书侍郎岑文本、礼部侍郎令狐德棻③等，刊正姓氏，普责天下谱牒④，兼据凭史传，剪其浮华，定其真伪，忠贤者褒进，悖逆者贬黜，撰为《氏族志》。士廉等及进定氏族等第，遂以崔干为第一等。太宗谓曰："我与山东崔、卢、李、郑，旧既无嫌，为其世代衰微，全无官宦，犹自云士大夫，婚姻之际，则多索财物，或才识庸下，而偃仰自高⑤，贩鬻松槚⑥，依托富贵，我不解人间何为重之？且士大夫有能立功，爵位崇重，善事君父，忠孝可称，或道义清素，学艺通博，此亦足为门户，可谓天下士大夫。今崔、卢之属，惟矜远叶衣冠⑦，宁比当朝之贵？公卿已下，何暇多输钱物，兼与他气势，向声背实，以得为荣。我今定氏族者，诚欲崇树今朝冠冕，何因崔干犹为第一等，只看卿等不贵我官爵耶？不论数代已前，只取今日官品、人才作等级，宜一量定，用为永则。"遂以崔干为第三等。至十二年，书成，凡百卷，颁天下。又诏曰："氏族之美，实系于冠冕，婚姻之道，莫先于仁义。自有魏失御，齐氏云亡，市朝既迁，风俗陵替，燕、赵古姓，多失衣冠之绪，齐、韩旧族，或乖礼义之风。名不著于州间，身未免于贫贱，自号高门之胄，不敦匹嫡之仪，问名^⑧惟在于窃赀^⑨，结褵^⑩必归于富室。乃有新官之辈，丰财之家，慕其祖宗，竞结婚姻，多纳货贿，有如贩鬻。或自贬家门，受辱于姻娅；或矜其旧望，行无礼于舅姑。积习成俗，迄今未已，既紊人伦，实亏名教。朕夙夜兢惕，忧勤政道，往代蠹害，咸已惩革，唯此弊风，未能尽变。自今以后，明加告示，使识嫁娶之序，务合礼典，称朕意焉。"

【注释】

①累叶陵迟：累叶，累世。陵迟，盛况渐衰。累业陵迟在这里指家世衰落。②市贾：商人。③令狐德棻：令狐，复姓。德棻，名。宜州人，博贯文史，武德初年，为起居舍人。贞观年间迁礼部侍郎。④谱牒：古代记述氏族或宗族世系的书籍。⑤偃仰自高：心安理得，自高自大。⑥贩鬻松槚：槚，木名，即楸树，常和松树一起种在坟墓前。贩鬻松槚意思是拿着前世的声望做交易。⑦远叶衣冠：意思是远世的官绅。⑧问名：古代婚礼"六礼"之一。男家请媒人问女方的名字和生辰八字。⑨窃赀：这里指借机索财。⑩结褵：褵，古时女子出嫁时系的佩巾。结褵即成婚的代称。

【译文】

贞观六年，太宗皇帝对尚书左仆射房玄龄说："近来山东的崔、卢、李、郑四大姓，虽然在很早的时候就已经衰败了，但是仍然依仗之前的名望，骄傲自大，以士大夫自称。每当要下嫁女儿的时候就会乘机向其他家族大肆索取聘礼财物，只贪图数量，按照彩礼的数目决定婚约，就像是集市上的商贩一样，这样做不仅败坏了风俗，而且还搅乱了《礼经》的规定。既然他们的门望与事实不符，就应该改变现在的礼仪制度。"于是下诏，命吏部尚书高士廉、御史大夫韦挺、中书侍郎岑文本、礼部侍郎令狐德棻等人订正姓氏，将全国的家谱收集到一起，依照史书的传记，删除浮华，考订真假，假如家族中出了忠贤，就提升等级，

出了叛逆，就加以贬黜，按照这样的标准撰写了一部《氏族志》。之后，高士廉等人在太宗皇帝面前呈上所定的氏族等第时，仍把崔干列为第一等。太宗说："我和山东的崔、卢、李、郑，并无宿怨，他们世代衰微，而且现如今没有一个人做官，却还敢号称士大夫，以此作为理由在婚嫁的时候索取大量财物。有的人才能见识平庸，还自夸高门，炫耀死去的祖先，依附于富贵之列，我真是不知道社会为什么对他们如此看重？有人如果能够建功立业，爵位隆重，侍奉君主和父亲，这样的行为都是值得称赞的，又或者道德仁义高尚，学艺通博，这样的话也可以自立门户，称得上是士大夫。如今崔、卢之类，依仗远祖的高官厚爵，怎么还能与当朝的显贵相比呢？公卿以下的人，又何必送给他们那么多财物，以助长他们的气焰呢？他们只知道贪图名利，以此为自己添光加彩。为了树立当今显贵的地位就需要复位氏族，为什么还把崔干列在第一等，你们这不是看轻我朝的官爵吗？因此，无论之前怎么样，只按照今天的人才、官品来制定等级，而且这次的等级将会作为永远的准则。"于是将崔干定为第三等。贞观十二年，完成了《氏族志》全书，共一百卷，颁行天下。太宗皇帝又下令说："氏族的高低要和官爵相联系，婚姻要以仁义为先。自从北魏失国，北齐灭亡，朝野变化，风俗衰败。最早的燕、赵古姓，后人多失去官爵，以前齐、韩旧族，行为也与礼仪相违背。他们名不闻于乡里，身不免于贫贱，却还自称高门后裔，依仗名望去索要钱财，完全不讲究嫁娶的礼仪，女儿必嫁给富贵之家。于是就有新做官的人和钱财多的人家，羡慕富贵人家的祖宗，抢着和人家攀亲，赠送大量的钱财，如同买卖。有的自愿贬低家门，受辱于姻亲；有的仗着自己过去的地位，目无尊长，在长辈面前无礼。这样的做法已经成为习惯，变成一种风俗，一直到现在还没有改变，这既紊乱了人伦，也有亏于名教。我时刻小心谨慎，日夜操劳政事，历代以来有什么弊端祸害，都已经下令革除，唯有这项坏风气，还没有完全转变。从今以后，嫁娶的规矩要让天下人都懂得，务必合乎礼法，按照朝廷的礼仪办事，这样才会符合我的心意。"

【原典】

礼部尚书王珪子敬直，尚太宗女南平公主。珪曰："《礼》有妇见舅姑之仪，自近代风俗弊薄，公主出降，此礼皆废。主上钦明，动循法制①，吾受公主谒见，岂为身荣，所以成国家之美耳。"遂与其妻就位而坐，令公主亲执巾，行盥馈之道②，礼成而退。太宗闻而称善。是后公主下降有舅姑者，皆遣备行此礼。

【注释】

①动循法制：做什么事都遵循礼法典制。②盥馈之道：指妇人为长者行盥洗、送膳食之礼。

【译文】

礼部尚书王珪的儿子王敬直，娶了太宗皇帝的女儿南平公主。王珪说：《礼记》上规定有妇人拜见舅舅、姑母的礼仪。但是近年来这种风俗渐渐地改变了，自从公主下嫁之后，这些礼仪都被废弃了。陛下圣明，什么地方都依照法令规范。我接受公主的拜见之礼，不仅只是自己的荣耀，而是在成全大唐礼仪之邦的美名啊。"于是和妻子坐在公婆的位置上接受公主侍奉父母的洗手进食之礼，礼毕，公主自行退下。这件事情太宗知道后十分赞同。此后，凡是有公主下嫁，都要遵照这条礼仪。

【原典】

贞观十二年，太宗谓侍臣曰："古者诸侯入朝，有汤沐之邑①，刍禾②百车，待以客礼。昼坐正殿，夜设庭燎③，思与相见，问其劳苦。又汉家京城亦为诸郡立邸舍。顷闻考使至京者，皆赁房以坐，与商人杂居，才得容身而已。既待礼之不足，必是人多怨叹，岂肯竭情④于共理哉。"乃令就京城闲坊，为诸州考使各造邸第。及成，太宗亲幸观焉。

【注释】

①汤沐之邑：住宿的地方。②刍禾：喂马的草料。③庭燎：大蜡烛。④竭情：尽职尽忠。

【译文】

贞观十二年，太宗皇帝对侍臣说："在古代诸侯入朝拜谒天子，有专门住宿和沐浴的地方，给他们一百车草喂养马匹，享受客人的礼遇。白天的时候天子坐在正殿里，夜晚时在庭院中点燃蜡烛，向他们嘘寒问暖。在京城里也为各个郡县设立了专门的馆舍。如今，我听闻各地的使者到了京城，都是租房子居住，与商人们杂住在一起，仅仅只有个容身之地而已，这样的待客方式非常懈怠，恐怕会遭到使者们的埋怨，还怎么让他们继续为朝廷尽职尽忠呢？"于是，下令京城有条件的客栈，为各地来的使者营造馆舍。修建成功之后，太宗还要亲自去查看。

【原典】

贞观十三年，礼部尚书王珪奏言："准令，三品以上，遇亲王于路，不合下马，今皆违法申敬，有乖朝典①。"太宗曰："卿辈欲自崇贵，卑我儿子耶？"魏征对曰："汉、魏已来，亲王班②皆次三公下。今三品并天子六尚书九卿③，为王下马，王所不宜当也。求诸故事④，则无可凭，行之于今，又乖国宪，理诚不可。"帝曰："国家立太子者，拟以为君。人之修短，不在老幼。设无太子，则母弟次立。以此而言，安得轻我子耶？"征又曰："殷人尚质⑤，有兄终弟及之义。自周已降，立嫡必长，所以绝庶孽⑥之窥窬，塞祸乱之源本。为国家者，所宜深慎。"太宗遂可王珪之奏。

【注释】

①有乖朝典：有违于当朝典制。②班：排列，次序。③九卿：即太常寺、光禄寺、卫尉寺、宗正寺、太仆寺、大理寺、鸿胪寺、司农寺、太府寺。④故事：旧例。⑤尚质：崇尚诚信，重视实际。⑥庶孽：旧时指妾媵所生的儿子。

【译文】

贞观十三年，礼部尚书王珪上奏说："依照律令，三品以上的官员，如果在路上遇到亲王可以不下马行礼。但是现在这样的做法是违法的，这实在是不符合律令啊！"太宗皇帝说："你们想自己尊贵，而轻慢我的儿子们吗？"魏征说："汉代、魏晋以来，亲王的礼遇都低于三公。然而，现在三品官员和天子六尚书九卿，都要为亲王下马致礼，这样的礼节亲王是不应该接受的，这样做也没有先例可循，又与国家的法令相违背，实在不合乎情理。"太宗皇帝说："国家确立的太子是未来的君主，一个人地位的高低，

不在于年龄的长幼，假如太子去世，他的位置就应该由同母的弟弟替代。你这样说，不是在轻视我的儿子吗？"魏征又说："商代崇尚质实，有兄长去世弟弟继承的规定。但是自从周代以来都是立长子为继承人，这样做的话就可以杜绝庶子意图篡权夺位、制造混乱的可能性。对此君主应当谨慎。"于是太宗接受了王珪的意见。

【原典】

贞观十四年，太宗谓礼官曰："同爨①尚有缌麻②之恩。而嫂叔无服，又舅之与姨，亲疏相似，而服之有殊，未为得礼，宜集学者详议。余有亲重而服轻者，亦附奏闻。"是月尚书八座③与礼官定议曰：

臣窃闻之，礼所以决嫌疑、定犹豫、别同异、明是非者也，非从天下，非从地出，人情而已矣。人道所先，在乎敦睦九族④。九族敦睦，由乎亲亲，以近及远。亲属有等差，故丧纪⑤有隆杀⑥，随恩之薄厚，皆称情以立文。原夫舅之与姨，虽为同气，推之于母，轻重相悬。何则？舅为母之本宗，姨乃外戚他姓，求之母族，姨不与焉，考之经史，舅诚为重。故周王念齐，是称舅甥之国⑦；秦伯怀晋，实切《渭阳》之诗⑧。今在舅服止一时之情，为姨居丧五月，徇名丧实，逐末弃本，此古人之情或有未达，所宜损益，实在兹乎。

【注释】

①同爨：共同烧火做饭。②缌麻：旧时丧服名，五服中最轻的一种。其服用细麻布制成，服期三个月。③八座：唐代六部尚书及左右仆射称为八座。④九族：旧时指本身以上的父、祖、曾祖、高祖和以下的子、孙、曾孙、玄孙为九族。也有包括异姓亲属而言的。⑤丧纪：古时依与死者关系的亲疏而行丧礼的等级。⑥隆杀：隆重和简省。⑦舅甥之国：两国国君是舅父和外甥的关系。⑧《渭阳》之诗：《诗经·秦风·渭阳》是表现外甥与舅父惜别之情的。

【译文】

贞观十四年，太宗皇帝对礼官说："如今和你一起生活的人离世了，你们为其披麻戴孝。但是嫂子、叔叔去世了，却不服丧。舅舅和姨妈同样是亲属，但是礼仪却不一样。这样的做法是不合乎礼仪规范的，应当召集学者来商议一下，制定出服丧的礼仪。有同属亲属但侍奉的礼数却很轻的，也应一起上奏。"同月，尚书八座和礼官定下了规范：

臣听说，礼是用来判断疑惑不明的事理，决定迟疑不决的行为，来区分差别，明辨是非的，但是它不是从天上掉下来的，也不是从地里面冒出来的，而是依照实际情况制定的。使九族和睦是人道最重要的一点。再由近及远，实行亲疏有别的礼节。亲属有别，因此丧礼中的祭文，应该依据情分的多少来书写。舅舅和姨妈，和母亲是一族，但是为什么他们之间有差别呢？舅舅和母亲是一家，姨妈出嫁之后将姓氏改为丈夫的姓，成为别家的人，参考经史，舅舅的确比姨妈要重要一些。因此，周王顾念着齐国，称齐国是舅甥之国。秦穆公不忘晋国重耳是他的舅舅，把他的儿子康公送到渭阳，作了《渭阳》这首诗。现如今舅舅去世了，只需要守丧三个月，而姨妈却要五个月，迁就了虚名，丧失了人情，舍本逐末，背弃了根本。这大概是古人对人的感情没有考虑周全，应该有所增减。

【原典】

《礼记》曰："兄弟之子犹子也，盖引而进之也。嫂叔之无服，盖推而远之也。"礼，继父同居则为之期，未尝同居则不为服。从母之夫，舅之妻，二人相为服。或曰"同爨缌麻"。然则继父且非骨肉，服重由乎同爨，恩轻在乎异居。固知制服虽系于名文，盖亦缘恩之厚薄者也。或有长年之嫂，遇孩童之叔，劬①劳鞠养，情若所生，分饥共寒，契阔偕老，譬同居之继父，方他人之同爨，情义之深浅，宁可同日而言哉？在其生也，乃爱同骨肉，于其死也，则推而远之，求之本源，深所未喻。若推而远之为是，则不可生而共居；生而共居为是，则不可死同行路。重其生而轻其死，厚其始而薄其终，称情立文，其义安在？且事嫂见称，载籍非一。郑仲虞则恩礼甚笃②，颜弘都则竭诚致感③，马援则见之必冠④，孔伋则哭之为位⑤，此盖并躬践教义，仁深孝友，察其所行之旨，岂非先觉者欤？但于时上无哲王，礼非下之所议，遂使深情郁于千载，至理藏于万古，其来久矣，岂不惜哉！

【注释】

①劬：辛辛苦苦地抚养。②仲虞则恩礼甚笃：后汉时的郑仲虞，名均。好义笃实，养寡嫂孤儿，恩礼敦至。③弘都则竭诚致感：晋人颜弘都，名含。其嫂因病失明，他尽心奉养，后嫂病愈。④援则见之必冠：后汉伏波将军马援，字文渊。奉嫂至恭，不穿戴齐整，不进屋见嫂。⑤孔伋则哭之为位：孔

子之孙孔伋，字子思。相传他尊奉嫂嫂，嫂嫂死后，孔伋立牌位痛哭不已。

【译文】

《礼记》说："兄弟的孩子就好比是自己的孩子一样，这是因为引而进之。嫂嫂、叔叔不用守丧，是因为推而远之。按照礼仪的规定，和继父生活过，继父死后就要为他居丧一年，假如没有生活在一起就不需要居丧。至于继母、舅舅的妻子，对他们服丧的礼仪是一样的。常言道："如果共同生活在一起的继父去世了，应该为他披麻戴孝。"继父和生父是不一样的，服丧是因为一起生活过，恩情浅是因为不在一起生活。所以，服丧虽然事关名分，同时也按照恩情厚薄来决定。如年长的嫂子，她抚养年幼的叔子，对待他就如同自己的孩子一样，两个人相依为命一直到老，这比起一起生活的继父，与其他一起生活的人情义的深浅怎可相提并论呢？嫂子在没有去世之前，两个人情同骨肉，嫂子去世之后，却以外人的礼节对待她，这样的做法实在是让人没有办法理解。如果推而疏远是对的，那么之前就不应该生活在一起；生前生活在一起，就不应该像陌生人那样对待她。生前拥有厚重的恩情但是死后却礼节轻微，用这个原则来衡量，有这样的道理吗？这与史书上记载的侍奉嫂子的礼节也不一样。后汉，郑仲虞抚养寡居的嫂子和她的儿子，对她的礼节和情义都十分深厚。晋时，颜弘都的嫂子双目失明，需要服用蛇胆，于是他就想方设法弄到蛇胆，最后他的嫂子重见光明。后汉将军马援对嫂子非常敬重，不戴帽子就不敢进屋拜见嫂子。《礼记》记载：孔子的孙子孔伋在嫂子的灵位前痛哭。这些都是亲身实践礼义规范，极其仁义孝敬的人。能够深明其中大义的，难道不是先知先觉者吗？现在没有圣明的哲人，对于这件事情百姓也不会去议论，致使礼仪之中包含的许多道理都没有被重视，这样的情况已经很久了，真是让人感到痛惜啊。

【原典】

今陛下以为尊卑之叙，虽焕乎已备①，丧纪之制，或情理未安，爰命秩宗，详议损益。臣等奉遵明旨，触类傍求，采摭②群经，讨论传记，或抑或引，兼名兼实，损其有余，益其不足，使无文之礼咸秩，敦睦之情毕举，变薄俗于既往，垂笃义于将来，信六籍所不能谈，超百王而独得者也。

谨③按曾祖父母，旧服齐衰三月，请加为齐衰五月；嫡子妇，旧服大功，请加为期；众子妇，旧服小功，今请与兄弟同为大功九月；嫂叔，旧无服，今请服小功五月。其弟妻及夫兄亦小功五月。舅，旧服缌麻^④，请加与从母同服小功五月。

诏从其议。此并魏征之词也。

【注释】

①备：完善。②采摭：参考。③谨：谨遵。④缌麻：只披麻戴孝。

【译文】

如今，虽然陛下认为尊卑之序都制定完善了，但是丧礼制度还不合乎情理，于是就命令臣子加以修订。我们按照陛下的旨意，参考了经典、传记，进行了修改增删，使没有明确规定的礼仪变成了具体的条款，希望这会使人伦敦厚和睦，让渐渐轻薄的民俗变得更加淳朴，改变过去浅陋的风俗，为后世树立榜样，这些都是六经上没有谈到的，是陛下超越百世帝王独自获得的。

我们谨遵礼仪，做了规定，过去曾祖母、曾祖父去世服丧三个月，现在将期限延长了二个月；嫡子的妻子过去服丧九个月，如今也延长了；各位儿子的妻子服丧，请将过去规定的五个月改为九个月；过去嫂子、叔叔不服丧，现在服丧五个月。弟弟的妻子和丈夫的兄弟也应服丧五个月。舅舅，过去只披麻戴孝，现在请规定同对待继母一样，服丧五个月。

太宗看完之后批准了这项议案。此议案的作者乃魏征。

【原典】

贞观十七年，十二月癸丑^①，太宗谓侍臣曰："今日是朕生日。俗间以生日可为喜乐，在朕情，翻成感思。君临天下，富有四海，而追求侍养，永不可得。仲由怀负米之恨^②，良有以也。况《诗》云：'哀哀父母，生我劬劳^③。'奈何以劬劳之辰，遂为宴乐之事！甚是乖于礼度。"因而泣下久之。

【注释】

①癸丑：唐太宗生日。②仲由怀负米之恨：仲由，孔子弟子子路，子路孝待父母，自己常吃野菜，而背米送给父母。父母死后，子路富有了，常怀悲叹。③劬劳：付出辛劳。

【译文】

贞观十七年，十二月癸丑日，太宗皇帝对大臣们说："今日是我的生辰。在民间认为生辰是非常喜庆的事情，但我却感慨万千。君王君临天下，富有四海，想要侍奉双亲却永远也没有办法做到。仲由困难的时候，经常到外

面给父母扛米，他回到楚国做官之后，富有万钟之粟，但是那个时候他的
父母却去世了，再想尽孝心已是不可能的了，因此他感到非常遗憾。《诗经》
说：'我的父母为了养育我付出了多少艰辛啊。'怎么可以在父母生下我的日
子里，举办宴会寻欢作乐呢？这与礼仪是相违背的。"说完之后情不自禁哭泣
了很长时间。

【原典】

太常少卿祖孝孙奏所定新乐。太宗曰："礼乐之作，是圣人缘物设教，以
为搏节[1]，治政善恶，岂此之由？"御史大夫杜淹对曰："前代兴亡，实由于
乐。陈将亡也为《玉树后庭花》，齐将亡也而为《伴侣曲》，行路闻之，莫不
悲泣，所谓亡国之音。以是观之，实由于乐。"太宗曰："不然，夫音声岂能
感人？欢者闻之则悦，哀者听之则悲。悲悦在于人心，非由乐也。将亡之政，
其人心苦，然苦心相感，故闻之则悲耳。何乐声哀怨，能使悦者悲乎？今
《玉树》《伴侣》之曲，其声具存，朕能为公奏之，知公必不悲耳。"尚书右丞
魏征进曰："古人称：礼云，礼云，玉帛云乎哉！乐云，乐云，钟鼓云乎哉！
乐在人和[2]，不由音调。"太宗然之。

【注释】

①搏节：教化百姓。②和：让人内心和谐。

【译文】

太常少卿祖孝孙上奏新近制定的音乐。太宗皇帝说："圣人为了节制人们
的情欲而设置音乐、礼仪，用这样的方法来教化百姓，它们应该符合规范。
同样，政治是好是坏，难道不也因此而生吗？"御史大夫杜淹说："前代的兴
衰存亡，也是和音乐相关的。陈后主灭亡就是由于奢侈荒淫，还为后宫的嫔
妃们谱写淫曲《玉树后庭花》，齐东昏侯作《伴侣曲》，听到的人都悲伤而
泣，这是亡国之音啊。因此，国家的存亡，全在于音乐。"太宗皇帝不同意，
说："事情不是这样的。怎么可能仅仅是由于音乐能影响人呢？快乐的人听到
音乐就会高兴，悲伤的人听见就会哀伤，人的悲喜全在于人的内心，而并非
是音乐造成的。国家即将灭亡，百姓内心疾苦，听到悲伤的音乐，内心十分
感动，就会更加悲伤。哪里有哀怨的声乐能使愉快的人悲伤呢？现在，《玉树
后庭花》《伴侣曲》这些靡靡之音依然存在，我自己都可以弹奏。但是是不会
悲伤的。"尚书右丞魏征接着说："古人说，礼呀，礼呀，难道就是玉帛之类

的礼器吗？乐呀，乐呀，难道就是钟鼓之类的乐器吗？音乐影响人的关键在于人的内心，而不是音调。"太宗皇帝很赞同他的看法。

【原典】

贞观七年，太常卿萧瑀奏言："今《破阵乐舞》①天下之所共传，然美盛德之形容，尚有所未尽。前后之所破刘武周②、薛举③、窦建德、王世充等，臣愿图其形状，以写战胜攻取之容。"太宗曰："朕当四方未定，因为天下救焚拯溺，故不获已，乃行战伐之事，所以人间遂有此舞，国家因兹亦制其曲。然雅乐之容，止得陈其梗概，若委曲写之，则其状易识。朕以见在将相，多有曾经受彼驱使者，既经为一日君臣，今若重见其被擒获之势，必当有所不忍，我为此等，所以不为也。"萧瑀谢曰："此事非臣思虑所及。"

【注释】

①《破阵乐舞》：太宗为秦王时，破刘武周，军中相与作《破阵乐》，用乐工二十八人，披银甲，执戟而舞。②刘武周：马邑人，隋时为鹰扬校尉，曾起兵附于突厥，突厥立其为定杨可汗，后被太宗击败于并州，奔突厥，为突厥所杀。③薛举：兰州人。隋末起兵自号西秦霸王，后被太宗所降。

【译文】

贞观七年，太常卿萧瑀上书说："如今《破阵乐舞》在天下广为传颂，但是陛下的武功和宏伟的业绩这首音乐是显现不出的。刘武周、薛举、窦建德、王世充等乱世枭雄先后被陛下打败，陛下的神勇我想写下来。"太宗皇帝说："如今乱世，为了拯救天下苍生，迫不得已才征讨四方，因此才有了音乐和舞蹈。然而高雅的音乐，应该只陈述历史梗概，不应该将全部实情都写下来。现如今朝廷中的将相，大多数都受到敌人的驱使，假如让他们看见被俘虏的场面，毕竟曾经是君臣关系，肯定会不忍心。考虑到这些，所以我觉得不能这样。"萧瑀道歉说："这件事不是我能够思虑到的。"

卷 八

务农第三十
——以农为本

【原典】

贞观二年，太宗谓侍臣曰："凡事皆须务本。国以人为本，人以衣食为本，凡营①衣食，以不失时为本。夫不失时者，在人君简静乃可致②耳。若兵戈屡动，土木不息，而欲不夺农时，其可得乎？"王珪曰："昔秦皇、汉武，外则穷极兵戈，内则崇侈宫室，人力既竭，祸难遂兴。彼岂不欲安人乎？失所以安人之道也。亡隋之辙，殷鉴③不远，陛下亲承其弊，知所以易之。然在初则易，终之实难。伏愿慎终如始，方尽其美。"太宗曰："公言是也。夫安人宁国，惟在于君。君无为则人乐，君多欲则人苦。朕所以抑情损④欲，克己自励耳。"

【注释】

①营：营生。②致：招致。③殷鉴：指夏的灭亡可为殷作鉴戒。后泛指前人的失败可以作为后人的鉴戒。④损：克制。

【译文】

贞观二年，太宗皇帝对侍从的大臣们说："无论处理什么事情都一定要掌握其根本。国家以人民为根本，民以食为本，经营农桑衣食，以不失时机为根本。只有君主不生事劳民才能做到。假如每年打仗，营建不停，而又想不占用农时，能办得到吗？"大臣王珪说："从前，秦始皇、汉武帝，对外穷兵黩武，对内大肆修建宫殿，人力已经用尽，祸患也就会接踵而来，难道他们就不想百姓安定吗？只不过是没有安定百姓的正确方法。隋代灭亡的教训离现在还不远，隋朝遗留下来的弊端都是由陛下亲自承受的，知道如何改变，在刚开始的时候还比较简单，但是想要坚持到底是非常困难的。希望陛下自始自终都能小心谨慎，从而善始善终。"太宗说："你说的很正确，安定百姓和国家，最重要的就是君主，君主能与民休息，百姓就会高兴，君王私欲过多，百姓就痛苦，这就是我之所以不敢任情纵欲，而不断克制告诫自己的原因。"

【原典】

贞观二年，京师旱，蝗虫大起。太宗入苑视禾，见蝗虫，掇①数枚而咒曰："人以谷为命，而汝食之，是害于百姓。百姓有过，在予一人，尔其有灵，但当蚀我心，无害百姓。"将吞之，左右遽谏曰："恐成疾，不可。"太宗曰："所冀移灾朕躬，何疾之避？"遂②吞之。自是蝗不复为灾。

【注释】

①掇：拾取。②遂：于是。

【译文】

贞观二年，京城大旱，蝗虫成灾。太宗就亲自到田里面看稻谷，看见猖獗的蝗虫，于是就捡起了几只骂道："百姓视稻谷为生命，你却将它吃了，这是在危害百姓啊。假如说百姓有什么罪过，责任就在于君主，假如你真有灵性的话，那就来啃噬我的心脏，不要危害百姓。"说完就想把蝗虫吃掉，左右的臣子大惊，连忙制止说："万万不可，吃了可能会生病。"太宗皇帝说："我希望将所有的祸患都转移到我的身上，还怕什么疾病呢？"于是便将蝗虫吃了下去。从那以后，蝗虫就不再成灾。

【原典】

贞观五年，有司上书言："皇太子将行冠礼①，宜用二月为吉，请追兵②以备仪注③。"太宗曰："今东作④方兴，恐妨农事。"令改用十月。太子少保萧瑀奏言："准阴阳家，用二月为胜。"太宗曰："阴阳拘忌，朕所不行。若动静必依阴阳，不顾理义，欲求福佑，其可得乎？若所行皆遵正道，自然常与吉会⑤。且吉凶在人，岂假阴阳拘忌？农时甚要，不可暂失。"

【注释】

①冠礼：古代男子二十岁加冠的礼节。②追兵：增调、增补兵卒。③仪注：典礼仪式。④东作：指农事。⑤吉会：正常运行。

【译文】

贞观五年，主管大臣上书说："太子即将在二月里举行加冠礼，只有在这个月举行才吉祥，请陛下增加兵卫仪仗的规模，使礼节齐备。"太宗说："现在百姓春种才刚开始，这样做的话可能会妨碍农事。"于是陛下将礼仪改在十月。太子少保萧瑀上奏说："按照阴阳家的推算，在二月里举行最好。"太宗说："阴阳讲究禁忌，这套我从来不会相信。如果所有的一切都按照阴阳家的话去办，对天理道义不闻不顾，还想求得福佑吉祥，怎么可能呢？如果一切都按照正道，自然什么事情都没有。而且，吉凶取决于人，怎能听信阴阳禁忌呢？农时是十分紧迫的，一刻也不能耽误。"

【原典】

贞观十六年，太宗以天下粟价率计斗值五钱，其尤贱处，计斗值三钱，因谓侍臣曰："国以民为本，人以食为命。若禾黍不登，则兆庶非国家所有。既属丰稔①若斯，朕为亿兆人父母，唯欲躬务俭约，必不辄为奢侈。朕常欲赐天下之人，皆使富贵，今省徭赋②，不夺其时，使比屋之人，恣其耕稼，此则富矣。敦行礼让，使乡闾之间，少敬长，妻敬夫，此则贵矣。但令天下皆然，朕不听管弦，不从畋猎③，乐在其中矣！"

【注释】

①稔：粮食堆。②徭赋：税赋。③畋猎：打猎。

【译文】

贞观十六年，太宗得知天下的米价每斗值五个钱，最便宜的只要三个钱。所以对侍臣说："百姓是国家的根本，而百姓把粮食视为生命。假如粮食不能够大丰收，那么百姓也就很难为国家所有了。既然粮食对百姓如此重要，我又是百姓的衣食父母，希望自己能够克勤克俭，不奢侈浮华，造福于民。我时常想要赏赐天下百姓，使他们都富裕尊贵。如今我减少赋税，不占用他们农耕的时间，让他们可以顺应天时，把庄稼种好，这样才能让他们富裕。推行礼仪谦让的风气我也非常重视，让乡间的百姓，年轻的尊敬年长的，妻子尊敬丈夫，这样就能让他们尊贵了。只要天下都能这样，我即便不打猎、不听音乐，也会乐在其中了。"

刑法第三十一
——刑罚的意义

【原典】

贞观元年，太宗谓侍臣曰："死者不可再生，用法务在宽简。古人云，鬻棺者欲岁之疫，非疾于人，利于棺售故耳。今法司核理一狱，必求深刻，欲成其考课。今作何法，得使平允？"谏议大夫王珪进曰："但选公直良善人，断狱允当者，增秩赐金，即奸伪自息。"诏从之。太宗又曰："古者断狱，必讯于三槐、九棘^①之官，今三公、九卿，即其职也。自今以后，大辟罪皆令中书、门下四品以上及尚书九卿议之。如此，庶免冤滥。"由是至四年，断死刑，天下二十九人，几致刑措^②。

【注释】

①三槐、九棘：据《周礼》说，古代外朝种有三棵槐树，三公位在其下。后以"三槐"为三公的代称。又以朝廷树棘来分别朝臣的品位，左右各九，称"九棘"。②刑措：刑法搁置不用。

【译文】

贞观元年，太宗皇帝对侍从的大臣们说："人死了不能复生，因此执法务必宽大简约。古代的人说，卖棺木的人希望瘟疫每年都发生，这并不是仇恨他人，而是只有这样有利于棺木出售。现在，执法部门审理每件案子，总是非常苛刻，这样才能博得好的考核成绩。到底要用什么办法才能够恰当公平呢？"谏议大夫王珪进言道："只有选拔贤能的人，他们拥有正确的判断力，就增加他们的俸禄，赏赐金帛，那么奸伪邪恶自然会止息。"于是太宗就下令依照这个方法执行。太宗又说："古代判断案件，一定要向三槐、九棘之官询问，当今的三公、九卿就有这样的职责。从今往后，死刑都让中书、门下两省四品以上高官以及尚书、九卿来处理，这样才能避免冤案的产生。"由于实行了这样的措施，到贞观四年，全国只有二十九个人被判处死刑，刑罚几乎可以做到搁置不用。

贞观政要全鉴 珍藏版

【原典】

贞观二年，太宗谓侍臣曰："比有奴告主谋逆，此极弊法，特须禁断。假令有谋反者，必不独成，终将与人计之；众计之事，必有他人论之，岂藉①奴告也？自今奴告主者，不须受，尽令斩决。"

【注释】

①岂藉：怎么会有借口。

【译文】

贞观二年，太宗皇帝对侍臣说："奴才告主子谋反作乱，这件事情危害是非常大的，必须铲除。假如事情是真的，那么肯定不会只是一个人单独的行为，一定是与同伙一起谋划的。许多人策划的事情，肯定会引起别人议论，为什么会是由奴才告发的呢？从今往后，只要是奴才告发主子的案件都不须受理，而且要下令将奴才斩首处决。"

【原典】

贞观五年，张蕴古为大理丞。相州人李好德，素有风疾，言涉妖妄，诏令鞫其狱。蕴古言："好德癫病有征，法不当坐。"太宗许将宽宥。蕴古密报其旨，仍引与博戏①。治书侍御史权万纪劾奏之。太宗大怒，令斩于东市。既而悔之，谓房玄龄曰："公等食人之禄，须忧人之忧，事无巨细，咸②当留意。今不问则不言，见事都不谏诤，何所辅弼？如蕴古身为法官，与囚博戏，漏泄③朕言，此亦罪状甚重。若据常律，未至极刑。朕当时盛怒，即令处置。公等竟无一言，所司又不覆奏，遂即决之，岂是道理。"因诏曰："凡有死刑，虽令即决，皆须五覆奏。"五覆奏，自蕴古始也。又曰："守文④定罪，或恐有冤。自今以后，门下省覆，有据法令合死而情可矜者，宜录奏闻。"

【注释】

①引与博戏：让他和自己博戏。②咸：全部。③漏泄：忘记。④守文：按照法律。

【译文】

贞观五年，张蕴古担任大理寺丞一职。在相州有个叫李好德的人，他一向有疯癫病，说了一些狂妄荒谬的话，太宗治了他的罪。张蕴古说："李好德患疯癫病证据确凿，依照法律不应该判刑。"于是太宗就答应会将李好德从宽处理，张蕴古就将这件事情告知了李好德，并和他博戏。治书侍御史权万纪弹劾张蕴古。太宗知道后对张蕴古的做法非常愤怒，下令将他斩首。没过多长时间太宗对自己的做法很后悔，对房玄龄说："你们拿着君王的俸禄，就应该替我分忧，事情不分大小，都应该留心。现在我不询问，你们也不说自己的想法，看到不合理的事情也不劝谏，这怎么能称作辅弼呢？像张蕴古身为法官，竟然和狱囚一起博戏，还将我的话泄露了。虽然罪过非常严重，但依照法律处理还不至于判处死刑。我当时正处于愤怒的状态，就下令处死，你们竟然一句话都不说，主管部门又不复奏，就把他处决了，难道这合乎情理吗？"于是下诏说："凡是叛过死刑的，即便下令处决，也需要经过五次复奏。"唐代实行五次复奏的规定从张蕴古这件事情过后开始。诏令中又说："遵照法律条文定罪，也恐怕有冤情。从今往后，有按照法令应当处死而情有可原的，都应该由门下省复审，然后再将案情抄录奏报。"

【原典】

蕴古，初以贞观二年，自幽州总管府记室兼直中书省，表上《大宝箴》，文义甚美，可为规诫。其词曰：

今来古往，俯察仰观，惟辟①作福，为君实难。宅普天之下，处王公之上，任土贡其所有，具僚②和其所唱。是故恐惧之心日弛，邪僻之情转放。岂知事起乎所忽，祸生乎无妄。故以圣人受命，拯溺亨屯③，归罪于己，推恩于民。大明④无偏照，至公无私亲。故以一人治天下，不以天下奉一人。礼以禁其奢，乐以防其佚。左言而右事，出警而入跸。四时调其惨舒⑤，三光同其得失⑥。故身为之度，而声为之律。勿谓无知，居高听卑；勿谓何害，积小成大。乐不可极，极乐成哀；欲不可纵，纵欲成灾。壮九重于内，所居不过容膝；彼昏不知⑦，瑶其台而琼其室。罗八珍于前，所食不过适口；惟狂罔念，丘其糟而池其酒。勿内荒于色，勿外荒于禽；勿贵难得之货，勿听亡国之音。内荒伐人性，外荒荡人心；难得之物侈，亡国之声淫。勿谓我尊而傲贤侮士，勿谓我智而拒谏矜己。闻之夏后，据馈频起⑧；亦有魏帝，牵裾⑨不止。安彼反侧，如春阳秋露；巍巍荡荡，推汉高大度。抚兹庶事，如履薄临深；战战栗栗，用周文小心⑩。

【注释】

①辟：指国君。②具僚：指左右群臣。③亨屯：亨，顺通；屯，艰难。亨屯意谓解救危难，使之安顺。④大明：指太阳。⑤惨舒：残忍和宽大。⑥三光同其得失：依照日月星辰检查朝政得失。⑦彼昏不知：昏庸无知。⑧据馈频起：一顿饭中断好几次。⑨牵裾：拉起衣服。⑩小心：小心谨慎。

【译文】

贞观二年，张蕴古担任幽州总管府记室兼直中书省，他向太宗皇帝呈上了《大宝箴》一文，语言华美，道理深刻，是一篇规诫朝政的好文章。内容如下：

自古以来，纵观古今，君王都应该造福百姓，这样看来的确是非常不容易的。普天之下莫非王土，率土之滨莫非王臣，全国各地每年都会有所进贡，满朝文武一呼百应。所以君王很容易就会放下戒备之心，这样就会滋生放纵。岂知福兮祸所伏，疏忽就会产生事故，灾祸生于意外，因此君主应该顺应天意，拯济苍生，将恩惠广施于百姓。处理事情要像太阳一样公正。因此，陛下可以一个人统治天下，但不能让天下人都为你一个人服务。用礼教防止奢靡，用音乐防止其放荡。君主的言行左、右史官都会记载，外出时戒备森严，回宫时路禁行人。按照日月星辰检查得失，春夏秋冬而调整其宽严。因而，自己的言行就成为国家的法度，声音就成了时代旋律。君王是天下所有人的榜样，不以臣下为无知，虽然身处高位却能够虚心倾听百姓的心声；不掉以轻心，让小小的失误造成不可挽回的灾难。不可以过度地高兴，一旦过度就会转为悲伤；不可以放纵自己的私欲，放纵就会成为祸患。君王居住琼楼玉宇，何等华丽，其实尺幅之地就可以容身；那些残暴的君主却不能够明白这些道理，竟然用美玉来修建楼台宫室。山珍海味任由他们享用，其实食物只要合口就已很好了；而一味放纵的暴君却贮酒为池，酒糟堆成山。不要沉溺于女色和打猎，不要以珍贵的珠宝为贵，不听使人堕落的音乐。沉迷美色会损害健康，沉迷田猎会放荡人心；贪图稀有的宝物是奢侈，迷亡国的音乐为淫靡。不要倨傲，轻视贤才，不要因为自己有才智就拒绝贤良的忠言。我听说夏后为了国事一顿要中断好几次。魏文帝辛毗拉着他的衣服，苦苦劝阻。他也不会听，为国家的事操心。汉高祖可为古代宽厚仁慈君王的典范。他处理政事像周文王一样小心谨慎，如履薄冰。

【原典】

《诗》云："不识不知。"《书》曰："无偏无党。"—彼此于胸臆，捐好恶于心想。众弃而后加刑，众悦而后命赏。弱其强而治其乱，伸其屈而直其枉。故曰：如衡如石，不定物以数，物之悬者，轻重自见；如水如镜，不示物以形，物之鉴者，妍蚩自露。勿浑浑而浊，勿皎皎而清；勿汶汶而暗，勿察察而明。虽冕旒①蔽目而视于未形，虽黈纩②塞耳而听于无声。纵心乎湛然之域，游神于至道之精。扣之者，应洪纤而效响；酌之者，随浅深而皆盈。故曰：天之清，地之宁，王之贞。四时不言而代序，万物无为而受成。岂知帝有其力，而天下和平。吾王拨乱，戡以智力；人惧其威，未怀其德。我皇抚运，扇以淳风；民怀其始，未保其终。爰述金镜③，穷神尽性。使人以心，应言以行。苞括理体，抑扬辞令。天下为公，一人有庆。开罗起祝，援琴命诗。一日二日，念兹④在兹。惟人所召，自天佑⑤之。争臣司直，敢告前疑。

太宗嘉之，赐帛三百段，仍授以大理寺丞。

【注释】

①冕旒：冠冕。②黈纩：黄丝绵。古代帝王戴冕，两旁各挂一小团黄绵，以示不听无益之言。③爰述金镜：借助历史的镜子。④兹：同"此"。⑤天佑：上天保佑。

【译文】

《诗经》写道："不去认识就不会了解。"《尚书》说："不偏私，不结党，为君之道光明正大。"能够做到一视同仁，不会随便流露喜欢或者是厌恶的表情。被众人指责就应该处罚，受到众人的称赞就应该赏赐。打击邪恶整顿乱世，伸张正义昭雪冤案，所以说：就好像是秤，物体的轻重并不确定，但是将物体放在秤上面一称，重量就会显示出来；就好比是一面镜子，它并不赋予物体形状，但是如果将物体照在镜子上，美丑就可以看出来。不能是非不分，糊里糊涂，也不要过分苛刻，以苛察为明。冠冕虽然可以遮目，但是也应该看到有没有造成问题，耳朵虽然塞了棉絮也要听到还没有发出的声音。心地宽广没有什么事情是不能够容纳的，神智超群无所不通。像洪钟，随着叩打者用力大小发出不同的声音；好比大海，不管多少人去取水都可以满足。所以说：上天得以清朗，大地就安静，王侯得以天下归心。四季交替轮转暑寒有序，万物无为旧忘新生。君王将天下治理得安宁和平，但还不让人觉得是您在起作用，这才是高明的做法。陛下崛起于乱世，凭借自己卓越的才能和武功打败群雄。如今您的神威百姓心生惧怕，还没有感激您的恩德。陛下顺应天意，力行淳朴之风，使得百姓渐渐归顺，但是还没有一直保持到最后。为了显示陛下神威，就应该倡导道义，诚心对待百姓，用行动兑现自己的承诺。掌握基本国策，语言辞令有褒贬。让天下成为公有，使君主有美好的德行。像商汤那样网开三面祝告禽兽逃生以示仁慈，像舜帝那样弹琴颂诗教化百姓。每天都是这样，念念在于此。陛下顺应了民心，就会得到上天的庇佑。大臣们敢于直言相谏。

太宗皇帝看后很是赞许，赐给他丝帛三百段，加封他为大理寺丞。

【原典】

贞观五年，诏曰："在京诸司，比来奏决死囚，虽云五覆①，一日即了，都未暇审思，五奏何益？纵有追悔，又无所及。自今后，在京诸司奏决死囚，宜三日中五覆奏，天下诸州三覆奏。"又手诏敕曰："比来有司断狱，多据律文，虽情在可矜而不敢违法，守文②定罪，或恐有冤。自今门下省复有据法合死，而情在可矜者，宜录状奏闻。"

【注释】

①五覆：五次审理。②守文：按照法律。

【译文】

贞观五年，太宗皇帝下诏说："判处某人死刑，国家法令规定一定要经过五次审理，而现如今京城里的每个官府衙门，请求判处死刑，即便经过五次通报，一般情况下在一天之内就可以决定了，没有经过一点儿思考审核，规定五次审理不是形同虚设吗？如果是这样的话，即便事情反悔，也于事无补了。从今往后，京城的官府想要判决死罪，在三天之内就一定要经过五次上奏审核，京城外的，也需要三次上奏审核。"没过多长时间，又亲自手谕下诏说："以前有关部门处理案件，都按照法令条文处理，虽然有时情有可原也不敢违反律令，如果死守条款，恐怕就会出现冤假错案。从今以后，如果门下省发现案件已判处死罪，但是又情有可原的，应该写成状子上奏再审。"

【原典】

贞观九年，盐泽道行军总管、岷州都督高甑生，坐违李靖节度，又诬告靖谋逆，减死徙边①。时有上言者曰："甑生旧秦府功臣，请宽其过。"太宗曰："虽是藩邸旧劳，诚不可忘。然治国守法，事须画一，今若赦之，使开侥幸之路。且国家建义太原，元从及征战有功者甚众，若甑生获免，谁不觊觎②？有功之人，皆须犯法。我所以必不赦③者，正为此也。"

【注释】

①减死徙边：死罪赦免被流放到边远的地区。②觊觎：野心。③赦：赦免。

【译文】

贞观九年，盐泽道行军总管、岷州都督高甑生，由于违抗李靖的节制调度，还诬告李靖谋反，最后被判死罪，之后死罪赦免被流放到边远的地方。那时有人上书为他求情说："高甑生是当年秦王府的功臣，还希望陛下能够宽恕他的罪过。"太宗皇帝说："他以往出力于秦王府，的确是不应该忘记这件事情，但是治理国家的法令应该统一，今天如果将他赦免就开了先例。并且当初起兵太原，参与作战的人很多，如果高甑生得以免罪，那样的话谁不存在侥幸的心理呢？有功绩的人，就会依仗自己的功劳犯法作乱。我之所以决定不予赦免，正是这个缘故。"

【原典】

贞观十一年，特进魏征上疏曰：

臣闻《书》曰："明德慎罚"，"惟刑恤哉！"《礼》云："为上易事，为下易知，则刑不烦矣。上①人疑则百姓惑，下难知则君长劳矣。"夫上易事，则下易知，君长不劳，百姓不惑。故君有一德，臣无二心，上播忠厚之诚，下竭股肱之力，然后太平之基不坠，"康哉"之咏斯起。当今道被华戎②，功高宇宙，无思不服，无远不臻。然言尚于简文，志在于明察，刑赏之用，有所未尽。夫刑赏之本，在乎劝善而惩恶，帝王之所以与天下为画一，不以贵贱亲疏而轻重者也。今之刑赏，未必尽然。或屈伸在乎好恶，或轻重由乎喜怒；遇喜则矜其情于法中，逢怒则求其罪于事外；所好则钻皮出其毛羽，所恶则洗垢求其瘢痕。瘢痕可求，则刑斯滥矣；毛羽可出，则赏因谬③矣。刑滥则小人道长，赏谬则君子道消。小人之恶不惩，君子之善不劝，而望治安刑措④，非所闻也。

【注释】

①上：指君主。②华戎：原指中原的民族和边疆的少数民族。这里指普天之下。③谬：稀少。④刑措：刑法不用。

【译文】

贞观十一年，特进魏征上书说：

我看见《尚书》上讲："申明道理，谨慎刑罚。""用刑的时候一定要慎重！"《礼记》说："宽厚的君上比较容易侍奉，老实的臣下就会比较容易驱使，这样的话就不需要再用刑罚了。假如君臣之间互相猜忌，这样就会让百姓产生疑惑；臣下不易驱使，君主就会劳心费神。"君上容易侍奉，臣下就容易驱使，君王不需要操心，百姓也就不会疑惑。所以君有一德，臣无二心，君播种忠厚之诚，臣子竭尽全力辅佐，这样太平霸业才不会灭亡，欢乐的歌声才会四起。当今国泰民安，陛下恩及四海，没有人不敬服，无远不至。但是虽然口里面说崇尚精简刑法，但刑法确实仍有不足的地方。赏罚的根本目的，在于提倡善良、铲除邪恶，所以君王是不能按照亲疏贵贱来赏罚的。如今的赏罚，不可能全都像《尚书》《礼记》所说的那样。有的赏罚尺度完全是根据自己的好恶，有的赏罚的轻重是根据自己的喜怒：遇到高兴的事情执法时就会掺杂着情感，遇到不高兴的事情就在法律之外无端定他的罪；遇到自己喜欢的人就算是钻透他的皮来也要将他光鲜的毛发展露出来，遇到自己厌恶的就算是已经将他的污垢洗清了还要找出残留的痕迹。找到了痕迹就会滥使刑罚，光鲜的羽毛展露出来，就算有做得不是的地方也要奖赏他。滥刑增长了小人的气势，错误的奖赏会使君子之道消失殆尽。对于小人的恶行不加以惩罚，对于君子的善行不加以奖励，这样做还希望国家井然有序，这是没有听说过的。

【原典】

且夫暇豫清谈，皆敦尚于孔、老[1]；威怒所至，则取法于申、韩[2]。直道而行，非无三黜[3]，危人自安，盖亦多矣。故道德之旨未弘，刻薄之风已扇。夫刻薄既扇，则下生百端；人竞趋时，则宪章不一。稽之王度，实亏君道。昔州犁上下其手[4]，楚国之法遂差；张汤轻重其心[5]，汉朝之刑以弊。以人臣之颇僻，犹莫能申其欺罔，况人君之高下，将何以措其手足乎？以睿圣之聪明，无幽微而不烛，岂神有所不达，智有所不通哉？安其所安，不以恤刑为念；乐其所乐，遂忘先笑之变。祸福相倚，吉凶同域，惟人所召，安可不思？顷者责罚稍多，威怒微厉，或以供帐不赡，或以营作差违，或以物不称心，或以人不从命，皆非致治之所急，实恐骄奢之攸渐[6]。是知"贵不与骄期而骄自至，富不与侈期而侈自来"，非徒语也。

【注释】

①孔、老：指孔子和老子。②申、韩：指战国时期的申不害和韩非子。
③三黜：三次被罢官。《论语》载柳下惠为士师，三次被罢黜，他说："直道
而事人，焉往而不三黜？"④上下其手：把串通作弊、徇情枉法称为"上下其
手"。⑤张汤轻重其心：汉张汤为廷尉，断处案件不严格执法，而是揣摩迎合
皇上意志，或轻判，或重判，以讨皇上欢心。⑥攸渐：所渐。

【译文】

在空闲的时间谈论的全部是崇尚孔子、老子的学说，但是在不高兴的时
候谈论刑罚赏赐，就取法于申不害、韩非子的说法。直道而行的人有的屡遭
贬黜，人人自危的事也不少，因此没能够使道德发扬光大，反而刻薄之风越
来越强烈。这样的话，百姓中就会产生很多祸端；假如每个人都趋炎附势，
法律就得不到统一。这对君王的道德品行是非常有害的。过去伯州犁串通作
弊、徇情枉法，楚国的法律就是因为这样而产生偏差；张汤轻重其心，汉朝
的刑法才会因此而产生弊端。大臣故意偏袒让他人受到的欺骗得不到申诉，
对错有君主任意断定，这样怎么能使人不慌乱呢？君主应该有聪明才智，明
察秋毫，幽暗隐微处无不看得清清楚楚，这样，神那会有不通晓的地方，人
的智慧哪有它不明的地方呢？君王应该安百姓所安，心里不要只有惩罚的念
头；乐百姓所乐，以避免和古代人犯相同的过失。祸福相倚，吉凶互存，最
重要的就是看这个人应该怎样选择，滥用刑罚的危害是非常大的，怎么可以
不慎重呢？如果稍有不慎就严加惩处，或者是由于供奉不足，或者是由于修
建的工事违反了命令，或者是供奉的物品不能够让其满意，又或者是没有听
从命令，这些都非关系国计民生的大事，时间久了，恐怕会滋生骄奢放纵。
因此"尊贵之后，虽非有意骄横，可骄横自然会产生；富裕之后，虽不刻意
奢侈，而奢侈自然会滋生"，这句话并不是无稽之谈啊！

【原典】

且我之所代，实在有隋。隋氏乱亡之源，圣明之所临照①。以隋氏之府
藏譬今日之资储，以隋氏之甲兵况当今之士马，以隋氏之户口校今时之百姓，
度长比大，曾何等级？然隋氏以富强而丧败，动之也；我以贫穷而安宁，静
之也。静之则安，动之则乱，人皆知之，非隐而难见也，非微而难察也。然

241

鲜蹈平易之途，多遵覆车之辙，何哉？在于安不思危，治不念乱，存不虑亡之所致也。昔隋氏之未乱，自谓必无乱；隋氏之未亡，自谓必不亡，所以甲兵屡动，徭役不息。至于将受戮辱^②，竟未悟其灭亡之所由也，可不哀哉！

【译文】

　　隋朝被我朝所替代，陛下都亲眼看见了隋朝乱亡的根源。隋朝的物资、兵甲、人口和现在的情况相比，比例又是什么样的？虽然隋朝富强但是最后灭亡了，原因就在于它太好动，扰民不已；我朝虽然贫穷但是却安宁，原因在于清静，无为而治。静则安，动则乱，这是每个人都知道的道理，并不是隐晦而难以发现的，也不是非常细微不容易看见。但是踏上平坦易行的路的人很少，大多数是重蹈覆辙。原因是什么呢？就在于安不思危，治不念乱，存不虑亡，因此到最后才会有这样的结果。没有动乱之前的隋朝，自认为肯定不会发生动乱；在还没有灭亡之前，觉得肯定不会灭亡，因此连年征战，徭役不息。最后到了快灭亡的时候，竟然还不知道自己灭亡的原因，这难道不是十分可悲的事情吗？

【原典】

　　夫鉴形之美恶，必就于止水；鉴国之安危，必取于亡国。故《诗》曰："殷鉴^①不远，在夏后之世。"又曰："伐柯伐柯，其则不远。"臣愿当今之动静，必思隋氏以为殷鉴，则存亡之治乱，可得而知。若能思其所以危，则安矣；思其所以乱，则治矣；思其所以亡，则存矣。知存亡之所在，节嗜欲以从人，省游畋之娱，息靡丽之作，罢不急之务，慎^②偏听之怒；近忠厚，远便佞，杜悦耳之邪说，甘苦口之忠言；去易进之人，贱难得之货，采尧舜之诽谤，追禹汤之罪己；惜十家之产，顺百姓之心，近取诸身，恕以待物，思劳谦以受益，不自满以招损；有动则庶类以和，出言而千里斯应。超上德于前载，树风声于后昆^③，此圣哲之宏观^④，而帝王之大业，能事斯毕，在乎慎守而已。

【译文】

想要知道自己的美丑，就一定要面对平静的水面；要洞察国家的安危，还要汲取国家灭亡的教训。因此《诗经》上说："殷朝这个引以为戒的例子离得并不远，就在夏朝之世。"又说："用斧头砍下树枝做斧柄，斧柄就在眼前。"但愿微臣现在所采取的政策能够以隋朝为借鉴。这样，国家的存亡就能够知道了。假如可以思考其中的缘由，那天下就可以实现大治了；如果可以思量灭亡的缘由，就能够生存了。希望陛下可以将存亡的关键弄清楚，听从规劝，节制嗜欲，省却游猎之乐，停止豪华的建造，将不急迫的事情取消，谨防偏听之怒；亲贤臣，远小人，杜绝悦耳的邪说，采纳忠言；斥退投机取巧的人，鄙视难得之物，像尧、舜那样鼓励臣民进谏，像禹、汤那样将什么事情都归罪于自己；爱惜财物，顺应百姓的心声，以身作则，宽容待人，坚持励精图治以求受益，谨防骄傲自满以免招损。这样的话就能够让人臣服，一呼百应。道德超越前人，风范垂于后世，这就是圣哲的宏图，而君王成就千秋霸业，就在于慎守。

【原典】

夫①守之则易，取之实难。既能得其所以难，岂不能保其所以易？其或保之不固，则骄奢淫佚动之也。慎终如始，可不勉欤②！《易》曰："君子安不忘危，存不忘亡，治不忘乱，是以身安而国家可保也。"诚哉斯言，不可以不深察也。伏惟陛下欲善之志，不减于昔时，闻过必改，少亏于曩日③。若以当今之无事，行畴昔之恭俭④，则尽善尽美矣，固无得而称焉。

太宗深嘉而纳用。

【注释】

①夫：发语词。②欤：呢，语气词。③曩日：旧日，当年。④恭俭：节俭谦恭。

【译文】

君王创业艰难守业容易。既然艰难的都得到了，容易的难道还不能够保住？有人如果不能牢固坚守，那是由于骄奢淫逸的原因。慎终如始，怎能不时刻自我勉励呢！《易经》上说："君子在安定的时候不会忘记危难，生存的时候不会忘记灭亡，太平的时候不会忘记祸乱，能够做到这样自己能够平安，国家也可以保住。"这句话很有道理，不能不去认真思考。想来陛下向善之志不减当年，但是闻过必改的作风却不比从前了。如果在如今天下平安无事的情形下，还可以像过去那样节俭谦恭，那就完美了，定会受到人们的称赞。

魏征的意见受到太宗赞赏并予以采纳。

【原典】

贞观十四年，戴州刺史贾崇以所部有犯十恶①者，被御史劾奏②。太宗谓侍臣曰："昔陶唐大圣，柳下惠大贤，其子丹朱甚不肖，其弟盗跖为巨恶。夫以圣贤之训，父子兄弟之亲，尚不能使陶染③变革，去恶从善。今遣刺史，化被下人，成归善道，岂可得也？若令缘此皆被贬降，或恐递相掩蔽④，罪人斯失。诸州有犯十恶者，刺史不须从坐⑤，但令明加纠访科罪⑥，庶可肃清奸恶。"

【注释】

①十恶：大罪。古时把谋反、谋大逆、谋叛、恶逆、不道、大不敬、不孝、不敬、不义、内乱称为十恶。②劾奏：上书弹劾。③陶染：熏陶感染。④掩蔽：包庇掩饰。⑤从坐：牵连治罪。⑥纠访科罪：查纠办罪。

【译文】

贞观十四年，戴州刺史贾崇由于他的手下犯了十恶之罪，遭到了御史的上奏弹劾。太宗皇帝知道以后对身边的臣子们说："古时候的唐尧是大圣，但是他的儿子丹朱却难成气候；柳下惠是大贤，但是他的弟弟盗跖却成为罪恶的人。他们以圣贤之训，以父子兄弟之亲，还是不能够让自己的子弟受到熏陶而发生改变，弃恶从善。而现如今想要刺史教化百姓让他们都走上正确的道路，这怎么可能呢？如果因为这样都将他们贬降，从今以后恐怕都会将彼此的罪行掩饰起来，就不会发现罪犯了。因此各州有犯十恶之罪的，刺史不必连坐获罪，只令其明加查纠惩治，这样才可以肃清奸恶之人。"

【原典】

贞观十六年，太宗谓大理卿孙伏伽曰："夫作甲者欲其坚，恐人之伤；作箭者欲其锐，恐人不伤。何则？各有司存，利在称职故也。朕常问法官刑罚轻重，每称法网宽于往代，仍恐主狱之司，利在杀人，危人自达，以钓声价①。今之所忧，正在此耳。深宜禁止，务在宽平。"

【注释】

①声价：声名身价。

【译文】

贞观十六年，太宗皇帝对大理卿孙伏伽说："做铠甲的人想方设法让铠甲变得坚固，害怕被人击伤；造箭的人想要让箭头变得锋利尖锐，害怕不能将人射伤。这是为何呢？他们只不过是在其位谋其职而已，希望自己尽职尽责。我时常去司法部门询问刑罚的轻重情况，他们都说要比前代宽大，但是我依旧担心司法部门借随意伤别人去提高自己的威信。这就是我所担心的地方！应严加禁止，刑罚务必宽平。"

赦令第三十二
——赦免颁布不能随意

【原典】

贞观七年，太宗谓侍臣曰："天下愚人者多，智人者少，智者不肯为恶，愚人好犯宪章。凡赦宥之恩，惟及不轨之辈。古语云：'小人之幸，君子之不幸。''一岁再赦，善人喑哑。'凡'养稂莠①者伤禾稼，惠奸宄者贼良人'。昔'文王作罚，刑兹无赦'。又蜀先主尝谓诸葛亮曰：'吾周旋陈元方、郑康成②之间，每见启告理乱之道备矣，曾不语赦。'故诸葛亮治蜀，十年不赦，而蜀大化。梁武帝每年数赦，卒至倾败。夫谋小仁者，大仁之贼。故我有天下以来，绝不放赦。今四海安宁，礼义兴行，非常之恩，弥不可数，将恐愚人常冀侥幸，惟欲犯法，不能改过。"

【注释】

①稂莠：稂和莠，都是形状像禾苗而妨害禾苗生长的杂草。②陈元方、郑康成：陈元方，名纪。郑康成，名玄。都是后汉时人。

【译文】

贞观七年，太宗皇帝对侍从的大臣们说："天底下聪明的人非常少，但是无知的人却很多，聪明人不会做坏事，而无知的人却屡次触犯法律。国家所设立宽大处理的恩典，就等于是给那些不轨之徒设立的。古话说：'小人之幸，就是君子的不幸。''每次都将犯罪的人赦免，好人就不会再发表自己的意见了。'凡是'保养稂莠之类的杂草，田中的禾苗就会受到伤害，将恩惠施予那些阴险奸诈的小人就如同伤害了好人。'之前，'周文王制定刑法，对一切触犯刑法的人都不会宽恕。'还有蜀先主刘备曾对诸葛亮说：'我曾经与陈元方、郑康成往来，时常听到他们说治乱之道，他们已经说得很全面了，但是从未听他们说起赦宥。'因此诸葛亮治理蜀国，十年不赦，而蜀国大治。每年梁武帝的几次赦免，最终导致国家的衰败。这种谋求小仁的做法，实际上损害了大仁，因此我取得天下以来绝对不会颁发赦令。现在四海安宁，礼义盛行，有数不胜数的特殊恩典。如果将犯罪的人随意赦免，就会让犯罪之人心存侥幸心理，只想犯法而不能够将错误改正。"

【原典】

贞观十年，太宗谓侍臣曰："国家法令，惟须①简约，不可一罪作数种条。格式既多，官人不能尽记，更生奸诈，若欲出罪即引轻条，若欲入罪即引重条。数变法者，实不益道理，宜令审细，毋②使互文。"

【注释】

①惟须：一定要。②毋：不能。

【译文】

贞观十年，太宗皇帝对侍臣说："国家的法令一定要简约，不能将一个罪名设定许多种处罚条令。如果有太多的条款，就不能使官员记得清楚，反而会产生许多奸诈的事端，假如要为犯罪的人开脱，就会有人从轻处罚，如果要把罪名硬加到别人头上，就会有人从重处罚。这十分不利于国家的治安，现在，对于条款我们应该仔细审定，使各条款之间不要互相牵连。"

【原典】

贞观十一年，太宗谓侍臣曰："诏令格式，若不常定，则人心多惑，奸诈益生①。《周易》称'涣汗其大号'，言发号施令，若汗出于体，一出而不复也。《书》曰：'慎乃出令，令出惟行，弗为反。'且汉祖日不暇给②，萧何起于小吏，制法之后，犹称画一③。今宜详思此义，不可轻出诏令，必须审定，以为永式。"

【注释】

①益生：更加产生。②给：给予。③画一：整齐划一。

【译文】

贞观十一年，太宗皇帝对侍臣们说："如果不固定皇帝诏书的格式，可能会产生很多奸诈行为。《周易》说：'像出汗一样发号施令'意思是说皇帝的诏书就好比是汗水流出身体，一旦流出就收不回来。《尚书》说'下达命令要谨慎，命令一出就应该坚决执行，不可以反悔。'汉高祖时，国家并不富裕，萧何也是由小官起家，可制定出的律令，都整齐划一。如今这个问题我们应该仔细考虑清楚，诏书不可以随意颁发，诏书的格式也应该小心审定，让它有一个固定的形式。"

【原典】

长孙皇后遇疾，渐危笃①。皇太子启后曰："医药备尽，今尊体不瘳，请奏赦②囚徒，并度人入道，冀蒙福佑。"后曰："死生有命，非人力所加。若修福可延，吾素非为恶者；若行善无效，何福可求？赦者国之大事，佛道者，上每示存异方之教耳，常恐为理体之弊③。岂以吾一妇人而乱天下法？不能依汝言。"

【注释】

①笃。②赦：赦免。③弊：缺陷，不足。

【译文】

长孙皇后的病越来越严重了。皇太子承乾对皇后请求说："什么药都用遍了，母后的尊体还不能够痊愈。请赦免犯人，将一些人超度入道，这样求上天保佑母后痊愈。"长孙皇后说："生死都是命里注定，绝对不是人力所能控制的。如果行善修福能延长寿命的话，那我向来也没做过什么坏事；如果平时行善积德都无效，那又有什么福可求呢？赦免犯人是国家的大事，佛道不过是皇上有意识保留的一种外来宗教罢了。常怕做出有违事理体统的事情，现在怎能因为我一个妇人而乱了国家的法度，我不能按你说的那样做。"

【原典】

贞观九年，北蕃归朝人奏："突厥内大雪，人饥，羊马并死。中国人在彼者，皆入山作贼，人情大恶①。"太宗谓侍臣曰："观古人君，行仁义、任贤良则理；行暴乱、任小人则败②。突厥所信任者，并共公等见之，略无忠正可取者。颉利复不忧百姓，恣情所为，朕以人事观之，亦何可久矣？"魏征进曰："昔魏文侯问李克：'诸侯谁先亡？'克曰：'吴先亡。'文侯曰：'何故？'克曰：'数战数胜，数胜则主骄，数战则民疲，不亡何待？'颉利逢隋末中国丧乱，遂恃众内侵，今尚不息，此其必亡之道。"太宗深然③之。

【注释】

①恶：指民情非常动荡。②败：败亡。③然：同意。

【译文】

贞观九年，北方归顺的突厥人奏疏说："突厥境内连降大雪，百姓遭遇饥荒，羊和马都死了。在那里住的汉人全都到山里做了山贼，民情非常动荡。"太宗皇帝对侍臣们说："自古以来，古代的君王实行仁义、任用贤良者，国家就治理得好；施行暴政、任用小人，国家就会败亡。突厥君主所信任的人，根本没有正直忠诚可言。颉利作为首领不关爱百姓，恣意妄为，据我从人情事理上分析，他的国家怎能长久呢？"魏征进言说："以前魏文侯询问李克：'诸侯里面谁会最先灭亡？'李克回答：'吴国。'魏文侯问：'为什么呢？'李克说：'吴国屡战屡胜，时间久了难免会产生骄傲之气，连连战事就会使民生疲弊，怎么会不灭亡呢？'颉利乘着隋末中原混乱的时机，就依仗自己兵强马壮入侵中原，如今还不停战，这就是他必然灭亡的原因。"太宗对此非常赞同。

【原典】

贞观九年，太宗谓魏征曰："顷读周、齐史，末代亡国之主为恶多相类也。齐主①深好奢侈，所有府库用之略尽，乃至关市无不税敛。朕常谓此犹如馋人自食其肉，肉尽必死。人君赋敛不已，百姓既弊，其君亦亡，齐主即是也。然天元②、齐主若为优劣？"征对曰："二主亡国虽同，其行则别。齐主偄弱③，政出多门，国无纲纪，遂至亡灭。天元性凶而强，威福在己，亡国之事，皆在其身。以此论之，齐主为劣。"

【注释】

①齐主：指齐后主，名纬，世祖之子。②天元：北周宣帝，自称天元皇帝。③偄弱：软弱，怯懦。

【译文】

贞观九年，太宗皇帝对魏征说："近来我读北周、北齐的史书，发现末代亡国的君主所做的坏事情都非常相似。齐主高纬非常奢侈，府中所珍藏的都快被他挥霍光了，关隘市集没有什么地方是不征收赋税的。我常说，这就好比嘴馋了吃自己身上的肉一样，等到身上的肉吃完自己自然也就死了。君主不停地征敛赋税，百姓困苦不堪，他们的君主自然也就灭亡了，齐后主就是这样。然而后周天元皇帝与齐后主相比较，谁优谁劣呢？"魏征回禀道："虽然这两个君主的国家都灭亡了，但是他们的行为还是有不一样的地方的。齐后主懦弱无能，朝廷政令不一，国家没有纲纪，以至灭亡。天元皇帝生性好强凶悍，作威作福独断专行，国家的灭亡，都是他一个人造成的。从这些情况来看，还是齐后主要差一些。"

贡赋第三十三
——不贪求贡赋

【原典】

贞观二年，太宗谓朝集使曰："任土作贡①，布在前典，当州所产，则充庭实。比闻都督、刺史邀射声名，厥土所赋，或嫌其不善，逾境外求，更相仿效，遂以成俗。极为劳扰，宜改此弊②，不得更然。"

【注释】

①贡：赋贡。②弊：弊端。

【译文】

贞观二年，太宗对各地来朝廷进贡的使者们说："贡赋是按照土地物产来确定的，典章制度在以前就已经发布。本州所产，就用来充当贡品。我听闻近日有些都督、刺史为了追求声名，嫌本地的贡赋不好，就越境到外地寻求，各个地方都纷纷效仿，这种现象成为一种习俗，这样做会劳民伤财。应将这种弊病改掉，之后再也不准这样做了。"

【原典】

贞观中，林邑国贡白鹦鹉，性辩慧，尤善应答，屡有苦寒之言。太宗愍①之，付其使，令还出于林薮。

【注释】

①愍：怜悯。

【译文】

贞观年间，林邑国向太宗进献了一只白色的鹦鹉，他十分聪明还会说许多人话，特别是在应答方面非常擅长，但它在应答之中，有的时候还会说出无助凄苦的话来。太宗对他非常怜悯，就将这只鹦鹉交给使者，让它归于山林。

【原典】

贞观十二年，疏勒、朱俱波、甘棠遣使贡方物，太宗谓群臣曰："向使中国不安，日南、西域朝贡使亦何缘而至？朕何德以堪之？睹此翻怀危惧。近代平一天下，拓定边方者，惟秦皇、汉武。始皇暴虐，至子而亡。汉武骄奢，国祚几绝。朕提三尺剑以定四海，远夷率服，亿兆乂安①，自谓不减二主也。然二主末途，皆不能自保，由是每自惧危亡，必不敢懈怠。惟藉公等直言正谏，以相匡弼。若惟扬美隐恶，共进谀言，则国之危亡，可立而待也。"

【注释】

①乂安：安定，太平无事。

【译文】

贞观十二年，西域的朱俱波疏勒、甘棠国派使者纷纷向太宗进贡本国的特产。太宗对臣子们说："天下如果不安定，南方的日南、西域各国的朝贡使者怎么会源源不断进入京城呢？我有什么品德才能能够受到这样的待遇。近代以来，拓宽疆域，安定边关的只有秦皇汉武。但是秦始皇凶虐残暴，到了他儿子那代国家就灭亡了，汉武帝奢侈骄傲，国运几乎都让他断送了。我挥剑克群雄，远方异族纷纷臣服，天下太平，自己以为功勋不低于这两位君主，但是到最后他们都穷途末路，同样不能够将自己保全。所以，我每天都害怕国家有危难，不敢有任何懈怠。希望各位臣子都直言相谏，匡扶朝纲。若只是对功绩一味地赞美而将过失隐瞒起来，这样满朝都是阿谀奉承的言辞，那么国家离灭亡就不远了。

原典

贞观十八年，太宗将伐高丽，其莫离支①遣使贡白金。黄门侍郎褚遂良谏曰："莫离支虐杀其主②，九夷所不容，陛下以之兴兵，将事吊伐③，为辽东之人报主辱之耻。古者讨弑君之贼，不受其赂。昔宋督遗鲁君以郜鼎，桓公受之于大庙，臧哀伯谏曰：'君人者将昭德塞违，今灭德立违，而置其赂器于大庙，百官象之，又何诛焉？武王克商，迁九鼎于雒邑，义士犹或非之，而况将昭违乱之赂器置诸大庙，其若之何？'夫《春秋》之书，百王取则，若受不臣之筐筐④，纳弑逆之朝贡，不以为愆⑤，将何致伐？臣谓莫离支所献，自不合受。"太宗从之。

【注释】

①莫离支：高丽官名。其职务相当于中国吏部兼兵部尚书。②莫离支虐杀其主：贞观十六年，高丽东部大人泉盖苏文杀其王武，立王弟子藏为王，自任莫离支官。③吊伐：吊民伐罪。慰问被压迫的百姓，讨伐有罪的统治者。④筐筐：盛物的竹器，古代用以装丝帛之类贡物。⑤不以为愆：不认为是罪过。

【译文】

贞观十八年，太宗准备起兵攻打高丽，高丽官员莫离支泉盖苏文

派使者向大唐进献白金。黄门侍郎褚遂良进谏说："高丽的国君被莫离支杀害，这件事情是天理不容的。陛下为了悼唁他们的亡君，为民众洗刷他们君王被杀的耻辱而出兵讨伐他。古代讨伐杀害君主的罪人，是不会接受罪人的贿赂的。春秋时，宋国宋戴公的孙子送给鲁桓公郜国制造的鼎，鲁桓公接受了，将鼎放在庙中，鲁国大夫臧哀伯进谏说：'君主应杜绝邪恶，弘扬道德，但是陛下却是在助长邪恶，做损害道德的事情将受贿的贡品供奉在庙里，如果朝中的文武大臣们都相继效仿，又以什么样的理由治他们的罪呢？周武王战胜了商朝，将商朝的九鼎迁移到属地，遭到伯夷等义士的责备，在大庙里放置犯上作乱者贿赂的器物呢？真不知会有什么样的结果。'《春秋》这本书，是历代国君从中汲取治理国家方法的典籍，这是杀君的叛臣的物品和不义臣子的贡奉，对他们却不加以惩罚，那又可以用什么样的理由向他们兴师问罪呢？微臣认为不可接受莫离支进献的白金。"他的建议被太宗采纳了。

【原典】

贞观十九年，高丽王高藏及莫离支泉盖苏文遣使献二美女，太宗谓其使曰："朕悯此女离其父母兄弟于本国，若爱其色而伤其心，我不取也。"并却^①还之本国。

【注释】

①却：推辞，拒绝。

【译文】

贞观十九年，高丽国王高藏和莫离支泉盖苏文派使者向唐太宗进献了两个美女，唐太宗对使者说："这两个女子我为他们感到可怜，她们离开了自己的父母兄弟，无依无靠，如果是为了她们的美色而让她们伤心，这样的话我是不会接受的。"于是将她们两个人送回家乡。

辩兴亡第三十四
——前朝覆亡的原因

【原典】

贞观初，太宗从容谓侍臣曰："周武平纣之乱，以有天下；秦皇因周之衰，遂吞六国。其得天下不殊，祚运长短若此之相悬也？"尚书右仆射萧瑀①进曰："纣为无道，天下苦之，故八百诸侯不期而会。周室微②，六国无罪，秦氏专任智力，蚕食诸侯。平定虽同，人情则异。"太宗曰："不然，周既克殷，务弘仁义；秦既得志，专行诈力。非但取之有异，抑亦守之不同。祚之修短，意在兹③乎！"

【注释】

①萧瑀：人名。②微：衰微。③兹：这里。

【译文】

贞观初年，太宗看着身边的大臣们从容地说："周武王平定了商纣王之乱，取得了天下；秦始皇趁周王室衰微之际吞并了六国。他们取得天下的方法没有什么不一样的，但是国运的长短为什么会有这么大的差距呢？"尚书右仆射萧瑀回答说："商纣王荒淫无道，百姓都痛恨他，因此八百诸侯纷纷与周武王会合共同伐纣。虽然周王朝比较衰弱，六国无罪，秦国完全是倚仗智诈暴力，就好比蚕吃桑叶一样，是逐渐将诸侯吞并的。虽然都是平定天下，人们对待他们的态度是截然不同的。"太宗说："这样的说法是不正确的，周灭殷以后，不断推行仁义；秦国达到目的之后却是实施欺诈和暴力，二者不仅在取得天下的方法不同，而且在治理的天下的方式上也不一样。这大概就是国运长短的道理所在吧！"

【原典】

贞观二年，太宗谓黄门侍郎王珪曰："隋开皇十四年大旱，人多饥乏。是时仓库盈溢①，竟不许赈给，乃令百姓逐粮。隋文不怜百姓而惜仓库，比至末年，计天下储积，得供五六十年。炀帝恃此富饶，所以奢华无道，遂致灭亡。炀帝失国，亦此之由。凡治国者，务积于人，不在盈其仓库。古人云：'百姓不足，君孰与足？'但使仓库可备凶年，此外何烦储蓄！后嗣②若贤，自能保其天下；如其不肖，多积仓库，徒益其奢侈，危亡之本也。"

【注释】

①盈溢：贮存甚丰。溢，满之意。②后嗣：后代。

【译文】

贞观二年（628），唐太宗对黄门侍郎王珪说："隋朝开皇十四年遇到大旱，很多百姓都忍受饥饿，但当时国家的粮仓十分充足，而朝廷却不肯开仓放粮去拯救灾民，让百姓自己想办法，隋文帝不爱惜百姓却吝惜粮食，隋朝末年的时候粮仓中储存的粮食可以用五六十年了。隋炀帝继承父业，依仗国家富庶，因此无节制地挥霍，极尽奢侈之能事，最终导致国家灭亡。对君王来说最重要的就是休养民生，不在于充实粮仓。古人说：'百姓不富足，君主又怎么会富足呢？'只要粮仓的储存可以应对灾年，储存再多的粮食又有何作用呢？如果君主的后代贤能，他一定可以将江山保住，如果他昏庸，即便粮仓在充足，也会助长他奢侈浪费的习气，这是国家危亡的原因。"

【原典】

贞观五年，太宗谓侍臣曰："天道福善祸淫，事犹影响。昔启民亡国来奔，隋文帝不吝粟帛①，大兴士众营卫安置，乃得存立。既而强富，子孙不思念报德，才至始毕，即起兵围炀帝于雁门。及隋国乱，又恃强深入，遂使昔安立其国家者，身及子孙，并为颉利兄弟之所屠戮②。今颉利破亡，岂非背恩忘义所至也？"群臣咸曰："诚如圣旨。"

【注释】

①粟帛：泛指钱财。②屠戮：屠杀。

【译文】

到了贞观五年间（631），太宗对身边的臣子们说说："上天会给善良的人降福、给坏人带来祸患，事必报应。昔日突厥的启民可汗失去国家向南逃走，隋文帝当时不惜一切粮食和钱财，动员了所有的士兵去安置他们，使其可以生存下来。没过多久突厥逐渐变得强大起来，启民可汗的子孙从来没有想过让他们报答当年的恩德。但是到了毕可汗的时候，就领兵将隋炀帝困在了雁门关。等到隋朝大乱，又恃强深入，当年曾今帮助启民可汗安家立国的隋朝的臣子和他们的子孙被颉利可汗兄弟的屠杀。现在颉利可汗的国家灭亡了，难道这不是忘恩负义的下场吗？"大臣们都说："确实像陛下所说的那样。"

【原典】

贞观九年，北蕃归朝人奏："突厥内大雪，人饥，羊马并死。中国人在彼者，皆入山作贼，人情大恶。"太宗谓侍臣曰："观古人君，行仁义、任贤良则治；行暴乱、任小人则败。突厥所信任者，并共公等见之，略无忠正可取者。颉利复不忧百姓，恣情①所为，朕以人事观之，亦何可久矣？"魏徵进曰："昔魏文侯问李克：'诸侯谁先亡？'克曰：'吴先亡。'文侯曰：'何故？'克曰：'数战数胜，数胜则主骄，数战则民疲，不亡何待？'颉利逢隋末中国丧乱，遂恃众内侵，今尚不息，此其必亡之道。"太宗深然②之。

【注释】

①恣情：恣意妄为。②深然：非常赞同。

【译文】

贞观九年（635），北方突厥归顺的人奏疏说："突厥境内连降大雪，老百姓饥饿不堪，马羊全部都死了。居住在哪里的百姓全部都沦为山贼，民情动荡。"太宗对侍臣们说："观察古代的君主，推行仁义、任用贤能的人国家就能够长治久安；施行暴政、任用小人国家就会走向灭亡。而突厥现在所信任任用的人，与我们所看到的根本就没什么忠诚正直的地方。颉利作为首领对百姓漠不关心，恣意妄为，按照常理来说又怎么能够长久呢？"魏徵进言说："从前魏文侯询问李克：'诸侯里面最先灭亡的是谁？'李克回答：'先灭亡的是吴国。'魏文侯问：'是什么原因呢？'李克说：'吴国屡战屡胜，时间长了就会感到骄傲，而时常发动战乱民生难免会疲弊，不灭亡还要等到什么呢？'中原大乱，颉利就趁着兵强马壮入侵中原，直到今日还没有息战的打算，这就意味着他最终必然走向灭亡的道路。"对此观点太宗十分赞同。

【原典】

贞观九年，太宗谓魏徵曰："顷读周、齐史，末代亡国之主为恶多相类也。齐主①深好奢侈，所有府库用之略尽，乃至关市无不税敛。朕常谓此犹如馋人自食其肉，肉尽必死。人君赋敛不已，百姓既弊，其君亦亡，齐主即是也。然天元②、齐主若为优劣？"徵对曰："二主亡国虽同，其行则别。齐主偄弱③，政出多门，国无纲纪，遂至亡灭。天元性凶而强，威福在己，亡国之事，皆在其身。以此论之，齐主为劣。"

【注释】

①齐主：指齐后主，名纬，世祖之子。②天元：北周宣帝，自称天元皇帝。③偄弱：软弱，怯懦。

【译文】

贞观九年，唐太宗对魏徵说："近日来我读北周、北齐的史书，发现末代亡国的君主，做很多坏事都有许多相似的的地方。齐主高纬非常奢侈，府库所藏，被他挥霍的所剩无几了，以至于关隘市集，没有一个地方是不征收赋税的。我常说，这就好比是嘴馋的人吃自己身上的肉一样，肉吃完了那么自己离死也就不远了，君王不断征收赋税，长此以往民生凋敝，君主君主也就灭亡了，高纬就是如此。那么后周天元皇帝与他想他相比谁优谁劣呢？"魏徵回答说："虽然这两个君主最后后亡国了，但是他们的做法是不一样的。高纬懦弱，朝廷政令不一，国家没有纲纪，最后导致灭亡。天元帝生性凶悍好强，作威作福独断专行，国家的灭亡，都由他一手造成的。从这一方面来说齐后主要劣一些。"

卷 九

征伐第三十五
——对外发动战争

【原典】

武德九年冬，突厥颉利、突利二可汗以其众二十万，至渭水便桥之北，遣酋帅执矢思力入朝为觇[1]，自张声势云："二可汗总兵百万，今已至矣。"乃请返命。太宗谓曰："我与突厥面自和亲，汝则背之，我无所愧，何辄将兵入我畿县，自夸强盛？我当先戮[2]尔矣！"思力惧而请命。萧瑀、封德彝等请礼而遣之，太宗曰："不然。今若放还，必谓我惧。"乃遣囚之。太宗曰："颉利闻我国家新有内难，又闻朕初即位，所以率其兵众直至于此，谓我不敢拒之。朕若闭门自守，虏必纵兵大掠。强弱之势，在今一策。朕将独出[3]，以示轻之，且耀军容，使知必战。事出不意，乖其本图，制伏匈奴，在兹举矣。"遂单马而进，隔津与语，颉利莫能测。俄而六军继至，颉利见军容大盛，又知思力就拘[4]，由是大惧，请盟而退。

【注释】

①觇：偷偷地察看。②戮：杀。③独出：一个人外出。④拘：囚禁。

【译文】

武德九年冬天，突厥颉利、突利二位首领率领二十万士兵，长驱直入到渭水便桥以北。他们派遣将领执矢思力入朝觐见，执矢思力虚张声势地说："二位可汗统领百万兵马，现在已经到达京师。"太宗皇帝说："我已与突厥和亲，现在你们却背叛我，我也没有什么好愧疚的，但是你们为何兴师京城，还要夸耀你们的强盛呢？我现在就杀了你！"执矢思力吓得立刻跪地求饶。萧瑀、封德彝等大臣连忙劝止，建议太宗对他要以礼相待，并将他遣回突厥。但是太宗不答应，说："不行，如果让他回去，突厥必然误以为我是害怕了。"于是就将他囚禁起来。太宗对大臣们说："颉利听说现在大唐有难，我如今即位不久。因此率军直逼长安城下，觉得我不敢反抗。如果我将城门关闭自守，他们一定会进军践踏中原。局势是强是弱，就取决于今天的决定。我决定一个人独自出城，以示对他们的轻视之意，并且向他们炫耀我国的兵力，让他们知道战争是不可避免的。出其不意，挫败他们的计划，制伏匈奴，在此一举了。"于是骑马来到突厥兵驻地，隔着河对他们喊话，让颉利摸不清虚实。没过多长时间，大唐六军相继到达，颉利看到大唐如此兵强马壮，又知道执矢思力被囚禁，因此十分惊恐，于是请求签定和约，并很快率兵退去。

【原典】

贞观初，岭南诸州奏言高州酋帅冯盎、谈殿①阻兵反叛。诏将军蔺暮发江、岭数十州兵讨之。秘书监魏征谏曰："中国初定，疮痍未复，岭南瘴疠，山川阻深，兵运难继，疾疫或起，若不如意，悔不可追。且冯盎若反，即须及中国未宁，交结远人，分兵断险，破掠州县，署置官司。何因告来数年，兵不出境？此则反形未成，无容动众。陛下既未遣使人就彼观察，即来朝谒，恐不见明。今若遣使，分明晓谕②，必不劳师旅，自致阙庭③。"太宗从之，岭表悉定。侍臣奏言："冯盎、谈殿往年恒相征伐，陛下发一单使，今岭外帖然。"太宗曰："初，岭南诸州盛言盎反，朕必欲讨之，魏征频谏，以为但怀之以德，必不讨自来。既从其计，遂得岭表无事，不劳而定，胜于十万之师。"乃赐征绢五百匹。

【注释】

①冯盎、谈殿：冯盎，字明达，高州人，隋亡后据岭表。降唐后被高祖封为越国公。谈殿，当时亦据岭表。②晓谕：昭示，明白地告知。③阙庭：帝王所居之处。借指朝廷。

【译文】

贞观初年，岭南各州县上奏告发高州统帅冯盎、谈殿起兵反叛，太宗皇帝下诏令将军蔺暮调动江南、岭南几十个州县的士兵讨伐。秘书监魏征进谏劝止说："中原才获得安定，天下疮痍满目。岭南地区又多瘴疠，地势险要，行军十分困难，假如没有达到之前希望的结果，到时候再后悔就已经晚了。而且，如果冯盎真的造反，中原地区就必然不会安宁，他可以和南方少数民族勾结，险要的地方分兵据守，攻城略地，设置州府。这么多年一直有人上书告他叛乱，为什么看不见他的一兵一卒攻出岭南呢？陛下还未派遣使者去調查事情的緣由，只聽嶺南官員的一面之詞，就興兵去攻打他，這恐怕不是明智的決定。如果現在派人去打探，弄清真相，必然不會興師動眾，還可以使他自己上朝述職。"太宗接受了這個建議，於是嶺南地區避免了一次戰爭之災。這件事情過後，一位侍臣上奏說："多年來馮盎和談殿戰火不斷，如今嶺南地區陛下只派遣了一個使者就能夠獲得太平。"太宗皇帝也說："當初嶺南的地方官盛傳馮盎要叛亂，我想要起兵討伐他，是魏徵上書勸阻了我，認為應當採取親和的策略，不經過戰爭他必定會自己來朝說明情況。我採納了他的建議，結果不動一兵一卒就可以使嶺南獲得安寧，這樣的結果真的是勝過十萬大軍的威力啊。"於是賞賜魏徵絹五百匹。

【原典】

貞觀四年，有司上言："林邑蠻國，表疏不順，請發兵討擊之。"太宗曰："兵者凶器，不得已而用之。故漢光武云：'每一發兵，不覺頭鬚為白。'自古以來窮兵極武，未有不亡者也。苻堅^①自恃兵強，欲必吞晉室，興兵百萬，一舉而亡。隋主亦欲取高麗，頻年勞役，人不勝怨，遂死於匹夫之手。至如頡利，往歲數來侵我國家，部落疲於征役，遂至滅亡。朕今見此，豈得輒即發兵？但經歷山險，土多瘴癘，若我兵士疾疫，雖克剪^②此蠻，亦何所補？言語之間，何足介意！"竟不討之。

【注釋】

①苻堅：十六國時期前秦皇帝。②克剪：打敗。

【譯文】

貞觀四年，主管大臣報告說："南方的林邑國，上疏的言辭不恭順，請陛下發兵討伐他們。"太宗皇帝說："出兵討伐的危害非常大，不到萬不得已的時候千萬不要用這樣的方法。因此漢光武帝說：'每次起兵都會讓我的頭髮變白。'自古以來窮兵黷武的人都會自取滅亡。苻堅依仗自己強大的兵力，發誓將晉朝吞併，一次就出動百萬士兵，到最後全部覆滅。隋煬帝也要攻破高麗，戰火連連，勞役不斷，百姓困苦不堪，最終死在了小人的手中。幾年來突厥頡利屢次進犯中原，部落的民眾被戰爭弄得疲憊不堪，最終也滅亡了。有這些前車之鑒，我怎麼會隨意出戰呢？況且到南方作戰，要翻越高山峻嶺，那裡又流行瘴癘，假如士兵們被傳染，即便是戰勝了南蠻，又有什麼用？何況南蠻林邑只是在言語之間流露不滿，沒有必要太在意。"於是決定不討伐林邑。

【原典】

贞观五年，康国请归附。时太宗谓侍臣曰："前代帝王，大有务广土地，以求身后之虚名，无益于身，其民甚困。假令于身有益，于百姓有损^①，朕必有为，况求虚名而损百姓乎？康国既来归朝，有急难不得不救；兵行万里，岂得无劳于民？若劳民求名，非朕所欲。所请归附，不须纳^②也。"

【注释】

①损：损害。②纳：接纳。

【译文】

贞观五年，康国请求归顺，太宗皇帝对侍臣们说："历代君王大多数都喜欢辽阔的疆域，以求为自己博得身后的虚名，这样做不仅对自己没有好处，而且还会使百姓困苦不堪。假如是对自己有益处，对百姓没有好处，我是不会做的，更何况是因为贪慕虚名去损害百姓的利益呢？如果康国归顺了我朝，他们有什么困难我们就不能不援救。到达那里要行军万里，怎么可能不劳师动众呢？如果为了虚名而使士兵劳顿，我是不会情愿的。他们归顺的要求我是不会答应的。"

【原典】

贞观十四年，兵部尚书侯君集^①伐高昌，及师次柳谷，候骑言："高昌王麴文泰死，克日将葬，国人咸集，以二千轻骑袭之，可尽得也。"副将薛万均^②、姜行本^③皆以为然。君集曰："天子以高昌骄慢，使吾恭行天诛。乃于墟墓间以袭其葬，不足称武，此非问罪之师也。"遂按兵以待葬毕，然后进军，遂平其国。

【注释】

①侯君集：幽州人，以雄才称。②薛万均：敦煌人，高祖以其勇武授上柱国。万均因攻袭窦建德、讨击突厥有功，被拜为将军。③姜行本：名确，为宣威将军。因平高昌有功，被封为金城郡公。

【译文】

贞观十四年，兵部尚书侯君集讨伐高昌，将士兵驻扎在柳谷，侦察说："高昌王麴文泰听说大唐兵临城下，十分恐慌，不知道该怎么办，不久就病发身亡。等过段时间他就会被安葬，到那时候高昌的国民就会聚集在一起，再派两千骑兵去袭击，一定可以将他们一举拿下。"副将薛万均、姜行本都赞同他的计策，侯君集却说："陛下因为高昌骄傲轻慢，因此派我来讨伐他们。如果乘他们举行葬礼的时候去偷袭，不能够显现大国风范，更不能表明我们是讨伐罪人的正义之师。"于是就等他们丧礼结束之后才出兵征讨，不久就平定了高昌。

【原典】

贞观十六年，太宗谓侍臣曰："北狄世为寇乱，今延陀^①倔强，须早为之所。朕熟思之，惟有二策：选徒十万，击而虏之，涤除凶丑，百年无患，此一策也。若遂其来请，与之为婚媾。朕为苍生父母，苟可利之，岂惜一女！北狄风俗，多由内政，亦既生子，则我外孙，不侵中国，断可知矣。以此而言，边境足得三十年来无事。举此二策，何者为先？"司空房玄龄对曰："遭隋室大乱之后，户口太半^②未复，兵凶战危，圣人所慎，和亲之策，实天下幸甚。"

【注释】

①延陀：即薛延陀，中国古代部落名，铁勒诸部之一，初属突厥。②太半：大部分。

【译文】

贞观十六年，太宗皇帝对侍臣说："北狄历来凶残，时常制造叛乱，现在薛延陀很不安分，应当尽快处置他们。我认真思考了两个办法。第一个方法是选派十万精兵，讨伐虏获他们，将凶残丑恶之徒全部铲除，这样就可以确保百年没有祸患。第二个方法就是如果满足他们的请求，与之通婚，又将怎么样呢？我乃百姓的父母，如果有是利于天下的事情，出嫁一个女儿又有什么可惜的！北狄的风俗，有很多地方都和我们非常相似，假如有了后代，那就是我的外孙，他不会侵犯中原，这是肯定的。这样就可以保证边境三十年太平无事。这两个方法哪一个好呢？"司空房玄龄说："隋末大乱之后，中原的百姓死伤过半，到现在元气还没有完全恢复，战争是十分残酷危险的，对此贤明的人都非常谨慎。如果能实施和亲的策略，实在是万民之大幸啊。"

【原典】

贞观十七年，太宗谓侍臣曰："盖苏文弑其主而夺其国政，诚不可忍。今日国家兵力，取之不难，朕未能即动兵众，且令契丹、靺鞨^①搅扰之，何如？”房玄龄对曰：“臣观古之列国，无不强陵弱，众暴寡。今陛下抚养苍生，将士勇锐，力有余而不取之，所谓止戈②为武者也。昔汉武帝屡伐匈奴，隋主三征辽左，人贫国败，实此之由，惟陛下详察。”太宗曰：“善！”

【译文】

贞观十七年，太宗皇帝对侍臣说：“盖苏文为了夺取政权将他的主子杀害了，是可忍，孰不可忍。现如今用大唐的兵力将他们平定并不是什么困难的事情，如果我按兵不动，命令契丹、靺鞨去搅乱他们，怎么样？”房玄龄说：“我发现古代的国家，没有不以强凌弱，以众克寡的。如今，陛下休养生息，将士骁勇善战，国力强盛却不去实行武攻，这是化干戈为玉帛啊。过去汉武帝多次征讨匈奴，隋炀帝三次攻打辽东，国破家亡，由此产生。请陛下详察。”太宗皇帝说：“你说的不错。”

【原典】

贞观十八年，太宗以高丽莫离支贼杀其主，残虐①其下，议将讨之。谏议大夫褚遂良进曰：“陛下兵机神算，人莫能知。昔隋末乱离，克平寇难，及北狄侵边，西蕃失礼，陛下欲命将击之，群臣莫不苦谏，惟陛下明略独断，卒并诛②夷。今闻陛下将伐高丽，意皆荧惑③。然陛下神武英声，不比周、隋之主，兵若渡辽，事须克捷，万一不获④，无以威示远方，必更发怒，再动兵众。若至于此，安危难测。”太宗然之。

【注释】

①残虐：残暴。②诛：杀。③荧惑：疑惑。④获：战胜。

【译文】

贞观十八年，太宗因为高丽国的莫离支弑杀君主，对待手下十分残暴，因此和大臣们商量讨伐的对策，谏议大夫褚遂良进谏说：“陛下神机妙算，您的谋略平庸的人是不能了解的。隋朝末年天下纷争，陛下平定了贼寇，以及北狄对边境的侵犯。西边的少数民族失礼于大唐，陛下想要起兵打击，大臣们没有不劝阻的，只有陛下圣明，远见卓识，一一诛死了异族。如今听闻陛下要讨伐高丽，这让我感到疑惑，陛下的神勇超过周、隋时期的帝王。但是，士兵们一旦渡过辽河，就一定要马上解决战斗，如果有一点儿闪失，不但没有办法向远方异族显示大唐的威严，陛下定会更加生气，再次兴师动众。假如到了这种境地，国家的安危就难以预料了。"太宗皇帝觉得他说的话很有道理。

【原典】

贞观十九年，太宗将亲征高丽，开府仪同三司尉迟敬德奏言："车驾若自往辽左，皇太子又监国定州，东西二京，府库所在，虽有镇守，终是空虚，辽东路遥，恐有玄感①之变。且边隅②小国，不足亲劳万乘。若克胜，不足为武，倘不胜，恐为所笑。伏请③委之良将，自可应时摧灭。"太宗虽不从其谏，而识者是之。

【注释】

①玄感：杨玄感，隋朝大臣。②边隅：边远地区。③伏请：请求。

【译文】

贞观十九年，太宗皇帝将出征高丽，开府仪同三司尉迟敬德上奏说："现在皇太子在定州监国，如果陛下亲征辽东，东西二京是国库重地，虽然都设置了官府、兵库，但是却只有兵士把守，终归还是空虚，辽东路途遥远，恐怕会发生隋炀帝亲征高丽时杨玄感趁机起兵围攻东都的变故。并且，高丽是远方小国，何必劳烦陛下亲自征讨。如果胜利也显示不出大唐的神勇，如果失败，岂不贻笑世人？我请求陛下派遣良将去征讨，一定会将他们一举歼灭。"他的意见太宗没有采纳，但是赢得当朝一些有识之士的赞许。

【原典】

礼部尚书江夏王道宗从太宗征高丽，诏道宗与李勣为前锋，及济辽水克盖牟城，逢贼兵大至，军中金①欲深沟保险，待太宗至，徐进。道宗议曰："不可，贼赴急远来，兵实疲顿，恃众轻我，一战可摧。昔耿弇②不以贼遗君父，我既职在前军，当须清道以待舆驾。"李勣大然其议。乃率骁勇数百骑，直冲贼阵，左右出入，勣因合击，大破之。太宗至，深加赏劳。道宗在阵损足，帝亲为针灸，赐以御膳。

【注释】

①金：都，皆。②耿弇：后汉茂陵人，字伯昭，从光武帝为大将军，多次征战，光武帝即位后，授建威大将，封好峙侯。

【译文】

礼部尚书江夏人王道宗跟随太宗一起出征高丽，太宗任命道宗和李勣为先锋。他们渡过辽水，攻克了盖牟城之后，敌军大举进攻，有人建议挖深沟以求保险，等到太宗到了，再慢慢攻打他们。但是王道宗坚决反对，说："不可以，敌军远道而来，现在士兵已经十分疲惫了，只是他们人多势众，因此轻视我们。其实一次战斗就可以将他们摧毁。汉时，耿弇没有将敌军留给汉光武帝处置。既然我们是先锋，就应当先将敌人清除，为陛下开路，等待他的到来。"他的意见李勣非常赞同。于是王道宗就率领几百名骁勇善战的骑兵，冲向敌人的阵地，再加上李勣的接应，左右出击，大败敌军。不久太宗赶来，对他们大加赞赏和犒劳。王道宗在战斗中伤了脚，太宗皇帝亲自替他针灸治疗，还赐给他御膳。

【原典】

太宗《帝范》^①曰："夫兵甲者，国家凶器也。土地虽广，好战则民凋；中国虽安，忘战则民殆。凋非保全之术，殆非拟寇之方，不可以全除，不可以常用。故农隙讲武，习威仪也；三年治兵，辨等列也。是以勾践轼蛙^②，卒成霸业；徐偃弃武，终以丧邦。何也？越习其威，徐忘其备也。孔子曰：'以不教民战，是谓弃之。'故知弧矢之威，以利天下，此用兵之职也。"

【注释】

①《帝范》：贞观二十二年正月，太宗作《帝范》十二篇以赐太子。②勾践轼蛙：轼，古代车厢扶手横木，古人立乘，扶轼表示敬意。

【译文】

太宗皇帝在他作的《帝范》一书里写道："武器、铠甲是国家的凶器。即便是疆域辽阔，穷兵黩武也会使民生凋敝。虽然中原安宁，但忽略战备百姓就会懈怠。民生凋敝这并不是保全国家的办法，懈怠也不是御敌的策略。武装既不能够完全解除，也不能够经常使用。所以百姓在闲暇的时间里应该习武艺，这样才能够彰显大唐的风范；三年练兵，以辨别等级位次。所以越王勾践为雪亡国之耻，每当看见青蛙都会下车前去跪拜，他说：'即便是青蛙也会有一肚子怨气啊。'他礼敬怒蛙，最终成就霸业。徐偃放弃武功，依赖文德，后来周穆命令楚侯将他灭掉。这是为什么呢？就是由于越王时刻不忘加强武功，而徐偃却忘记战备。孔子说：'不教民战事，是自我放弃，将国家拱手让给别人。'所以要明白，练习弓箭是为了安定天下，这就是用兵的作用。"

【原典】

贞观二十二年，太宗将重讨高丽。是时，房玄龄寝疾增剧，顾谓诸子曰："当今天下清谧^①，咸得其宜，惟欲东讨高丽，方为国害。吾知而不言，可谓衔恨入地。"遂上表谏曰：

臣闻兵恶不戢^②，武贵止戈。当今圣化所覃^③，无远不暨。上古所不臣者，陛下皆能臣之；所不制者，皆能制之。详观古今，为中国患害，无过突厥。遂能坐运神策，不下殿堂。大小可汗，相次束手，分典禁卫，执戟行间。其后延陀鸱张^④，寻就夷灭，铁勒慕义，请置州县，沙漠已北，万里无尘。至如高昌叛涣于流沙，吐浑首鼠于积石，偏师薄伐，俱从平荡。高丽历代逋诛，莫能讨击。陛下责其逆乱，杀主虐人，亲总六军，问罪辽碣。未经旬日，即拔辽东，前后虏获，数十万计，分配诸州，无处不满。雪往代之宿耻，掩崤陵之枯骨，比功校德，万倍前王。此圣主所自知，微臣安敢备^⑤说。

【注释】

①清谧：安宁，平静。②戢：收藏，收敛。③覃：延及，深入。④鸱张：鸱，恶鸟，即鹞鹰。鸱张即凶暴、嚣张之意。⑤备：多。

【译文】

贞观二十二年，太宗皇帝将要出征高丽，当时房玄龄卧病在床，病情越来越严重，他对儿子们说："如今天下安定太平，每个人都可以各得其所，然而陛下却想要出兵讨伐高丽，这是百姓的隐患啊，假如我知道它的隐患而不指出，是会抱憾终身的。"于是上疏太宗皇帝：

我听说兵器不宜常用，而武力贵在消歇。当今，陛下恩德沐浴四方，无所不及。古代不能降服的异族，陛下都让他们归顺了；古代不能攻打下来的国家，陛下也攻克了。纵观历史，突厥是中原的首要祸患，但陛下却能运筹帷幄，不下朝堂，就可以让他们俯首称臣。充当宫禁的宿卫，持戟于行伍之间，后来延陀鸱张的乱世枭雄，也同样败于大唐的神威之下，铁勒讲求信义，于是朝廷就在那个地方设置了州县。大漠以北，再也没有战事。至于高昌在流沙的叛乱，吐浑在积石进退不定，陛下只派遣了一个偏师，就将他们一一平定。高丽人历代叛乱，没有一个人将它降服。陛下怪罪他们谋反作乱，鱼肉百姓，还将他们的君主杀害，因此亲自率领六军，进伐辽东，向他们兴师问罪。不过一旬，就将辽东攻克，前后俘虏十万多敌军，把他们发配到各州充军，都人满为患。洗刷了过去的耻辱，掩埋了阵亡将士的遗骨。陛下与古代帝王的功德相比，胜过他们何止万倍。这是陛下都很清楚的，我不必多说。

【原典】

且陛下仁风被于率土，孝德彰于配天。睹夷狄之将亡，则指期数岁；授将帅之节度，则决机万里。屈指而候驿，视景而望书，符应若神，算①无遗策。擢将于行伍②之中，取士于凡庸之末。远夷单使，一见不忘；小臣之名，未尝再问。箭穿七札，弓贯六钧。加以留情坟典，属意篇什，笔迈钟、张，词穷贾、马。文锋既振，则宫徵自谐；轻翰暂飞，则花葩竞发。抚万姓以慈，遇群臣以礼。褒③秋毫之善，解吞州之网。逆耳之谏必听，肤受之诉斯绝。好生之德，禁障塞于江湖；恶杀之仁，息鼓刀于屠肆④。凫鹤荷稻粱之惠，犬马蒙帷盖之恩。降尊吮思摩之疮，登堂临魏征之枢。哭战亡之卒，则哀动六军；负填道之薪，则情感天地。重黔黎之大命，特尽心于庶狱。臣心识昏愦，岂足论圣功之深远，谈天德之高大哉？陛下兼众美而有之，靡不备具，微臣深为陛下惜之重之，爱之宝之⑤。

【注释】

①算：谋画，策略。②行伍：古代军队编制，五人为"伍"，二十五人为"行"。后行伍泛指军队士兵。③褒：赞扬。④屠肆：肉铺。⑤宝之：以之为宝。

【译文】

陛下仁德散布四方，孝敬之德齐于高天。看到四邻外族将要灭亡，就能估计出要多少年的时间，因此，即使在距离遥远的边关也可以决断军务。陛下决策于万里之外，却能稳操胜券。在士兵中提拔将士，在平凡的人当中选拔贤能的人才。即便是远方异族的使者，陛下也会过目不忘，更何况是官吏的名

字，陛下只要问一次就可以记住。陛下一箭可以射穿七札，六钧重的弓可以一下拉满，再加上陛下喜欢阅读古籍，著述文章，书法超过钟繇、张芝，文笔胜过贾谊、司马相如。陛下文风劲健，作文章自然文采飞扬，下笔如神。对于百姓宽厚仁慈，对大臣注重礼教，逆耳的忠言也能够虚心倾听，好生恶杀，对鱼类和牲畜禁止过度捕杀，恩德普及世间万物。陛下不惜屈尊，大将军李思摩被流箭射伤，亲自为他吮血，亲自到魏征的灵堂祭拜，为战争中牺牲的将士痛哭，哀恸之情震动六军。还亲自背柴填充道路，这样的情感足以感动天地。陛下重视黎民的生命，对各种案件认真审查，我心智愚钝，又有什么资格谈论陛下的大仁大义、大恩大德，只是为了表达对陛下的崇敬爱戴之情而已。

【原典】

《周易》曰："知进而不知退，知存而不知亡，知得而不知丧。"又曰："知进退存亡，而不失其正者，其惟圣人乎！"由此言之，进有退之义，存有亡之机，得有丧之理，老臣所以为陛下惜之者，盖谓此也。《老子》曰："知足不辱，知止不殆。"臣谓陛下威名功德，亦可足矣；拓地开疆，亦可止矣。彼高丽者，边夷贱类，不足待以仁义，不可责以常理。古来以鱼鳖畜之，宜从阔略。必欲绝其种类，深恐兽穷则搏。且陛下每决死囚，必令三覆五奏，进素食，停音乐者，盖以人命所重，感动圣慈也。况今兵士之徒，无一罪戾，无故驱之于战阵之间，委之于锋刃之下，使肝脑涂地，魂魄无归，令其老父孤儿、寡妻慈母，望辖车^①而掩泣，抱枯骨而摧心，足变动阴阳，感伤和气，实天下之冤痛也。且兵，凶器；战，危事，不得已而用之。向使高丽违失臣节，而陛下诛之可也；侵扰百姓，而陛下灭之可也；久长能为中国患，而陛下除之可也。有一于此，虽日杀万夫，不足为愧。今无此三条，坐烦^②中国，内为旧主雪怨，外为新罗报仇，岂非所存者小，所损者大？

【注释】

①辖车：指拉尸体的车子。②坐烦：带来烦恼。

【译文】

《周易》上写道："知道前进而要知道后退，知道生存而要知道死亡，知道获得而要知道失去。"还写道："知道生存和死亡、前进和后退的道理，没有失去尺度和分寸的，就只有圣人啊。"因此，前进中也包着含后退的含义，生存之中也会隐藏着死亡的阴影，获得也就意味着有可能会失去，我之所以为陛下担忧，就在于这个。《老子》说："知道满足就不会耻辱，知道停止就不会困顿。"我觉得陛下的功德威名已经很高远了，开拓的疆土已经非常广阔了。高丽国是远方的异族，对待他们不可以用仁义，也不能用常理来要求他们。从古至今，将他们当做鱼鳖来畜养，应该对他们施行宽缓简略的政策，假如一定要灭绝他们的种族，我非常担心他们会像野兽一样拼死反抗。每当陛下要处决死囚，一定要让三番五次地奏报，并且吃素食、停音乐，这都是由于人命关天，感动了陛下的圣慈之心。更何况，如今的士兵又有谁没有罪过呢，让他们无缘无故投身战火之中，使他们肝脑涂地，成为无家可归的冤魂，让他们的妻儿老小，望着灵车痛哭流涕，抱着尸骨捶胸顿足，这足以使山河失色，天怒人怨，实在是天底下最痛苦的事情啊。并且，兵器是凶险的用具，战争也是非常危险的事，不到万不得已是不能随便动用的。如果高丽失掉了臣子的礼节，陛下是可以诛杀他的；如果他侵犯了百姓，陛下也是可以将他灭掉的；如果是由于他长期以来是中原的心腹之患，陛下同样可以将他铲除。其中有一个理由如果是成立的，就算是一天杀一万个敌寇，也不会觉得内疚。但是如今三条罪状都不成立，却要给中原的百姓带来无穷无尽的烦恼和痛苦，对内为其旧主雪冤，对外为新罗报仇，难道这不是所得者小，所失者大吗？

【原典】

愿陛下遵皇祖老子止足之诚，以保万代巍巍之名。发霈然之恩①，降宽大之诏，顺阳春以布泽，许高丽以自新，焚凌波之船，罢应募之众，自然华夷庆赖，远肃迩安。臣老病三公，朝夕入地，所恨竟无尘露，微增海岳。谨馨残魂余息②，豫代结草之诚。倘蒙③录此哀鸣，即臣死骨不朽。

太宗见表，叹曰："此人危笃如此，尚能忧我国家。"虽谏不从，终为善策。

【注释】

①霈然之恩：像甘霖一样的恩情。②余息：残余气息。③蒙：蒙受。

【译文】

但愿陛下遵照老子"知止为足"的警戒，以确保万代崇高的美名。顺天布泽，发恩降诏，给高丽一个改过自新的机会，停止征兵，烧掉战船，这样各族民众都会觉得是庆幸的事情，远近都得安宁。如今微臣年老多病，早晚将要去世，遗憾的是不能继续为国家尽自己的微薄之力。再次直言进谏是我最后的心意，当做臣死后为报答陛下当年的知遇之恩。如果陛下垂恩，将老臣的话听进去，那么微臣死而无憾。

太宗看了这篇奏书，感叹道："这个人病危到这种程度，还在为国家忧心。"虽然没有接纳，但还是认为他的意见是治国的善策。

【原典】

贞观二十二年，军旅亟动，宫室互兴，百姓颇有劳弊。充容①徐氏②上疏谏曰：

贞观已来，二十有余载，风调雨顺，年登岁稔，人无水旱之弊，国无饥馑之灾。昔汉武帝，守文之常主，犹登刻玉之符③；齐桓公，小国之庸君，尚涂泥金之事。望陛下推功损己，让德不居。亿兆倾心，犹阙告成之礼；云、亭④伫谒，未展升中之仪⑤。此之功德，足以咀嚼百王，网罗千代者矣。然古人有云："虽休勿休。"良有以也。守初保末，圣哲罕兼。是知业大者易骄，愿陛下难之；善始者难终，愿陛下易之。

【注释】

①充容：唐时女官号，皇帝九嫔之一。②徐氏：名惠，通经书，能文章，太宗召为才人。③刻玉之符：与文中所说的"泥金之事"均为古代一种封禅仪式。泛指封禅。④云、亭：传说黄帝禅亭亭，五帝禅云云，都是山名。⑤升中之仪：祭天的仪式。

【译文】

贞观二十二年，朝廷战事频繁，又大兴土木，百姓感到不堪重负。宫中的女官充容徐氏上疏说：

贞观以来，二十多年来风调雨顺，五谷丰收，国家没有水旱之灾，百姓没有饥荒的祸患。过去，汉武帝采用汉文帝休养生息的政策，但是到最后还是到泰山封禅，将功业敬告上天；齐桓公是一个小国的君王，也行封禅之事，以显示他们的文治武功。希望陛下不要居功自傲，有大功而不居，有大德而能让。亿万人民仰戴，仍未行告成的大典；云亭二山待谒，仍未肯亲行祭天的仪式。这样的功德足以光辉万代，永久流芳。然而古人说："虽然天下太平，但是不能够任由情欲放纵。"能够谨小慎微，兢兢业业，就算是古代的圣人先哲想要做到也是非常困难的事情。这就能够理解功业盛大的人容易骄傲，善始容易善终难，希望陛下把它当作很容易做的事。

【原典】

窃见顷年以来，力役兼总，东有辽海之军，西有昆丘之役，士马疲于甲胄①，舟车倦于转输。且召募役戍，去留怀死生之痛，因风阻浪，人米有漂溺之危。一夫力耕，年无数十之获；一船致损，则倾覆数百之粮。是犹运有尽之农功，填无穷之巨浪；图未获之他众，丧已成之我军。虽除凶伐暴，有国常规，然黩武玩兵，先哲所戒。昔秦皇并吞六国，反速危祸之基；晋武奄有三方②，翻成覆败之业。岂非矜功恃大，弃德轻邦，图利忘害，肆情纵欲？遂使悠悠六合，虽广不救其亡；嗷嗷黎庶，因弊以成其祸。是知地广非常安之术，人劳乃易乱之源。愿陛下布泽流人，矜弊恤乏，减行役之烦，增雨露之惠。

【注释】

①甲胄：古时战士穿用的铠甲和头盔。泛指战事。②三方：指魏、蜀、吴三方之地。

【译文】

我看见，近年来西边有昆丘之役，东边有辽海之战，士兵、战马都十分疲倦，战船兵车也在不断地输送。并且出征的路途遥远，将士赴边和离开战场，都怀有生离死别的切肤之痛。因为风高浪急，且路途坎坷，人员和粮米随时有葬身鱼腹的危险。农夫一年辛苦耕种也只不过有几十担的收成，一旦遇到翻船，一瞬间几百担的粮食就会化为灰烬。这就等于把有限的收成送给了广阔的大海，贪图还没有到手的胜利反而会让自己丢失了人马。铲除顽敌虽然是国家的职责，但穷兵黩武，也是先哲们极力避免的。过去秦始皇将六国吞并，可是却加速了他的灭亡；晋武帝拥有三方之地，却转眼败亡。难道这不是由于他们图谋利益、忘记祸患、放弃仁德、轻视国家、居功自傲、放纵恣情的结果吗？所以天地虽大也不可能挽救其灭亡，劳苦百姓由于没有办法生活而群起造反。因此，拥有广阔的疆土并不是国家安宁的保证，国家动乱的源头是人民劳顿。希望陛下对百姓多施加恩惠，减轻他们的劳役负担，让他们能够享受到朝廷的恩德。

【原典】

妾又闻为政之本，贵在无为。窃见土木之功，不可遂兼。北阙初建，南营翠微，曾未逾时，玉华创制，非惟构架之劳，颇有功力之费。虽复茅茨示约，犹兴木石之疲，假使和雇取人，不无烦扰之弊。是以卑宫菲食①，圣王之所安；金屋瑶台，骄主之为丽。故有道之君，以逸逸人；无道之君，以乐乐身。愿陛下使之以时，则力不竭矣；用而息之，则心斯悦矣。

【注释】

①卑宫菲食：住简陋的房子，吃粗淡的茶饭。

【译文】

为妾听说治理国家的根本最可宝贵的在于无为。私下以为，土木工程不可连续不断地进行。北边的门楼刚刚修建好，又在南边建翠微宫，没过多长时间，又要修建玉华宫，这不仅浪费材料，而且还浪费人力。虽然再三要求建筑要低标准力求俭约，还是要采石伐木，即便用官费雇工，也难免会烦扰百姓。圣明的君主所安心受用的是简陋的宫室和粗淡的茶饭，骄逸的君主才会觉得金碧辉煌的殿堂是最美丽的。因此贤明的君王是以休养生息使百姓安适；没有道德的君主只会淫乐享受以满足自己的私欲。希望陛下使用民力可以有所节制，这样他们的力气才不会用完，在用了他们的力气之后可以给他们休息的时间，那么他们心里就会感到高兴了。

【原典】

夫珍玩技巧，为丧国之斧斤①；珠玉锦绣，实迷心之鸩毒②。窃见服玩鲜靡③，如变化于自然，职贡奇珍，若神仙之所制，虽驰华于季俗，实败素于淳风。是知漆器非延叛之方，桀造之而人叛；玉杯岂招亡之术，纣用之而国亡。方验侈丽之源，不可不遏。夫作法于俭，犹恐其奢；作法于奢，何以制后？伏惟陛下，明照未形，智周无际，穷奥秘于麟阁，尽探赜于儒林。千王治乱之踪，百代安危之迹，兴亡衰乱之数，得失成败之机，固亦包吞心府之中，循环目围之内，乃宸衷久察，无假一二言焉。惟知之非难，行之不易，志骄于业著，体逸于时安。伏愿抑志裁心，慎终成始，削④轻过以添重德，择今是以替前非，则鸿名与日月无穷，盛业与乾坤永泰⑤！

太宗甚善其言，特加优赐甚厚。

【注释】

①斧斤：原为砍木的工具。这里指败国之器。②鸩毒：毒药，毒酒。③鲜靡：鲜艳华丽。④削：减除。⑤永泰：共存。

【译文】

　　浮华的技巧和珍贵的玩物就好比是使国家败亡的刀斧，华丽的服饰和珠玉的摆设就好比是使人内心迷乱的毒酒。为妾发现陛下的服饰和玩物应有尽有，而且形状各异、变化多端。他人进献的珍宝玲珑剔透，就像是神仙制造的一样，虽然可在颓废的世俗中张扬奢侈华丽，但是实际上却将淳朴的社会风气败坏了。我们知道漆器不是招致叛离的原因，但是夏桀加以制造却导致了民心离叛；玉杯也不是招致祸端的原因，但是商纣加以使用却导致了国败身亡。事实证明，如果不将奢侈华丽的苗头加以遏制，必然亡国。创始的时候就节俭，还唯恐其后流于奢侈，创造的时候就奢靡，那又怎么去约束后人呢？希望陛下洞察尚未成形的事物，智慧遍及天边大地，在麒麟阁上探寻其成功的办法，与儒林学士探究幽深微妙的义理。千王百代治乱安危的踪迹，兴衰存亡得失成败的原因，早已铭记于心中了，往复循环在眼前，陛下早已看出，不需要为妾再说什么。只是知道这个道理并不困难，但是行动起来却很不容易，一般都是由于卓著功业而导致志趣骄逸，天下太平而贪图享乐。希望陛下可以克制自己的私欲，善始善终，将小的过失加以改正以此来光大道德，用现有的优点代替之前的过失，这样的话陛下的英名就可以与日月齐辉，大业就可以与乾坤共存了！

　　太宗非常赞赏这些意见，特地厚加赏赐。

安边第三十六
——安边之策

【原典】

　　贞观四年，李靖击突厥颉利[①]，败之，其部落多来归降者。诏议安边之策，中书令温彦博议："请于河南[②]处之。准汉建武时，置降匈奴于五原[③]塞下，全其部落，得为捍蔽[④]，又不离其土俗，因而抚之，一则实空虚之地，二则示无猜之心，是含育之道⑤也。"太宗从之。秘书监魏征曰："匈奴自古至今，未有如斯之破败，此是上天剿绝，宗庙神武。且其世寇中国，万姓冤仇，陛下以其为降，不能诛灭，即宜遣发河北，居其旧土。秦、汉患之者若是，故时发猛将以击之，收其河南以为郡县。陛下以内地居之，且今降者几至十万，数年之后，滋息⑥过倍，居我肘腋⑦，甫迩王畿⑧，心腹之疾，将为后患，尤不可处以河南也。"温彦博曰："天子之于万物也，天覆地载，有归我者则必养之。今突厥破除，余落归附，陛下不加怜愍，弃而不纳，非天地之道，阻四夷之意，臣愚甚谓不可，宜处之河南。所谓死而生之，亡而存之，怀我厚恩，终无叛逆。"魏征曰："晋代有魏时，胡部落分居近郡，江统劝逐出塞外，武帝不用其言，数年之后，遂倾瀍、洛。前代覆车，殷鉴不远。陛下必用彦博言，遣居河南，所谓养兽自遗患也。"彦博又曰："臣闻圣人之道，无所不通。突厥余魂，以命归我，收居⑨内地，教以礼法，选其酋首，遣居宿卫，畏威怀德，何患之有？且光武居河南单于于内郡，以为汉藩翰，终于一代，不有叛逆。"又曰："隋文帝劳兵马，费仓库，树立可汗，令复其国，后孤恩失信，围炀帝于雁门。今陛下仁厚，从其所欲，河南、河北，任情居住，各有酋长，不相统属，力散势分，安能为害？"给事中杜楚客进曰："北狄人面兽心，难以德怀，易以威服。今令其部落散处河南，逼近中华，久必为患。至如雁门之役，虽是突厥背恩，自由隋主无道。中国以之丧乱，岂得云兴复亡国以致此祸？夷不乱⑩华，前哲明训，存亡继绝，列圣通规。臣恐事不师古，难以长久。"太宗嘉其言，方务怀柔，未之从也。卒用彦博策，自幽州至灵州，置顺、佑、化、长四州都督府以处之，其人居长安者近且万家。

【注释】

①李靖击突厥颉利：唐贞观四年，李靖大破颉利可汗于阴山。②河南：指黄河以南河套一带。③五原：郡名。辖境相当于今内蒙古后套以东、阴山以南、包头市以西和达拉特、准格尔等旗地。④捍蔽：捍卫屏蔽。⑤含育之道：含养化育的办法。⑥滋息：滋生繁衍。⑦肘腋：比喻切近的地方。⑧甫迩王畿：接近君王居住之地。⑨收居：收复。⑩乱：作乱。

【译文】

贞观四年，突厥颉利可汗被李靖打败，颉利可汗麾下的很多部落都归顺了大唐，于是太宗就下诏商讨安定边境的策略。中书令温彦博建议说："恳请陛下效仿东汉建武年间所采用的方法，将全部降服的匈奴都安置在五原郡边塞附近，把突厥人安置在黄河以南地区，这样做，不仅能够将原有的部落编制保留，作为中原的屏障，还能够使他们不会远离本土，他们的习俗也不会改变，以便实行抚慰政策。如此，一来可以让他们觉得朝廷对他们没有任何猜疑，二来也可以充实空虚的边塞。我觉得这样才是养育包容他们最得当的方法。"温彦博的建议太宗很赞同。秘书监魏征却坚决反对说："从古至今匈奴从来没有这样惨败过，这是上天要诛杀他们，也是陛下神武的表现。他们世世代代将中原看做是自己的敌人，与百姓结下了数不清的仇怨，陛下看他们是主动投降，所以才没有将他们处死。依臣之见，应将他们发配到黄河以北地区，让他们居住在自己的土地上。秦汉时，对于中原来说他们是祸患，因此朝廷也派遣精兵强将去攻打他们，将他们在黄河以南的土地收回，在那里设置郡县加强管理。陛下如今让他们居住在中原内地，而且投降的兵力达到几万乃至十万之众，几年以后，他们的人数还会不断成倍增长，让他们生活在我们身边，而且离京城还这样近，将他们安置在黄河以南可能会养虎为患，因此万万不可。"温彦博反驳说："天子对世间万事万物，不管是地上长的天上飞的，只要诚心归顺都应该收养。现在突厥大败，剩余的部下前来归降，假如陛下不怜悯他们，反而将他们弃之不顾，这不是一个天子应该有的胸怀。虽然我比较愚钝，但却觉得陛下不应该采取抑制少数民族的政策，应

当将他们安置在黄河以南地区。常言道：想要让濒临死亡的人活下去，就需要怀有仁爱之心，那么叛乱就永远也不会发生。"魏征据理力争地说："晋朝取代魏国的时候，在周边地区常常发现有胡部落活动踪迹，江统劝说晋武帝将他们赶出塞外，晋武帝不听，几年之后，胡部落势力庞大，很多地方都让他们占为己有，前车之鉴不远。如果陛下采纳温彦博的意见，将他们安置在黄河以南地区，就会养虎为患，贻害无穷啊。"温彦博又说："我听闻，圣人之道无不通达。突厥的残余部落为了保全性命前来投靠我们。将他们安置在中原内部再教授他们礼教法令，选拔他们的首领，派兵驻守那里，让他们对大唐的威严畏惧，感激大唐的恩德，这又有什么可担忧的呢？汉代光武帝在位时，让突厥的单于定居内地，成为汉朝的一位藩王，整个汉朝时期突厥都没有叛乱。"稍停片刻，他继续说道："隋文帝不惜耗尽国库，兴师动众，扶持突厥可汗，让他可以重新立国，但是到最后可汗背信弃义，将隋炀帝围困在雁门，企图谋反。如今陛下宽厚仁慈，听凭他们的意愿，无论是河南、河北，由他们去选择居住的地方。此外，突厥部落众多，每个部落都有自己的酋长，他们力量分散，内部不统一，怎么会对中原造成危害呢？"给事中杜楚客进谏，说："北方异族人面兽心，要想感化他们是非常困难的，用武力才会使他们臣服。现在让他们的部落散居在黄河南，靠近中原政府，时间久了肯定会生出祸端。至于隋炀帝在雁门关被困这件事情，确实是由于突厥背信弃义所导致，隋炀帝昏庸无道也是重要原因。中原的衰败灭亡，怎么可以全部归咎于中原对少数民族的扶持政策？认为让他们复兴而种下祸根是没有道理的。少数民族不会扰乱华夏民族，这是先哲们总结出来的经验。让快要死的人活下去，让快要灭绝的东西延续下去，这是古代圣贤通行的原则。如果臣不遵照古训，恐怕大唐将难以长久啊。"他的意见太宗听后非常赞许，于是对异族采取怀柔政策，这是历代以来从未有过的。后来太宗皇帝采纳温彦博的策略，从幽州至灵州，设置了顺、佑、化、长四州安置归顺的突厥部落，从这件事情以后，到长安定居的突厥人达万家之多。

【原典】

十三年，太宗幸九成宫。突利可汗弟中郎将阿史那结社率阴结所部，并拥突利子贺罗鹘夜犯御营，事败，皆捕斩之。太宗自是不直突厥，悔处其部众于中国，还其旧部于河北，建牙①于故定襄城，立李思摩为乙弥泥熟俟利苾可汗以主之。因谓侍臣曰："中国百姓，实天下之根本，四夷之人，乃同枝叶，扰其根本以厚枝叶，而求久安，未之有也。初不纳魏征言，遂觉劳费日甚，几失^②久安之道。"

【注释】

①建牙：建立官署。②失：失去。

【译文】

贞观十三年，太宗亲临九成宫，突利可汗的弟弟中郎将阿史那结社率支持突利可汗的儿子贺罗鹘暗地里聚集部众，想要乘夜偷攻太宗的御营。事情败露之后都被捕获并斩首。从那以后太宗再也不相信突厥，非常后悔将他们的部众安置在内地。于是将他们遣送回黄河以北地区，让他们在原来的定襄城建立官署，任命李思摩为乙弥泥熟俟利苾可汗来统率他们。这件事情过后，太宗皇帝对侍从的大臣们说："中原的百姓就是天下的根，周边的少数民族就好比树叶一样，根本损伤了，却想枝繁叶茂，国家能够长治久安这是不可能的事情。当初，我没有接受魏征的建议，一天比一天劳费精力。是我自己考虑不周，差点失去了长治久安的好方法。"

【原典】

贞观十四年，侯君集^①平高昌之后，太宗欲以其地为州县。魏征曰："陛下初临天下，高昌王先来朝谒，自后数有商胡称其遏绝贡献，加之不礼大国诏使，遂使王诛载加。若罪止文泰，斯亦可矣。未若因抚其民而立其子，所谓伐罪吊民，威德被于遐外，为国之善者也。今若利其土壤以为州县，常须千余人镇守，数年一易。每来往交替，死者十有三四，遣办衣资，离别亲戚。十年之后，陇右空虚，陛下终不得高昌撮谷尺布以助于中国。所谓散有用而事无用，臣未见其可。"太宗不从，竟以其地置西州，仍以西州为安西都护府，每岁调发千余人防遏其地。

【注释】

①侯君集：唐时三水人，以才雄著称。从太宗立战功，破吐谷浑，平高昌，累拜吏部尚书，封潞国公。后恃功专横，参与太子承乾谋反之事被杀。

【译文】

贞观十四年，侯君集平定高昌之后，太宗皇帝准备在高昌设立州县。魏征反对说："当初陛下即位不久，高昌王最先来朝谒，后来经商的胡人屡次上秦说高昌王不向朝廷进献贡奉，再加上他们对大唐派遣的使者无礼，终于获得罪名。假如朝廷只定高昌王麹文泰一个人的罪，还算合理。依臣之见，先要安抚好他的臣民，拥立他的儿子。常言说得好：处罚有罪之君，安抚他的百姓，让陛下的仁德和威名广传到遥远的边关，这是治理国家最好的政策。如果现在将州县设立在高昌王的土地上，就必须要有成百上千的人在那里守卫，几年过后还要更换人马。每次换防，士兵们都来回奔波，死亡的人十有三四，士兵们还要添置衣物，离别亲人，饱受背井离乡之苦。十年之后，甘肃以西的地区肯定会空虚，而高昌一把谷子、一尺帛布的援助陛下都不会得到。这其实是拆散有用的东西去侍奉无用的东西，我实在看不出有什么益处。"他的意见太宗没有听从，最终还是在高昌王的土地上设置西州属地，定西州为安西都护府，每年调派一千多人马驻守该地。

【原典】

黄门侍郎褚遂良亦以为不可，上疏曰："臣闻古者哲后临朝，明王创业，必先华夏而后夷狄，广诸德化，不事遐荒①。是以周宣薄伐，至境而反②；始皇远塞，中国分离。陛下诛灭高昌，威加西域，收其鲸鲵，以为州县。然则王师初发之岁，河西供役之年，飞刍挽粟，十室九空，数郡萧然，五年不复。陛下每岁遣千余人而远事屯戍，终年离别，万里思归。去者资装，自须营办，既卖菽粟，倾其机杼。经途死亡，复在言外。兼遣罪人，增其防遏，所遣之内，复有逃亡，官司捕捉，为国生事。高昌途路，沙碛千里，冬风冰冽，夏风如焚，行人遇之多死。《易》云'安不忘危，治不忘乱。'设令张掖尘飞③，酒泉烽举，陛下岂能得高昌一人菽粟而及事乎？终须发陇右诸州，星驰电击。由斯而言，此河西者方于心腹，彼高昌者他人手足，岂得糜费中华，以事无用？陛下平颉利于沙塞，灭吐浑④于西海，突厥余落，为立可汗，吐浑遗萌，更树君长，复立高昌，非无前例，此所谓有罪而诛之，既服而存之。宜择高昌可立者，征给首领，遣还本国，负戴洪恩，长为藩翰。中国不扰，既富且宁，传之子孙，以贻后代。"疏奏，不纳。

【注释】

①遐荒：荒蛮之地。②反：同"返"。③尘飞：比喻战乱。④吐浑：即吐谷浑，中国古代西北部族。

【译文】

黄门侍郎褚遂良也觉得这样做不是太好，于是上疏说："我听闻古代贤能的君王处理国事，都是先将华夏诸族安定了，然后才会去平定少数民族，他们广泛散布教化和仁德，不干涉边远地区的事务。因此周宣王征伐猃狁，只是把他们逐出边境就撤军了；而秦始皇频繁出征边塞，修筑了万里长城，西起临洮，东到辽东，以抵御异族，但是最终国家还是分崩离析了。高昌国被陛下灭掉了，大唐的威仪使西域异族臣服，将其设为一个州县而朝廷在起兵的时候，黄河以西遇到荒年，田地野草蔓延，几年之内颗粒无收，十户人家有九户贫困，周边各郡县也都很萧条，五年过去了还是没有改变。如今，陛下每年都会派上千人前去戍守，他们背井离乡，饱尝思乡之苦。兵士的行装还要自己操办，他们不得不将粮食卖掉，将家中所有的纺织布匹拿走。还有的人在途中死亡，就更不用说了。加上又要遣送罪犯，去增强那里的驻防力量。遣送的囚犯中又有中途逃跑的，官府要去追捕捉拿，给国家横生事端。通往高昌国的道路有千里沙漠戈壁，冬天严寒，夏天炎热，人遇到这样的天气会死去。《周易》说：'身处安乐不要忘记危难，国富民安的时候不要忘记动乱。'假如张掖郡战火飞扬，酒泉郡烽烟四起，陛下还能指望高昌增援粮米吗？必须调发陇右各州军队，攻击敌人。就此而言，朝廷的心腹是黄河以西的百姓，高昌人终究是异族，怎么能浪费中原的财物，去供养毫无益处的人呢？陛下在西海吞并吐浑，沙塞平定颉利，但是这些地方到现在还不安宁，突厥部落的残余要拥立自己的可汗，吐谷浑在暗中也推举自己的首领。现在，陛下应该让高昌人自己拥立首领。这样做，并非史无前例，古人说，有罪的人就要将他诛杀，臣服的人就使他存活。陛下应当在高昌人中选择可以拥立的人，将他封为首领，送他回故国，让他感激大唐的恩德，永远做中原政府的一名藩王。这样，百姓就可以安享富庶和安宁，中原也不会受到干扰，这个安边政策如果世代相传，将会造福子孙后代。"但太宗皇帝没有接纳他的意见。

【原典】

至十六年，西突厥遣兵寇西州，太宗谓侍臣曰："朕闻西州有警急，虽不足为害，然岂能①无忧乎？往者初平高昌，魏征、褚遂良劝朕立麹文泰子弟，依旧为国，朕竟不用其计，今日方自悔责。昔汉高祖遭平城之围而赏娄敬②，袁绍败于官渡而诛田丰，朕恒③以此二事为诫，宁得忘所言者乎！"

【注释】

①岂能：怎么能够。②娄敬：人名。③恒：很久的意思。

【译文】

贞观十六年，西突厥派兵进犯西州地区，太宗皇帝对侍臣说："我听说西州有军情，虽然还没有造成危害，但是又怎么能高枕无忧呢？我过去刚刚平定高昌的时候，魏征、褚遂良劝我立鞠文泰的后代为王，将国土归还于他，但是他们的意见我却没有采纳，现在后悔已经为时晚矣。过去娄敬不出兵攻打匈奴的劝告汉高祖不听，结果遭到平城之围，事情过去之后汉高祖大大犒赏了娄敬。田丰的建议袁绍不听，与曹操大战于官渡，结果大败而逃，事情过后却听信谗言将田丰杀害。这两件事我时常引以为戒，这些劝谏过我的人怎么能忘记呢？"

卷 十

行幸第三十七
——减少巡游之举

【原典】

贞观初，太宗谓侍臣曰："隋炀帝广造宫室，以肆①行幸。自西京至东都，离宫别馆，相望道次，乃至并州、涿郡，无不悉然。驰道皆广数百步，种树以饰其傍。人力不堪，相聚为贼。逮至末年，尺土一人，非复己有。以此观之，广宫室，好行幸，竟有何益？此皆朕耳所闻，目所见，深以自诫。故不敢轻用人力，惟令百姓安静②，不有怨叛而已。"

【注释】

①肆：放纵。②安静：安居乐业。

【译文】

贞观初年，太宗皇帝对侍从的大臣们说："隋炀帝为了纵情享乐，大肆修建宫殿，从西京到东都，沿途的宫殿到处可以看见，并州、涿郡，也无不如此。道路有几百步宽，道路的两边还种上树木，作为装饰。徭役和劳役的重负使百姓无力承担，都起来反抗。到了隋朝末年，隋炀帝已经众叛亲离，连一个百姓、一尺土地都不再属于他。这样看来喜爱游乐，营建宫室有什么好处呢？隋朝从衰败走向灭亡我都经历过，这些都是我耳闻目睹的事，这样的教训，应当深以为戒啊！所以，我不敢随便动用人力，只想让百姓能够安居乐业，不要发生叛乱。"

【原典】

贞观十一年，太宗幸洛阳宫，泛舟于积翠池，顾谓侍臣曰："此宫、观、台、沼并炀帝所为，所谓驱役生民，穷此雕丽，复不能守此一都，以万民为虑。好行幸不息，民所不堪。昔诗人云：'何草不黄？何日不行①？''小东大东，杼轴其空^②。'正谓此也。遂使天下怨叛，身死国灭，今其宫苑尽为我有。隋氏倾覆者，岂惟其君无道，亦由股肱无良。如宇文述、虞世基、裴蕴^③之徒，居高官，食厚禄，受人委任，惟行谄佞，蔽塞聪明，欲令其国无危，不可得也。"司空长孙无忌奏言："隋氏之亡，其君则杜塞忠谠之言，臣则苟欲自全，左右有过，初不纠举，寇盗滋蔓，亦不实陈。据此，即不惟天道，实由君臣不相匡弼。"太宗曰："朕与卿等承其余弊，惟须弘道移风，使万世永赖矣。"

卷

十

【注释】

①何草不黄？何日不行：《诗经·小雅·何草不黄》中的句子，意思是哪些草儿不枯黄，哪些日子不奔忙？②小东大东，杼轴其空：《诗经·小雅·大东》中的句子，意思是东方远近各国，织布机上都搜刮空了。③宇文述、虞世基、裴蕴：都曾是隋时的重臣。

【译文】

贞观十一年，太宗皇帝到洛阳宫，泛舟于积翠池上，环顾身边的侍臣说："这里的台榭、宫苑都是隋炀帝修建的，生前他驱使万民，为他修筑精雕细刻的宫室，对百姓的疾苦毫不关心，而且他还喜欢到各地游玩。耗资巨大，百姓怎么可以忍受这样的做法呢？《诗经》云：'哪里的草不枯黄，哪一天不奔忙啊？''远近东方国，织布机上都空空。'所说的就是这样的状况。隋炀帝的荒淫导致天下人的叛乱和怨恨，最后国破家亡，如今他的宫殿全都归我所有。隋代灭亡的原因，难道仅仅只是由于君主无道吗？其实他的臣子也并非忠良。像宇文述、虞世基、裴蕴这些人，他们身处高位，享受着丰厚的俸禄，得到皇上的重用，但是他们只知道做些为人不齿的事情，扰乱视听，要让朝廷不危亡，怎么可能呢？"司空长孙无忌上书说："隋代灭亡是由于君主将忠言杜绝，臣子苟且偷生，上下都有过失。在开始的时候不去纠正，到最后反叛势力更加严重，没有人将实情说出来。因此，隋朝灭亡不在天意，而是君臣之间不相互扶持所致啊。"太宗皇帝说："隋末天下大乱之后，我才和各位大臣得到江山，因此我们应该弘扬大道、移风易俗，使国家长治久安。"

【原典】

贞观十三年，太宗谓魏征等曰："隋炀帝承文帝余业，海内殷阜，若能常处关中，岂有倾败？遂不顾百姓，行幸无期，径往江都，不纳董纯、崔象^①

等谏诤，身戮国灭，为天下笑。虽复帝祚长短，委以玄天，而福善祸淫，亦由人事。朕每思之，若欲君臣长久，国无危败，君有违失，臣须极言。朕闻卿等规谏，纵不能当时即从，再三思审，必择善而用之。"

【注释】
①董纯、崔象：二人都是隋炀帝时的大臣。

【译文】

贞观十三年，太宗皇帝对魏征等大臣说："隋炀帝在继承隋文帝基业的时候，海内升平，如果他能长期住在关中，最后怎么会遭受灭亡呢？可是后来他不顾百姓的疾苦，到全国各地游玩，没有归期。到最后索性住在江都，董纯、崔象等大臣的忠言他没有听从，最终不仅将江山断送，而且自己还死于叛臣之手，让世人贻笑大方。虽然帝运的长短，是天意决定的，但是祸福善恶，也在于人事。每当我想到这些，都觉得如果想要国家太平，君臣相安无事，君主有什么过失，臣子就应该立刻指出来，你们提出的意见，我虽然不能够当时采纳，但是等到我思考过后，定会选出好的意见加以采纳。"

【原典】

贞观十二年，太宗东巡狩，将入洛，次于显仁宫，宫苑官司多被责罚。侍中魏征进言曰："陛下今幸洛州，为是旧征行处，庶其安定，故欲加恩故老。城郭之民未蒙德惠，官司苑监多及罪辜，或以供奉之物不精，又以不为献食。此则不思止足，志在奢靡①，既乖行幸本心，何以副百姓所望？隋主先命在下多作献食，献食不多，则有威罚。上之所好，下必有甚，竞为无限，遂至灭亡。此非载籍所闻，陛下目所亲见。为其无道，故天命陛下代之。当战战栗栗，每事省约，参踪②前列，昭训子孙，奈何今日欲在人之下？陛下若以为足，今日不啻③矣；若以为不足，万倍于此，亦不足也。"太宗大惊曰："非公，朕不闻此言。自今已后，庶几无如此事。"

【注释】
①奢靡：奢侈。②参踪：参照以前人的风范为楷模。③足：满足。

【译文】

贞观十二年，太宗皇帝东巡即将进入洛阳，下榻在显仁宫，宫中的侍从由于照顾不周而受到了责骂。对此，侍中魏征向太宗皇帝进谏说："如今陛下来到洛阳，是由于这里以前在战争期间遭到了祸殃，陛下希望这里的百姓得到安宁，因此对其施以特别的恩惠。但事到如今，这里的百姓不但没有得到眷顾，反而显仁宫的侍从还要遭受更多的责罚。他们有的是由于进献的物品不精致，或者是由于食物不甘美而受罚。这有可能是因为陛下不知足，太奢侈造成的。这样做的话不仅和巡游的初衷相违背，也辜负了百姓的期望。以前，隋炀帝下令进献很多食物，只要食物不丰美，就要受到责罚。上面有什么样的喜好，下面必定会加倍效仿，这样下去，人就会变得贪得无厌，最终走向毁灭。这不仅只是史书上的记载，陛下也是亲眼目睹的。正因为隋炀帝昏庸无道，因此上天才会派你来替代他。陛下应当凡事从俭，战战兢兢，以前人的风范为楷模，来告诫子孙后代。为什么现在做得不太好呢？陛下如果感到满足了，现在就能够感到满意，相反，即便比现在好上千万倍，也不会感到满足的。"太宗听后大惊失色，说："没有你，我绝不会听到这样的诤言。从今以后，再也不会有此类事情发生了。"

畋猎第三十八
——太宗野猎

【原典】

秘书监虞世南以太宗颇好畋猎，上疏谏曰："臣闻秋狝冬狩①，盖惟恒典；射隼②从禽，备乎前诰。伏惟陛下因听览之余辰，顺天道以杀伐，将欲摧班碎掌，亲御皮轩，穷猛兽之窟穴，尽逸材于林薮。夷凶剪暴，以卫黎元，收革擢羽，用充军器，举旗效获，式遵前古。然黄屋之尊，金舆之贵，八方之所仰德，万国之所系心，清道而行，犹戒衔橛。斯盖重慎防微，为社稷也。是以马卿直谏于前③，张昭变色于后④，臣诚细微，敢忘斯义？且天弧星罩，所殪⑤已多，颁禽赐获，皇恩亦溥。伏愿时息猎车，且韬长戟，不拒刍荛之请⑥，降纳涓浍之流⑦，袒裼徒搏，任之群下，则贻范百王，永光万代。"太宗深嘉其言。

【注释】

①秋狝冬狩：秋猎为狝，冬猎为狩，秋狝冬狩泛指秋冬季外出打猎。②隼：禽鸟。③马卿直谏于前：马卿指司马相如，汉武帝时为郎。司马相如跟随武帝出去打猎，他见武帝总是喜欢亲自追逐击杀猛兽，于是上疏规谏，被武帝采纳。④张昭变色于后：张昭字子布，彭城人，三国时为吴主孙权军师，他见孙权亲自驰马射虎，吓得面目变色，极言规谏。⑤殚：杀死。⑥刍荛之请：微臣的请求。⑦涓浍之流：涓涓小溪般的建议。

【译文】

由于太宗非常喜欢打猎，秘书监虞世南就上疏说："我听闻秋冬两季打猎是历代以来的传统，射杀猛兽，追逐飞禽，前人已有训诫。陛下在批阅奏章，临朝听政的空余时间，就亲自驾着打猎的车子，到野兽出没的树林中猎杀凶残的动物，以此来保卫黎民百姓，用动物的皮毛，制作兵器。成功狩猎后，旗帜高高飘扬，以彰显国威，这是遵循古代先王们传下来的规矩。但是坐在用黄缯做的车盖，金玉装饰的御车中的尊贵天子，全国人民景仰他的德行，他的行动为万国臣民所牵挂，要清理道路才出行，还要仔细检查车马，如此小心，只是为了社稷宗庙。汉武帝好猎熊，司马相如上疏力谏，于是武帝便将这个念头打消了。吴主孙权好射虎，张昭晓以利害，吴主也接受了意见。虽然我人微言轻，但是也要尽到我的职责。自然无情，禽兽已经死亡很多了，陛下对狩猎进行嘉奖，浩大的皇恩百姓也已经知道。希望陛下能够将猎车和器具存放好，采纳臣下的意见，把脱衣露体的事让臣子去做，那么就可以为王者之楷模，永载史册了。"太宗皇帝听罢，对他的意见深表赞许。

【原典】

谷那律①为谏议大夫，尝从太宗出猎，在途遇雨，太宗问曰："油衣若为得不漏？"对曰："能以瓦为之，必不漏矣。"意欲太宗弗数游猎，大被嘉纳。赐帛五十段，加以金带。

【注释】

①谷那律：魏州昌乐人。贞观年间，累迁国子博士，后迁谏议大夫。

【译文】

谷那律担任谏议大夫的时候，曾跟随太宗皇帝外出打猎。途中遇到大雨，太宗皇帝问谷那律："油衣该怎么做才不会漏雨呢？"谷那律回答说："假如用瓦片来做就不会漏雨。"言下之意是希望太宗不要经常游猎。太宗皇帝对他的回答大为赞赏，赏给他帛五十段，外加一条金带。

卷
十

【原典】

贞观十一年，太宗谓侍臣曰："朕昨往怀州^①，有上封事者云：'何为恒差山东众丁于苑内营造？即日徭役，似不下隋时。怀、洛以东，残人不堪其命，而田猎犹数，骄逸之主也。今者复来怀州田猎，忠谏不复至洛阳矣。'四时蒐田^②，既是帝王常礼，今日怀州，秋毫不干于百姓。凡上书谏正，自有常准，臣贵有词，主贵能改。如斯诋毁，有似咒诅。"侍中魏征奏称："国家开直言之路，所以上封事者尤多。陛下亲自披阅，或冀臣言可取，所以侥幸之士得肆其丑。臣谏其君，甚须折衷，从容讽谏。汉元帝^③尝以酎^④祭宗庙，出便门，御楼船。御史大夫薛广德^⑤当乘舆免冠曰：'宜从桥，陛下不听臣言，臣自刎，以颈血污车轮，陛下不入庙矣。'元帝不悦。光禄卿张猛进曰：'臣闻主圣臣直，乘船危，就桥安。圣主不乘危^⑥，广德言可听。'元帝曰：'晓人不当如是耶！'乃从桥。以此而言，张猛可谓直臣谏君也。"太宗大悦。

【注释】

①怀州：州名。北魏天安二年置。唐时辖境相当于今河南焦作、沁阳、武陟、修武等市、县。②四时蒐田：蒐田，打猎。古代天子狩猎，春曰蒐，夏曰苗，秋曰狝，冬

曰狩。③汉元帝：名奭，汉宣帝长子，公元前49年至前33年在位。④酎：重酿酒。经过两次以至多次复酿的醇酒。⑤薛广德：字长卿，沛郡人，前汉元帝时曾为长信少府，御史大夫。⑥圣主不乘危：圣明的君主不做有危险的事。

　　贞观十一年，太宗皇帝对侍臣说："过去我到怀州去，有人上书说：'为什么要派遣山东的劳工去修建苑囿呢？现在的劳役，已经和隋代相差不远了。怀州、洛水以东的百姓已经苦不堪言了，但是皇上还经常去那里狩猎，真是一个骄奢的君王啊。今天皇上又到怀州来打猎，看来皇上是听不进忠言的。'四季狩猎是古代帝王常有的礼数，今天我来到怀州，对百姓绝对不会到来丝毫干扰，只要是上书提出意见的，一般情况下我都会采纳，臣子贵在能直谏，君王贵在能改正。如今却这样诋毁我，像是在诅咒我啊。"侍中魏征说："朝廷广开言路，因此有很多人上书说出自己的意见。陛下亲自批阅奏书，是想要采纳好的意见，因此大胆侥幸上书的人就会将他们一些浅见告知陛下。臣子向国君提意见，必须语言委婉，言辞得当，委婉地讽谏。汉元帝曾到宗庙去祭祀，想从便门出去，再乘楼船到宗庙。御史大夫薛广德上前挡住了他的去路，站在汉元帝乘坐的马车外，摘下官帽，说：'陛下应当从桥上经过，如果臣的话陛下不听，我就自尽，就让我颈中的鲜血沾染你的车轮，让你进不了宗庙。'汉元帝很不高兴。光禄卿张猛说：'我听说如果君王圣明，那么臣子就会忠直。乘船危险，过桥安全。圣明的君王不会冒无谓的危险，好的意见是可以采纳的。'汉元帝于是就从桥上经过。从这点看，张猛真可算是一位敢于直谏的大臣啊。"太宗皇帝听后非常高兴。

【原典】

　　贞观十四年，太宗幸同州沙苑，亲格猛兽，复晨出夜还。特进魏征奏言："臣闻《书》美文王不敢盘于游田，《传》述《虞箴》称夷、羿以为戒。昔汉文临峻坂欲驰下，袁盎揽辔曰：'圣主不乘危，不徼幸，今陛下骋六飞，驰不测之山，如有马惊车败，陛下纵欲自轻，奈高庙何？'孝武好格猛兽，相如进谏：'力称乌获，捷言庆忌①，人诚有之，兽亦宜然。猝遇逸材之兽，骇不存之地，虽乌获、逢蒙②之伎不得用，而枯木朽株尽为难矣。虽万全而无患，然而本非天子所宜。'孝元帝郊泰畤③，因留射猎，薛广德称：'窃见关东困极，百姓离灾。今日撞亡秦之钟，歌郑、卫之乐，士卒暴露，从官劳倦，欲安宗庙社稷，何凭河暴虎，未之戒也'？臣窃思此数帝，心岂木石，独不好驰骋之乐？而割情屈己，从臣下之言者，志存为国，不为身也。臣伏闻车驾近出，亲格猛兽，晨往夜还。以万乘之尊，暗行荒野，践深林，涉丰草，甚非万全之计。愿陛下割私情之娱，罢格兽之乐，上为宗庙社稷，下慰群寮兆庶。"太宗曰："昨日之事偶属尘昏，非故然也，自今深用为诫。"

【注释】

①庆忌：春秋时吴王僚之子，以勇武见称。②逄蒙：古时善射者，相传学射于羿。③泰畤：古代祭天神之坛。

【译文】

贞观十四年，太宗皇帝到同州的沙苑去打猎，他亲自射杀猛兽，披星戴月，早出晚归。特进魏征上书说："《尚书》上赞美周文王不沉溺于打猎，《左传》中记述《虞箴》里的话，说夷、羿太喜欢狩猎，应该深以为戒。过去汉文帝骑马来到峻坂，想飞驰而下，大臣袁盎紧紧抓住汉文帝的马缰说：'圣明的君主不侥幸，不冒失。现在陛下骑着骏马，在不知情况的山坡上飞驰，马一旦受惊，车子失灵怎么办？即便陛下轻视自己的生命，但是对列祖列宗又如何交代呢？'汉武帝也喜欢猎杀猛兽，司马相如进谏说：'力气大就好比乌获，射箭迅速的像庆忌这样的也大有人在。但是凶残的野兽也不少。假如身处险恶的境地却突遇猛兽，即便有乌获、逄蒙的本领也无计可施。虽然皇上狩猎时很多人保护，但是这样的事情并不是帝王所做的。'孝元帝到郊祀之地打猎，意犹未尽，还想要继续狩猎，臣子薛广德说：'现在关东一带非常贫困，有不计其数的百姓流离失所，这时候陛下还想留下狩猎，是在自撞使秦国覆没的丧钟，歌唱郑国、卫国的靡靡之音啊。如果这样做的话就会使随行的官员劳顿不堪，士兵疲于奔命。要想江山永固，为什么要靠猎杀老虎来获得呢？望陛下三思。'我所提及的这几位君王，他们的心并非顽石，他们难道就不喜欢骑马打猎的欢娱？他们只是能够将私情割舍，控制自己，听从臣下的意见，一心为国，不为己而已。我听闻陛下驾车出去，早出晚归亲自捕杀猛兽。陛下乃尊贵之躯，深入森林，出没于茂草之中，在荒野里跟踪野兽，这并不是什么万全之策，望陛下能够将娱乐的私情舍弃，以社稷为重，下以安慰臣子的担忧之心。"太宗皇帝听后，面露愧色，说："昨天打猎的事纯属偶然，不是有心那样做的，从今后我要牢记此事并以此为诫。"

【原典】

贞观十四年，冬十月，太宗将幸栎阳游畋，县丞刘仁轨①以收获未毕，非人君顺动之时，诣行所，上表切谏。太宗遂罢猎，擢②拜仁轨新安令。

【注释】

①刘仁轨：字正则，汴州（今河南开封附近）人。初为陈仓尉，太宗时擢升咸阳丞，累迁给事中，武后时拜仆射。②擢：提升。

【译文】

贞观十四年冬十月，太宗准备去栎阳游猎。刘仁轨为栎阳县丞，由于家中的庄稼还未收割完毕，这时候君主又要出游打猎，便赶紧前往太宗停驻的地方，呈上了一篇奏疏，言语恳切，太宗被他的言语所打动，就此停止打猎，并且将他提升为新安县令。

灾祥第三十九
——上天示吉兆

【原典】

贞观六年，太宗谓侍臣曰："朕此见众议以祥瑞①为美事，频有表贺庆。如朕本心，但使天下太平，家给人足，虽无祥瑞，亦可比德于尧、舜。若百姓不足，夷狄内侵，纵有芝草遍街衢，凤凰巢苑囿，亦何异于桀、纣？尝闻石勒②时，有郡吏燃连理木，煮白雉肉吃，岂得称为明主耶？又隋文帝深爱祥瑞，遣秘书监王劭著衣冠，在朝堂对考使焚香，读《皇隋感瑞经》。旧尝见传说此事，实以为可笑。夫为人君，当须至公理天下，以得万姓之欢心。若尧、舜在上，百姓敬之如天地，爱之如父母，动作兴事，人皆乐之，发号施令，人皆悦之，此是大祥瑞也。自此后诸州所有祥瑞，并不用申奏③。"

【注释】

①祥瑞：吉祥的征兆。②石勒：匈奴人，字世龙。晋元帝时，据襄国称

帝，史称后赵。③申奏：报告。

【译文】

　　贞观六年，太宗皇帝对侍臣们说："近日来我听到有人议论，认为上天呈现吉祥的征兆是好事，于是纷纷上书表示祝贺。但是我认为，只要天下太平，每家每户都能够富足美满，即便上天没有吉祥的征兆，也可比尧、舜的清明之治了。假如百姓困苦不堪，夷狄等少数民族又侵犯中原，即使满大街都长满了芝草，苑圃中有凤来栖，这样的朝代与桀、纣时又有什么区别呢？我听闻后赵石勒称帝的时候，有个郡县官员将连理木点燃煮白雉肉吃，故意制造祥瑞，难道石勒就可因此被称作明君吗？另外，隋文帝非常喜欢吉祥的征兆，于是他就让秘书监王劭戴着奇怪的帽子，身着特异的衣服，当着众位大臣的面在朝堂上洗手焚香，闭着眼睛，口中念念有词，读《皇隋感瑞经》。在过去我看到这些人制造吉祥的征兆，觉得十分可笑。作为君王就应当将天下治理好，这样才会赢得百姓的爱戴。尧、舜在位时，百姓像敬重天地那样敬重他们，像对待父母那样爱戴他们，无论有什么事情，百姓都会去做，他们发号施令，百姓都乐意接受，这才是真正的吉祥征兆啊。从今往后，如果各州府发现有祥瑞之兆，就不要再上报朝廷了。"

【原典】

　　贞观八年，陇右山崩，大蛇屡见，山东①及江、淮多大水。太宗以问侍臣，秘书监虞世南对曰："春秋时，梁山崩，晋侯召伯宗而问焉，对曰：'国主山川，故山崩川竭，君为之不举乐，降服乘缦，祝币以礼焉。'梁山，晋所主也。晋侯从之，故得无害。汉文帝元年，齐、楚地二十九山同日崩，水大出，令郡国无来献，施惠于天下，远近欢洽，亦不为灾。后汉灵帝时，青蛇见御座；晋惠帝时，大蛇长三百步，见齐地，经市入朝。按蛇宜在草野，而入市朝，所以为怪耳。今蛇见山泽，盖深山大泽必有龙蛇，亦不足怪。又山东之雨，虽则其常，然阴潜过久，恐有冤狱，宜断省系囚，庶或当天意。且妖不胜德，修德可以销变②。"太宗以为然，因遣使者赈恤饥馁③，申理冤讼，多所原宥④。

【注释】

　　①山东：崤山以东地区。②销变：消失。③赈恤饥馁：赈济灾民。④原宥：原谅宽恕。

【译文】

贞观八年，陇右一带发生山崩，大蛇时常出没。另外，崤山以东及江淮地区也常常发生洪灾。太宗向大臣们询问此事，秘书监虞世南说："春秋时期梁山崩塌，晋国国君向大臣伯宗询问事情的缘由，大臣伯宗说：'山川是国家的主脉，如今山崩溃，河断流，大王现在就不应该再穿华丽的衣服，不再奏乐，应该乘坐没有文饰的马车，用钱币拜祭梁山。'梁山是晋国属地，这个意见晋国的君主采纳了，从此以后再无灾害。汉文帝元年，齐、楚之地有二十九座山在同一天崩溃，洪水泛滥，于是汉文帝下令周围郡国不再向朝廷进献供奉，施加恩惠于百姓，远近之地的百姓无不欢欣鼓舞，灾害自然消失。后来汉灵帝时，有人在皇帝的御座旁发现了一条青蛇；晋惠帝时，齐地发现了一条长三百步的大蛇，这条蛇经过集市进入朝堂。蛇在一般情况下都生活在杂草丛生的荒野，但是现在却进入了集市、朝堂，因此大家都觉得特别奇怪。现在有人在大山、大河边发现了蛇，深山大河必潜藏着龙蛇，这是自然现象，这不足为奇。此外山东普降大雨，虽然是正常现象，但是长时间下雨，恐怕民间有冤情，应该将官司重新审理，这样也许就能够顺从天意。而且邪不压正，只要修炼道德灾害自然就会消失。"太宗皇帝觉得此话有理，于是就派使者到灾区赈济灾民，采用宽大为怀的政策重新审理官司，平反了很多冤假错案。

【原典】

贞观八年，有彗星见于南方，长六丈，经百余日乃灭。太宗谓侍臣曰："天见彗星，由朕之不德，政有亏失，是何妖也？"虞世南对曰："昔齐景公时彗星见，公问晏子。晏子对曰：'公穿池沼畏不深，起台榭畏不高，行刑罚畏不重，是以天见彗星，为公戒耳！'景公惧而修德，后十六日而星没。陛下若德政不修，虽麟凤数见，终是无益。但使朝无阙政①，百姓安乐，虽有灾变，何损于德？愿陛下勿以功高古人而自矜大，勿以太平渐久而自骄逸，若能终始如一，彗见未足为忧。"太宗曰："吾之治国，良无景公之过。但朕年十八便为经纶王业，北剪刘武周，西平薛举，东擒窦建德、王世充，二十四而天下定，二十九而居大位，四夷降伏，海内乂安。自谓古来英雄拨乱之主无见及者，颇有自矜之意，此吾之过也。上天见变，良为是乎？秦始皇平六国，隋炀帝富有四海，既骄且逸，一朝而败，吾亦何得自骄也？言念于此，不觉惕焉震惧^②！"魏征进曰："臣闻自古帝王未有无灾变者，但能修德，灾变自销。陛下因有天变，遂能戒惧，反复思量，深自克责^③，虽有此变，必不为灾也。"

【译文】

贞观八年，在南方出现了彗星，此彗星长六丈，经过一百多天才消失。对此，太宗皇帝对侍臣说："天上出现了彗星，是在提醒我道德有亏缺，处理政事有过失，这是什么凶兆呢？"虞世南说："过去齐景公看见彗星，就会向晏子询问这是什么原因。晏子说：'主公惟恐挖的池塘不够深，修建的台榭怕不够高，实施的刑罚只怕不严格，因此天上才会出现彗星，这是对主公的警告呀！'对此齐景公十分害怕，因而修养道德，十六天后彗星就陨落了。如果陛下对仁政不加强，多次出现凤凰之类的吉祥征兆，对国家终究是没有好处的。只要朝廷政治清明，百姓安乐，即使有什么灾害，也不会损害陛下的圣德。希望陛下不要因为自己的功绩就变得高傲自大，也不要因为天下太平就放纵逸乐。如果将德治善始善终，即便是天上出现了彗星也不足为惧。"太宗皇帝说："我治理国家，自诩没有犯过齐景公那样的过失。我十八岁就开始创业，东面擒获了窦建德、王世充，西面铲平了薛举的势力，北面灭掉了武周。二十四岁时就平定了天下，二十九岁登上帝位，四方少数民族臣服归顺，百姓安乐，海内升平。自认为力挽乱世狂澜，自古以来无人能比，因此傲视古今，志得意满，这是我的失误。现在上天显示了征兆，这是在警告我啊！以前，秦始皇平定六国，隋炀帝富有四海，但是他们都太过于骄奢淫逸，所以功亏一篑，在历史上就好比过眼云烟般迅速消失了。我又有什么值得骄傲自满的呢？每当想到这里，都会不禁感到心惊胆战，我十分担忧会重蹈覆辙。"魏征说："历代所有的君王没见过谁没有灾变的，但是只要在仁政和修养这两方面加强，灾变自然会烟消云散。陛下由于上天的变故，就能够反复思考反省，有所警觉，即便是有灾害，其实也算不上是灾害了。"

【原典】

贞观十一年，大雨，谷水溢，冲洛城门，入洛阳宫，平地五尺，毁宫寺十九，所漂七百余家。太宗谓侍臣曰："朕之不德，皇天降灾。将由视听弗明，刑罚失度，遂使阴阳舛谬^①，雨水乖常。矜物罪己，载怀忧惕^②。朕又何情独甘滋味？可令尚食断肉料，进蔬食。文武百官各上封事，极言得失。"中书侍郎岑文本上封事曰：臣闻开拨乱之业，其功既难；守已成之基，其道不易。故居安思危，所以定其业也；有始有卒，所以崇其基也。今虽亿兆乂安，方隅宁谧，既承丧乱之后，又接凋弊^③之余，户口减损尚多，田畴垦辟犹少。覆焘之恩著矣，而疮痍未复；德教之风被矣，而资产屡空。是以古人譬之种树，年祀绵远，则枝叶扶疏；若种之日浅，根本未固，虽壅之以黑坟，暖之以春日，一人摇之，必致枯槁^④。今之百姓，颇类于此。常加含养，则日就滋息；暂有征役，则随日凋耗；凋耗既甚，则人不聊生；人不聊生，则怨气充塞；怨气充塞，则离叛之心生矣。故帝舜曰："可爱非君，可畏非民。"孔安国曰："人以君为命，故可爱。君失道，人叛之，故可畏。"仲尼曰："君犹舟也，人犹水也。水所以载舟，亦所以覆舟。"是以古之哲王虽休勿休，日慎一日者，良^⑤为此也。

【注释】

①舛谬：错乱，错谬。②惕：担心。③凋弊：不兴旺。④枯槁：衰减。⑤良：正是。

【译文】

贞观十一年，天降大雨。谷水河泛滥成灾，冲毁了洛阳城门，淹进洛阳宫，平地水深五尺，宫寺中有十九处毁坏，将民房淹没了七百多家。太宗皇帝对待从的大臣们说："是我没有德行，因此上天才会降下灾祸。大概是因为我刑罚失当，视听不明，才使阴阳错乱，雨水反常吧。如今是应该抚恤百姓，反省自己过失的时候了，对于这些珍馐美味我还有什么心情去独自安享呢？传我令，停止供应肉类食品，只进蔬菜素食。此外，让所有的大臣

们都直言相谏，指出政事得失。"不久，中书侍郎岑文本呈上了一篇奏疏：我听闻在乱世创业是非常艰难的事情，要想守住基业更是不容易。君王只有居安思危，才能巩固基业；要做到善始善终，基业才会发扬光大。虽然现在天下太平，但是大唐是在乱世中建立的，长时间的战争使民生凋敝，百姓死伤无数，田地能够开垦的也非常少。虽然贞观以来朝廷实施了很多仁政，但是战争带来的伤害并非一时半刻就可以复原的；如今朝廷的道德教化已遍及天下，但老百姓依然很贫困。古代人们将治理国家比喻成种树，培育的时间越长，树木就会越加枝繁叶茂；如果培植的时间不够，根基不稳固，即便是给树添上肥沃的黑土，让春天和煦的阳光照耀它，但是只要有人摇晃，就会折断并枯萎。如今的百姓就好比培植不久的树木，假如能够时常对其进行含养体恤，他们就会恢复元气；只要有劳役，他们就会气息奄奄；过多消耗民力，就会民不聊生；民不聊生就会引起怨言；怨声载道恐怕就会产生背离叛乱之心。所以舜说："可爱非君，可畏非民。"孔安国说："百姓将自己的命运寄托在君王身上，因此君主可爱。君王治国无道，就会遭到百姓的反对，因此百姓可畏。"孔子说："君王像船，百姓像水。水可以使船浮起来，也可以使船沉没。"因此从古至今，君王在天下太平之后内心的忧患并没有消除，反而日渐谨慎，正是这个原因啊。

【原典】

伏惟陛下览古今之事，察安危之机，上以社稷为重，下以亿兆在念。明选举，慎赏罚，进贤才，退不肖。闻过即改，从谏如流。为善在于不疑，出令期于必信，颐神养性，省游畋之娱；去奢从俭，减工役之费。务静方内，而不求辟土；载橐弓矢①，而不忘武备。凡此数者，虽为国之恒道，陛下之所常行。臣之愚昧，惟愿陛下思而不怠，则至道之美与三、五比隆②，亿载之祚与天地长久。虽使桑穀为妖③，龙蛇作孽，雉雊于鼎耳，石言于晋地④，犹当转祸为福，变灾为祥，况雨水之患，阴阳恒理，岂可谓天谴而系圣心哉？臣闻古人有言："农夫劳而君子养焉，愚者言而智者择焉。"辄陈狂瞽，伏待斧钺⑤。

太宗深纳其言。

【注释】

①载橐弓矢：橐，古代盛衣甲或弓箭之囊。载橐弓矢指把弓箭收藏起来，

引申为休战或议和。②与三、五比隆：三、五，三皇五帝。意谓与三皇五帝比拟。③桑穀为妖：传说中的凶兆。④石言于晋地：传说中的凶兆。⑤伏待斧钺：伏地而等待诛杀。

【译文】

古今之事希望陛下能通晓，体察政治的得失，上以国家为重，下以苍生为念，公平地选拔官员，赏罚能够慎，重提拔贤才，斥退庸人。知道自己的过失并且能够改正，从谏如流。用人不疑，言必有信。修养上，能无为无欲，修持心性，免去游宴畋猎的欢娱；去掉奢侈，一切从俭，节省大兴土木的费用。政治上，应崇尚清静，不要无休止地开辟疆土，应刀枪入库，马放南山，但也不可忘了军备的必要。以上几个方面是治理国家应该坚持的原则，陛下自己也在身体力行。我愚钝，希望陛下能够做到持之以恒，使国家可以像三皇五帝时一样安定兴盛，万世流芳。即便有龙蛇兴妖作怪，出现桑穀那样的妖孽，只要鸡飞到鼎上鸣叫、晋地的石头会说话这样的怪事，也会化凶为吉，转祸为福，更何况是下雨这样的自然灾害，是再平常不过的事情了，怎么可以说是上天在谴责陛下，而让您如此不安呢？古人说："农夫辛勤劳动、供养君子，这是治理国家的基础。愚昧的人发表议论而聪明的人择善而从。"臣妄自陈述肤浅之见，冒死进言。

看了这篇奏疏，太宗皇帝认为他的意见非常有道理，于是就采纳了他的建议。

慎终第四十
——凡事应做到善始善终

【原典】

贞观五年，太宗谓侍臣曰："自古帝王亦不能常化，假令内安，必有外扰。当今远夷率服，百谷丰稔，盗贼不作，内外宁静。此非朕一人之力，实由公等共相匡辅①。然安不忘危，治不忘乱，虽知今日无事，亦须思其终始。

常得如此，始是可贵也。"魏征对曰："自古已来，元首股肱②不能备具，或时君称圣，臣即不贤，或遇贤臣，即无圣主。今陛下明，所以致治。向若直有贤臣，而君不思化，亦无所益。天下今虽太平，臣等犹未以为喜，惟愿陛下居安思危，孜孜③不怠耳！"

【注释】

①匡辅：辅助。②股肱：大腿和胳膊，比喻辅佐大臣。③孜孜：勤奋的样子。

【译文】

贞观五年，太宗皇帝对周围的侍臣们说："从古至今，君王教化天下都不能长期坚持，他们在位时，如果内部安定，那么必定就会有外乱骚扰。但是现在远方异族归顺我朝，国家内外宁静，盗贼不起，天下五谷丰登。这并不是我一个人的能力就可以达到的，实在是由于各位大臣的竭力辅佐。然而居安不能忘危，治平不能忘乱，虽然知道天下不会发生什么事情，但是也应该考虑怎样才能够有始有终。要时常思索反省，才是难能可贵。"魏征深表赞同，说："纵观历史，我们发现往往君王和臣子都不能相得益彰，两全其美。有时君主圣明，臣下不贤；有时遇上贤臣，却没能够遇上圣明的君主。如今陛下圣明，因此天下太平，如果当初大唐只有贤臣，而君主不想广施教化和仁义，要想达到今日的功绩，也是不可能的。如今国家升平，但是臣等还不敢就此坐享太平，也希望陛下能居安思危，孜孜不倦！"

【原典】

贞观六年，太宗谓侍臣曰："自古人君为善者，多不能坚守其事。汉高祖，泗上一亭长耳，初能拯危诛暴，以成帝业，然更延十数年，纵逸之败，亦不可保。何以知之？孝惠为嫡嗣之重，温恭仁孝，而高帝惑于爱姬之子，欲行废立，萧何、韩信功业既高，萧既妄系①，韩亦滥黜②，自余功臣黥布③之辈惧而不安，至于反逆。君臣父子之间悖谬④若此，岂非难保之明验也？朕所以不敢恃天下之安，每思危亡以自戒惧，用保其终。"

【注释】

①萧既妄系：萧指萧何。汉相萧何，因为民请命，惹怒汉高祖，被"械系数日"，始得赦免。②韩亦滥黜：韩指韩信。大将军韩信，曾辅佐汉高祖夺定天下。因有人告发韩信图谋欲反，高祖将其由楚王贬为淮阴侯。公元前

196年，即高祖十一年，吕后设计诱杀韩信。③黥布：即英布，原为汉淮南王，韩信等被杀之后，他惊惧不安，举兵而反，高祖亲自领兵讨伐，被杀。④悖谬：悖逆荒谬。

【译文】

贞观六年，太宗皇帝对侍从的大臣们说："从古至今，君王想做善事的，通常不能够坚持到最后。汉高祖原本只是泗水亭的亭长，当初他可以救危难诛暴秦，因此成就霸业，如果他在位的时间再延长十几年，他最终定会由于放纵逸乐而陷于衰败，他当初创下的功业也不能保住，是依照什么才得出这样的结论呢？汉惠帝本是嫡长子，他温恭仁孝，被立为太子是理所应当的事情，但是汉高祖被爱姬所迷惑，想另行废立；汉代的开国元勋萧何、韩信，德高望重，但是萧何被无端打入大牢，韩信也无缘无故遭到贬黜，被诛杀三族，其余功臣像黥布等人恐惧不安，最终叛逆谋反。汉初君臣父子之间的关系悖逆荒谬到这种地步，这难道不是功业难以保全的明证吗？因此我不敢倚仗天下安定就掉以轻心，而应该时常心怀忧患，用历史上的危亡来警戒自己，以激励自己将治国政策贯彻到底。"

【原典】

贞观九年，太宗谓公卿曰："朕端拱无为，四夷咸服，岂朕一人之所致，实赖诸公之力耳！当思善始令终，永固鸿业，子子孙孙，递相辅翼。使丰功厚利施于来叶，令数百年后读我国史，鸿勋茂业粲然可观，岂惟称隆周、盛汉及建武、永平①故事而已哉！"房玄龄因进曰："陛下抚挹②之志，推功群下，致理升平，本关圣德，臣下何力之有？惟愿陛下有始有卒，则天下永赖。"太宗又曰："朕观古先拨乱之主皆年逾四十，惟光武年三十三。但朕年十八便举兵，年二十四定天下，年二十九升为天子，此则武胜于古也。少从戎旅，不暇读书，贞观以来，手不释卷，知风化之本，见政理之源。行之数年，天下大治而风移俗变，子孝臣忠，此又文过于古也。昔周、秦以降，戎狄内侵，今戎狄稽颡③，皆为臣妾，此又怀远胜古也。此三者，朕何德以堪之？既有此功业，何得不善始慎终耶！"

【注释】

①建武、永平：建武是后汉光武帝年号，永平是后汉明帝年号。②抚挹：谦退，谦让，不居功自傲。③稽颡：归顺，降服。

【译文】

贞观九年，太宗皇帝对各位公卿大臣说："自从我继承帝业以来，推行无为而治的政策，现在国家周边的异族都已归顺臣服了，难道这都是因为我个人的能力所致吗？其实这都要归功于各位大臣的辅助啊！如今是时候思考如何善始善终了，我们应该竭尽全力，使大唐的江山社稷永远稳固，世代延续下去，子子孙孙无穷匮。让大唐的丰功伟绩泽被四方，恩德福祉流芳百世，百年之后，人们读到大唐历史，都会为我们灿烂辉煌的业绩而赞叹，历代难道就只有周代、汉代以及光武、明帝的功绩才算得上是万世的楷模吗？"房玄龄说："陛下雄韬大略，把功劳推让给群臣，如今天下太平，这是你的圣德，我们臣下有什么功劳呢？只希望陛下可以善始善终，这样百姓就有希望了。"太宗皇帝又说："我常常读史书，发现一般平定乱世的君主的年龄都超过四十岁，只有光武帝年仅三十三岁。但是我十八岁就起兵征战，二十四岁就平定了天下，二十九岁就做了天子，这是由于当今武功胜过古代的原因。我年少的时候就开始了戎马生涯，没有时间读书，所以贞观以来，我一有时间就会阅读书籍，可谓手不释卷。古训我一直铭记于心，从书中我知道了风化的根本，政治的关键。依此实施几年，天下就得到了治理。现在子孝臣忠，民风淳朴，社会和谐稳定，这是现在的文化胜于古代的原因。从周代、秦朝以来，戎狄等边境少数民族时常侵犯中原，如今已归顺朝廷，这是民族关系胜过古代的原因。我何德何能，可以取得这样的功业？既然已经取得了这三个方面的业绩，奠定了如此坚实的治国基础，我们又怎能不善始善终呢？"

【原典】

贞观十二年，太宗谓侍臣曰："朕读书见前王善事，皆力行而不倦，其所任用公辈数人，诚以为贤。然致理比于三、五之代[①]，犹为不逮，何也？"魏征对曰："今四夷宾服[②]，天下无事，诚旷古所未有。然自古帝王初即位者，皆欲励精为政，比迹于尧、舜；及其安乐也，则骄奢放逸，莫能终其善。人臣初见任用者，皆欲匡[③]主济时，追纵[④]于稷、契；及其富贵也，则思苟全官爵，莫能尽其忠节。若使君臣常无懈怠，各保其终，则天下无忧不理，自可超迈前古也。"太宗曰："诚如卿言。"

【注释】

①三、五之代：三皇五帝的时代。②宾服：古代指诸侯按时入贡，表示

服从。③匡：匡扶，辅助。④纵：通"踪"。

【译文】

贞观十二年，太宗皇帝对侍臣说："我通过读书，发现之前的君王做善事都身体力行，不知疲倦，他们任用贤能的大臣。然而和三皇五帝的时代相比，还是无法企及，为什么呢？"魏征回禀道："如今少数民族都已归顺，天下相安无事，从古至今都没有出现这样的盛事。然而，历代的君王刚即位时，都勤于政务，励精图治，以尧、舜为楷模；当天下太平了就会放纵自己，骄奢淫逸，没有人会做到善始善终。臣子在刚开始被任用的时候，都追慕古代良臣稷、契的风范，怀有匡扶君主、济世救民的宏愿，等到他们富有了，就开始处心积虑地想着怎样才可以将头上的乌纱保住，苟全性命，没人会做到尽忠职守了。如果君臣双方都能不懈怠，铭记善终的道理，那么就可以无为而治，天下无忧了，超越古人是必然的。"太宗皇帝说："正如你所说。"

【原典】

贞观十三年，魏征恐太宗不能克终俭约，近岁颇好奢纵，上疏谏曰：

臣观自古帝王受图定鼎①，皆欲传之万代，贻厥孙谋。故其垂拱岩廊②，布政天下。其语道也，必先淳朴而抑浮华；其论人也，必贵忠良而鄙邪佞；言制度也，则绝奢靡而崇俭约；谈物产也，则重谷帛而贱珍奇。然受命之初，皆遵之以成治；稍安之后，多反之而败俗。其故何哉？岂不以居万乘之尊，有四海之富，出言而莫己逆，所为而人必从，公道溺③于私情，礼节亏于嗜欲故也？语曰："非知之难，行之惟难；非行之难，终之斯难。"所言信矣。

【注释】

①受图定鼎：意谓承受天命，建都开国，登上皇位。②岩廊：原指高峻之廊，后多用为朝廷之称。③溺：埋没。

【译文】

贞观十三年，魏征担心太宗不能将克勤克俭的政务作风坚持到底，近年来很爱铺张，于是向太宗皇帝呈上了一篇奏疏：

我发现历朝历代的君王大多都是顺应天命，创下基业后，都希望将帝业千秋万代地传下去，因此他们崇尚无为而治，以德治天下。他们要求语言朴实而弃绝浮华；用人方面则会重用贤德的人，鄙视奸佞小人；制度上，杜绝奢侈崇尚俭约；论物产，重视谷物棉帛，轻视奇珍异宝。他们在治理国家初期，对于这些条款都能够遵守，但是国家安定之后，就会与原来的初衷相违背，伤风败俗。这是为什么呢？这难道不是因为君王乃万民之尊，富有天下，他说的话没有谁敢违抗，他的旨意每个人都必须服从，从而使公道被私情隐溺，礼节被嗜欲所淹没而造成的吗？古语说："知道并不是什么困难的事情，困难的是应该去实行；实行也不是什么困难的事情，困难的是如何才能够坚持到底。"说得太正确了。

【原典】

伏惟陛下年甫弱冠，大拯横流，削平区宇①，肇开帝业。贞观之初，时方克壮，抑损嗜欲，躬行节俭，内外康宁，遂臻至治。论功则汤、武不足方，语德则尧、舜未为远。臣自擢居左右，十有余年，每侍帷幄，屡奉明旨。常许仁义之道，守之而不失；俭约之志，终始而不渝。一言兴邦，斯之谓也。德音在耳，敢忘之乎？而顷年以来，稍乖曩志②，敦朴之理，渐不克终。谨以所闻，列之于左：

【注释】

①区宇：疆土，境域。②曩志：以往的志向。

【译文】

想起陛下二十岁就身处在风云变幻的乱世中力挽狂澜，威震四方，使基业得以创立。贞观初年，天下初定的时候，陛下能够将自己的嗜好私欲克服，身体力行，克勤克俭，使国家国泰民安，达到大治。商汤、周武王都没有办法与您相提并论，若论仁德，你与古代尧、舜等明君相差不远。我在陛下身边为官已经有二十多年了，时常接受陛下圣明的旨意，运筹帷幄，陛下常常告诫微臣要坚守仁义道德，这是万万不能丧失的；保持节俭的习惯，不可改变。一句话就能够使国家兴旺，说的就是这个道理。陛下的圣德之音到现在仍时刻在我耳边响起，臣怎敢忘记呢？然而近年来，陛下的志向稍有偏离，没有将淳朴敦厚的风气一直保持下去，现在我谨把自己的所见所闻列在下面，以备陛下参阅：

【原典】

陛下贞观之初，无为无欲，清静之化，远被遐荒。考之于今，其风渐坠，听言则远超于上圣，论事则未逾于中主。何以言之？汉文、晋武俱非上哲。

汉文辞千里之马^①，晋武焚雉头之裘^②。今则求骏马于万里，市珍奇于域外，取怪于道路，见轻于戎狄，此其渐不克终一也。

【注释】

①汉文辞千里之马：汉文帝时，有人献千里马，文帝诏令将其退还，并发给路费。②晋武焚雉头之裘：晋武帝时，有人献上雉头裘，武帝认为是奇装异服不可穿用，在大殿前将其烧掉。

【译文】

在贞观初期，陛下实行无为而治的政治教化政策，即便是在偏远的蛮荒之地，也都会受到感化。但是现在看来，这种风气正在渐渐地消失，听言语似乎比古代的君主高明多了，论事，就连一般平庸的君主都比不上。为什么这样说呢？汉文帝、晋武帝都不是具备先哲之智的贤能君主，但汉文帝拒绝别人进献的千里马，晋武帝因为国家法典禁止奇装异服，焚烧了大臣献上的雉头裘。而现在，陛下不远千里去寻找骏马，到别的城池去搜寻奇珍异宝，这样的行为都将会受到少数民族和百姓的轻视。这是朝廷不能善终的表现之一。

【原典】

昔子贡问理人于孔子，孔子曰："懔^①乎若朽索之驭六马。"子贡曰："何其畏哉？"子曰："不以道导之，则吾仇也，若何其无畏？"故《书》曰："民惟邦本，本固邦宁。"为人上者，奈何不敬？陛下贞观之始，视人如伤，恤^②其勤劳，爱民犹子，每存简约，无所营为。顷年以来，意在奢纵，忽忘卑俭，轻用人力，乃云："百姓无事则骄逸，劳役则易使。"自古以来，未有由百姓逸乐而致倾败者也，何有逆畏^③其骄逸而故欲劳役者哉？恐非兴邦之至言，岂安人之长算^④？此其渐不克终二也。

【注释】

①懔：恐怖的样子。②恤：体谅。③逆畏：不惧怕的意思。④长算：长治久安的办法。

【译文】

过去子贡向孔子请教如何管理百姓，孔子作了一个比喻，他说："用将要朽烂的绳索去驾驭六匹奔腾的骏马的车子，真是会让人觉得恐怖啊！"子贡问："为什么这么恐惧呢？"孔子说："我所痛恨的就是不用'道'来引导百姓，如果这样治国，怎能无所畏惧呢？"所以《尚书》说："国家的根本是百姓，只有将根本牢固了国家才会安定。"作为君主怎么可以不敬畏百姓呢？在贞观初期，陛下将百姓当做是饱尝战争创痛的伤员，去体恤他们的辛劳，爱民如子，凡事崇尚俭约，不修建宫室以免劳民伤财。然而陛下近些年来开始放纵奢侈，将谦逊节俭的美德抛之脑后，随意役使百姓，还说："百姓没有事情就会懒惰放肆，有了劳役就容易驱使他们。"从古至今，从来没有因为百姓安乐悠闲而让国家灭亡的事例，怎么会有害怕他们放纵，而故意向他们施加劳役的道理呢？恐怕这不是国家长治久安的至理名言。这是朝廷不能善终的表现之二。

【原典】

陛下贞观之初，损己以利物，至于今日，纵欲以劳人，卑俭之迹岁①改，骄侈之情日异。虽忧人之言不绝于口，而乐身之事实切于心。或时欲有所营，虑人致谏，乃云："若不为此，不便我身。"人臣之情，何可复争？此直意②在杜谏者之口，岂曰择善而行者乎？此其渐不克终三也。

【注释】

①岁：第二年。②直意：意思表达。

【译文】

在贞观初期，陛下为了满足别人的需求而损害自己的利益。而现在，放纵自己的欲望不断不惜劳役百姓，谦逊节俭的风气逐渐消失，而骄纵奢侈的习惯在与日俱增。虽然牵挂老百姓的话语还不绝于口，但享乐之事也时时萦绕于心。陛下有时候想要修建宫室，又担心有人会提出意见，就说："如果不修宫殿，我的生活就会不方便。"根据君臣之谊，臣子怎么会进谏呢？陛下此言意在杜绝意见，哪里谈得上是择善而从呢？这是朝廷不能善终的表现之三。

【原典】

立身成败，在于所染，兰芷鲍鱼，与之俱化①，慎乎所习，不可不思。陛下贞观之初，砥砺名节，不私于物，惟善是与，亲爱君子，疏斥小人。今则不然，轻亵小人，礼重君子。重君子也，敬而远之；轻小人也，狎而近之。近之则不见其非，远之则莫知其是。莫知其是，则不间而自疏；不见其非，则有时而自昵。昵近②小人，非致理之道；疏远君子，岂兴邦之义？此其渐不克终四也。

【注释】

①兰芷鲍鱼，与之俱化：兰芷，香草。鲍鱼，盐渍之鱼，味咸臭。意谓长期亲近什么人，就会变成什么人。②昵近：亲近。

【译文】

君子立身为人，成败最关键的因素之一在于所处环境的影响，入芝兰之室，时间久了就不会知道它的香气；入鲍鱼之肆，时间久了就不知其臭，每个人或多或少都会受到环境潜移默化的影响，因此一个人的习惯不可不深思、不可不慎重。在贞观初期，陛下励精图治，乐于施与，亲近重用君子，疏远贬斥小人，注重名节，不存私欲。但是如今却完全相反，疏远君子，亲近小人。疏远君子，是敬而远之；亲近小人，是轻信重用。离得太近就看不出别人的缺点，太远了就不知道别人是正确还是错误。不知道君子的正确，不用别人有意离间也会自然疏远君子；不能够明辨小人的缺点就会不自觉地去亲近他们。亲近小人，不是治理国家之道；疏远君子，就能够使国家兴盛吗？这是朝廷不能善终的表现之四。

【原典】

《书》曰："不作无益害有益，功乃成；不贵异物贱用物，人乃足。犬马非其土性不畜，珍禽奇兽弗育于国。"陛下贞观之初，动遵尧、舜，捐金抵璧，反朴还淳。顷年以来，好尚奇异，难得之货，无远不臻，珍玩之作，无时能止。上好奢靡而望下敦朴，未之有也。末作滋兴①，而求丰实，其不可得亦已明矣。此其渐不克终五也。

【注释】

①滋兴：繁兴。

【译文】

《尚书》说："不做徒劳无益的事情，这样会妨碍有益的事，大功才会告成；不要让奇珍异宝迷惑了心智，使他们轻贱日常之物，只有这样百姓才会知足。狗、马这些家畜不是由于本性被驯服而不被饲养，而异兽珍禽则会由于自然的野性才不会出现在国内。"在贞观初期，陛下仿效尧、舜，弃绝金银珠宝，返璞归真。但是近年来，狩猎之心日渐高涨，中原没有的奇珍异宝不断地从偏远的异域运送过来。皇上自己喜欢奢侈品，却希望百姓能够将淳朴的民风保持下去，这怎么可能呢？过多兴办工商业，却想让农民丰衣足食，这显然是办不到的。这是朝廷不能善终的表现之五。

【原典】

贞观之初，求贤如渴，善人所举，信而任之，取其所长，恒恐不及。近岁以来，由心好恶，或众善举而用之，或一人毁而弃之，或积年任而用之，或一朝疑而远之。夫行有素履①，事有成迹，所毁之人，未必可信于所举，积年之行，不应顿失于一朝。君子之怀，蹈仁义而弘大德；小人之性，好谗佞以为身谋，陛下不审察其根源，而轻为之臧否，是使守道者日疏，干求者日进。所以人思苟免，莫能尽力。此其渐不克终六也。

【注释】

①素履：即素行，一贯的作为。

【译文】

贞观初期，朝廷求贤若渴，只要有人举荐贤能的人，都会信任并加以重用，让他们发挥自己的优点，唯恐错失人才。但近年来，在人才的任用上显得有点随意，或者许多人共同推荐朝廷就任用他，或者有一个人诋毁就将他罢免，或者根据多年的政绩而任用他，或者因为一时的怀疑而疏远他。每个人都有自己行为处世的原则，遭到别人诋毁的人未必行为不端，许多年养成的品行，不会在一朝一夕就完全改变。君子有自己的襟怀，他们行仁义之事而弘扬道德；小人也有自己的品行，为了谋取私利，他们喜欢用谗言中伤别人。陛下不明察事情的根源，就轻易赏罚，这就会渐渐疏远坚守君子之道的人，而让那些追名逐利的小人逐渐得逞。因此大臣们都在考

虑怎样才能将自己的性命和官职保全，就不会再有人为国尽职尽忠。这是朝廷不能善终的表现之六。

【原典】

陛下初登大位，高居深视，事惟清静，心无嗜欲，内除毕弋之物^①，外绝畋猎之源。数载之后，不能固志，虽无十旬之逸，或过三驱之礼。遂使盘游之娱，见讥于百姓，鹰犬之贡，远及于四夷。或时教习之处，道路遥远，侵晨而出，入夜方还。以驰骋为欢，莫虑不虞之变，事之不测，其可救乎？此其渐不克终七也。

【注释】

①毕弋之物：捕鸟狩猎的器具。

【译文】

当初陛下刚即位时，什么事情都只求清静，内心没有嗜好欲望，将打猎的网、箭等工具都丢掉了，不再想打猎的事情。但是几年后，这条戒律被废除了，虽然没有像太康那般纵情无度，在洛阳打猎十旬都不返回，但还是给老百姓留下了讽刺的话柄。陛下不惜万里向异族征求打猎用的老鹰和猎狗。还有打猎的地方太远，需要披星戴月，早出晚归。陛下以打猎骑马为乐事，不去考虑有没有发生什么意外的可能，如果真有不测，还可能挽救吗？这是朝廷不能善终的表现之七。

【原典】

孔子曰："君使臣以礼，臣事君以忠。"然则君之待臣，义不可薄。陛下初践^①大位，敬以接下，君恩下流，臣情上达，咸思竭力，心无所隐。顷年以来，多所忽略。或外官充使，奏事入朝，思睹阙庭^②，将陈所见，欲言则颜色不接，欲请又恩礼不加，间因所短，诘其细过，虽有聪辩之略，莫能申其忠款。而望上下同心，君臣交泰，不亦难乎？此其渐不克终八^③也。

【注释】

①践：登大位，当皇帝。②阙庭：指朝堂。③不克终八：不能善终的表现之八。

【译文】

孔子说："君主对臣下以礼相待，臣下对君主尽职尽忠。"所以，君主对臣下不能够薄情寡义。陛下初登大位能够礼贤下士，使得君主的恩德由上至下，大臣们都感受到了陛下的仁义。臣子的忠义之情由下至上，都愿意为国效力，进献自己的赤胆忠心。然而近年来，君臣之义却遭到忽略。有京城外的官员入朝奏请政事，看见朝堂上这样的状况，想要指出，但是又担忧会造成君臣之间不融洽，因此欲言又止。有的人自愿请命，但朝廷又不加赏赐，不给予相对的礼遇，这些人无奈之下只得罢休。有时陛下会因为臣子的一点过失就怪罪他们，责备得过细过繁，虽然臣子能言善辩，也没有办法为自己的忠诚申述。假如这样还想要君臣上下同心，水乳交融，不是一件非常困难的事情吗？这是朝廷不能善终的表现之八。

【原典】

古云："傲不可长，欲不可纵，乐不可极，志不可满。"四者，前王所以致福，通贤以为深诫。陛下贞观之初，孜孜不怠，屈己从人，恒若不足。顷年以来，微有矜放，恃功业之大，意蔑前王，负圣智之明，心轻当代，此傲之长也。欲有所为，皆取遂意，纵或抑情从谏，终是不能忘怀，此欲之纵也。志在嬉游，情无厌倦，虽未全妨政事，不复专心治道，此乐将极也。率土乂安，四夷款服，仍远劳士马，问罪遐裔①，此志将满也。亲狎者阿旨而不肯言，疏远者畏威而莫敢谏，积而不已，将亏圣德。此其渐不克终九也。

【注释】

①问罪遐裔：到边远的地方去征讨。

【译文】

古话说："骄傲不能够任由其滋长，欲望不能够任由其放纵，快乐不可以过度，志向不可以太高。"这四句话中所蕴含的道理，为以前的君王带来多大的益处，让通达的贤才深以为戒。陛下在贞观初期，对待政务兢兢业业、孜孜不倦，为了保全别人委屈自己。可是近年来，渐渐地露出骄傲自满的情绪，依仗宏伟的功绩，蔑视以往的君主，自认为自己具备贤能的才智，轻视当代俊才，这是骄傲滋生的表现。做什么事情都随心所欲，有时候即使将自己的私欲克制住、接受了臣子的建议，也终究是意难平，这是欲望放纵的表现。陛下喜欢嬉游，乐此不疲，虽然没有妨碍到政事，但是已经不再专心致志地对待政务了，这是逸乐过度的表现。如今天下太平，四海归心，但是朝廷仍然劳师动众讨伐边远地区的异族，这是志得意满的表现。时间一长，谄媚者就会顺从陛下的心意不讲实话，而被疏远的人，由于害怕触犯龙颜而噤若寒蝉，这样陛下的圣德必会被削减。这是朝廷不能善终的表现之九。

【原典】

昔陶唐①、成汤②之时，非无灾患，而称其圣德者，以其有始有终，无为无欲，遇灾则极其忧勤，时安则不骄不逸故也。贞观之初，频年霜旱，畿内户口并就关外，携负老幼，来往数年，曾无一户逃亡、一人怨苦，此诚由识陛下矜育之怀，所以至死无携贰③。顷年已来，疲于徭役，关中之人，劳弊尤甚。杂匠之徒，下日悉留和雇④；正兵⑤之辈，上番⑥多别驱使。和市⑦之物不绝于乡间，递送之夫相继于道路。既有所弊，易为惊扰，脱因水旱，谷麦不收，恐百姓之心，不能如前日之宁帖。此其渐不克终十也。

【注释】

①陶唐：即陶唐氏，唐尧。②成汤：商朝的建立者。③携贰：亲附的人渐生离心，叛离。④和雇：唐朝时官府出钱雇佣劳动力。⑤正兵：唐代实行府兵制，正兵即指府兵。⑥上番：唐代府兵从农民中征点，轮流调到京城担任宿卫。⑦和市：古时官府向百姓议价购买东西。

【译文】

过去陶唐、成汤的时代并非没有什么灾害，但是他们的美名却能够万古流芳，这都是由于他们实行无为无欲的政策能够善始善终，遇到天灾，就会为百姓分忧解难；风调雨顺的年代，他们也戒骄戒躁。贞观初期，中原地区每年都会遭到霜灾、旱灾，百姓纷纷迁居关外，他们扶老携幼举家迁徙，虽然尝尽了途中各种颠沛流离，却没有一家逃亡，也没有人抱怨，因为百姓知道陛下怀有体恤民众的良苦用心，即便是死去也不会有二心。但是近年来，繁重的徭役压得百姓喘不过气来，关中的百姓更是苦不堪言，干杂活的匠人，都被官府雇佣；服兵役的人，被四处驱使；皇帝为采购用物到处搜寻，送货的脚夫的足迹不绝于道路。一直这样就会引起祸端，百姓安静的生活受到干扰，再加上这几年灾害造成的稻谷青黄不接，如今百姓的心，恐怕再也没有贞观初期那般祥和宁静了。这是朝廷不能善终的表现之十。

【原典】

臣闻"祸福无门，唯人所召""人无衅①焉，妖不妄作"。伏惟陛下统天御宇十有三年，道洽寰中，威加海外，年谷丰稔，礼教聿兴，比屋喻于可封，菽粟同于水火。暨乎今岁，天灾流行。炎气致旱，乃远被于郡国；凶丑作孽，忽近起于毂下②。夫天何言哉？垂象示诫，斯诚陛下惊惧之辰，忧勤之日也。若见诫而惧，择善而从，同周文之小心，追殷汤之罪己，前王所以致理者，勤而行之，今时所以败德者，思而改之，与物更新，易人视听，则宝祚无疆，普天幸甚，何祸败之有乎？然则社稷安危，国家治乱，在于一人而已。当今太平之基，既崇极天之峻；九仞之积，犹亏一篑③之功。千载休期④，时难再得，明主可为而不为，微臣所以郁结而长叹者也。

【注释】

①衅：破绽，漏洞。②毂下：旧指京城。③篑：盛土的筐子。④休期：美好、吉利的日子。

【译文】

我听闻"祸福自己是不会凭空而降的，除非是自己招惹的""如果人不挑衅，就不会平白无故出现妖怪"。陛下统治天下已有十三年，万民臣服，年年五谷丰登，威加四海，也重新确立了礼法教化。每家每户都懂得遵守道德光荣，菽粟同水火一样容易得到。但是近年来旱灾不断，现在已经殃及周围的郡国。凶恶的坏人犯上作乱，事情却发生在京城这么近的地方。上天怎么会说话呢？这是天意，老天在显示征兆以警戒世人，陛下如今是时候警醒，勤于政务了。如果陛下看见警戒就会心生畏惧，施行仁义，像周文王那样小心谨慎，像商汤那样严以律己，历代君王能够按照条例勤勉地执行，对如今败坏仁德的行为，都可以反省加以改正，以此来改变百姓对朝廷的看法，这样国家就能够长治久安，永享太平了，怎么可能还会发生灾祸呢？社稷的安危，国家治乱系于陛下一人啊。当今是太平盛世，历史上这样的情况是前所未有的，堆积九仞高的山丘，差一筐土都不可以。如今是创造伟业千载难逢的良机，时不待我，稍纵即逝，圣明的君主可以做到而不去做，这就是微臣忧思郁结而长叹的原因啊。

【原典】

臣诚愚鄙，不达事机，略举所见十条，辄以上闻圣听。伏愿陛下采臣狂瞽①之言，参以刍荛之议，冀②千虑一得，衮职有补，则死日生年，甘从斧钺。

疏奏，太宗谓征曰："人臣事主，顺旨甚易，忤情③尤难。公作朕耳目股肱，常论思献纳。朕今闻过能改，庶几克终善事。若违此言，更何颜与公相见？复欲何方以理天下？自得公疏，反复研寻，深觉词强理直，遂列为屏障，朝夕瞻仰。又寻付④史司，冀千载之下识君臣之义。"乃赐征黄金十斤，厩马二匹。

【注释】

①狂瞽：狂妄。②冀：希望。③忤情：忤逆。④付：给，让。

【译文】

为臣确实愚昧无知，不通事理，将自己所见的十条都列举了出来，有扰陛下圣听。但愿臣下的狂妄之言陛下能够采纳，参考这些浅薄的议论，希望一得之见能有补于圣上，这样为臣虽死犹生，甘受刑戮。

太宗看完奏疏之后对魏征说："臣子侍奉君主，想要他顺从旨意是非常简单的事情，忤逆君王的心意就非常困难了。你作为我的助手，能够时常做到向我进谏，的确难能可贵。如今我已经知道自己的过失，希望能够改正，在政务上做到善始善终。如果我违背了你的意见，又有什么颜面再见到你？又如何将天下治理得井井有条呢？我看过你的奏疏后，仔细研究思考，言辞激烈但道理坦直，因此将它贴在屏风上，这样早晚都可以看见。还让编写史书的官员将奏疏抄录下来，希望千年之后，后人都能够知晓我们君臣之间的情义。"事后，太宗皇帝赏赐给魏征黄金十斤，良马二匹。

【原典】

贞观十四年，太宗谓侍臣曰："平定天下，朕虽有其事，守之失图，功业亦复难保。秦始皇初亦平六国，据有四海，及末年不能善守，实可为诫。公等宜念公忘私，则荣名高位，可以克终其美。"魏征对曰："臣闻之，战胜易，守胜难。陛下深思远虑，安不忘危，功业既彰①，德教复洽，恒以此为政，宗社无由倾败②矣。"

【注释】

①彰：显著。②倾败：倾覆败坏。

【译文】

贞观十四年，太宗皇帝对周围的侍臣们说："我已经做到平定天下，但是守天下不能够得到好的方法，就很难保住功业。起初秦始皇也曾平定六国，据有四海，直到晚年的时候也不能保住江山，以此可以作为借鉴。各位大臣，你们应该公而忘私，取得的荣誉地位，就能最终保持。"魏征说："臣听说："将仗打赢很容易，要想保持胜利非常困难。陛下深思远虑，安不忘危，功业既已显赫，德行教化又深入人心，治理国家如果永远用这样的态度，国家就不会有倾覆的危险了。"

【原典】

贞观十六年，太宗问魏征曰："观近古帝王有传位十代者，有一代两代者，亦有身得身失者。朕所以常怀忧惧^①，或恐抚养生民不得其所，或恐心生骄逸，喜怒过度。然不自知，卿可为朕言之，当以为楷^②则。"征对曰："嗜^③欲喜怒之情，贤愚皆同。贤者能节之，不使过度，愚者纵之，多至失所。陛下圣德玄远，居安思危，伏愿陛下常能自制，以保克终之美，则万代永赖^④。"

【注释】

①惧：惧怕。②楷：榜样。③嗜：喜欢。④永赖：永久得利。

【译文】

贞观十六年，太宗皇帝问魏征："我看近代的帝王有传位十代的，也有传位一代两代的，也有天下是自己取得同样也是自己丢失的。我因此时常感到恐惧，或者是因为害怕抚养百姓未能做到各得其所，或者是害怕自己心生骄逸，喜怒过度。然而自己却不能够觉察，还请你为我讲述其中的道理，我将会把它们当做我的准则。"魏征说："嗜欲喜怒的情感，人都会有，无论贤者、愚者都在所难免，只不过贤能的人可以加以控制，凡事不过度，愚者却恣意放纵，最后发展到无法收拾的境地。陛下圣德高远，能够居安思危，由衷地希望陛下能够抑制私欲，善始善终，成就霸业，造福千秋万代。"